牛村 圭

ストックホルムの旭日

文明としてのオリンピックと明治日本

中公選書

ストックホルムの旭日　目次

凡例

一、引用文中の仮名遣いは、原則として原文通り、漢字は新字とした。また、引用文には適宜句読点を補った。

一、引用文中の〔 〕は引用者による補足と注釈を示す。

一、英語文献の日本語訳は著者によるものである。

ストックホルムの旭日

文明としてのオリンピックと明治日本

序——文明の落差、競技力の落差

「文明の落差」に向き合った岩倉使節団

明治日本にとり、軍事力を背景に開国を強要した西洋列強による植民地化を回避するため、その西洋を師として強い新しい国作りを進めることは急務だった。近代国家建設に求められた近代化が西洋化と同義であったことは、言を俟《ま》たない。

明治初年、徳川幕府から新政府への政権交代を条約締結国へ伝える国書の奉呈と条約改正交渉の予備交渉のため、政府の主だった面々が二年近くもの歳月（一八七一年十一月〜七三年九月）をかけて出向いた米欧回覧の一大事業も、新しい国づくりの上で範となる西洋の事情探索を企図していた。噴煙を吐く工場群、精緻な模型を基にして巨大な船を建造する造船所、古今東西の知識の集積庫とも形容できる図書館、こういう西洋の実情を目の当たりにした一行の関心は、追いつくにはどれほどの年月が必要なのか、すなわち彼我の「文明の落差」はどれほどかに絶えずあった。

岩倉使節団と通称されるこの米欧回覧事業は、同行した書記官久米邦武の筆により詳細な見聞記が残されている。英国の首都ロンドンを視察した折の記録には以下の一節があった。

当今欧羅巴《ヨーロッパ》各国、ミナ文明ヲ輝カシ、富強ヲ極メ、貿易盛ニ、工芸秀テ、人民快楽ノ生理ニ、悦楽ヲ極ム、其情況ヲ目撃スレハ、是欧洲商利ヲ重ンスル風俗ノ、此ヲ漸致セル所ニテ、原来此洲ノ固有ノ如クニ思ハルレトモ、其実ハ然ラス、欧洲今日ノ富庶ヲミルハ、一千八百年以後ノコトニテ、著シク此景象ヲ生セシハ、僅ニ四十年ニスキサルナリ(1)

文明を輝かし富国強兵を実現した欧州列国の歴史を顧みるならば、その文明は決して欧州固有のものではない、またその発展は十九世紀初頭以後のこと、とりわけ急激な進展はこの四〇年に過ぎないという印象を得たことが記された。

ここに見られる文明への理解は、福澤諭吉が『文明論之概略』(一八七五年)で展開した「野蛮」→「半開」→「文明」という発展段階説を並置してみるとより分かりやすい。二十世紀末に話題となったサミュエル・ハンチントン『文明の衝突』(2)に典型的な、複数の文明の存在を前提としているのではない。すなわち文明の多元論ではなく一元論であることは明らかである。福澤は「今、世界の文明を論ずるに、欧羅巴諸国並に亜米利加《アメリカ》の合衆国を以て最上の文明国と為し、土耳古《トルコ》、支那、日本等、亜細亜《アジア》の諸国を以て半開の国と称し、阿弗利加《アフリカ》及び濠太利亜《オーストラリア》を目して野蛮の国」(3)というのが「世界の通論」であると記した。またこの三段階のカテゴリーは固定しているのでもないとも加えた。以上をふまえて、「半開」の国日本は「これ(西洋文明)を取るに於て何ぞ躊躇することをせんや。断じて西洋の文明を取る可きなり[4]」と明記し、「西洋の文明を目的」とせよ、と訴えたのである。

「半開」の国日本と「文明」の列強との間の紛うことなき「文明の落差」は四〇年であるという認識を、使節団一行は直接体験として得て帰国の途についた。換言すれば、四〇年かければ日本もまた列強に追いつくことは可能という見通しを得たのである。そして、この期待は現実のものとなった。清国を、次いでロマノフ朝ロシアを破り、領事裁判権を認め関税自主権を欠く「安政の不平等条約」改正という外交上の悲願を成就し、国内では産業革命が進展した。夏目漱石が講演「現代日本の開化」（一九一一年）の折、「戦争以後一等国になったんだという高慢な声は随所に聞くようである。なかなか気楽な見方をすれば出来るものだと思います[5]」と聴衆に語りかけた時、日本は、世界の一等国、文明国の一員になったという言説が国民一般に広まっていた証左を見て取れる。岩倉一行が看取した四〇年という「文明の落差」は、使節団がロンドンに滞在してからおよそ四〇年後

岩倉使節団　明治４年12月、サンフランシスコにて。左より、木戸孝允、山口尚芳、岩倉具視、伊藤博文、大久保利通。

に克服できた、と明治の日本は解したと考えてよいだろう。

漱石は「一等国」になり得たという皮相な理解に警鐘を鳴らした。『三四郎』（新聞連載は一九〇八年）では主人公の三四郎と汽車で偶然乗り合わせた廣田先生に、「こんな顔をして、こんなに弱っていては、いくら日露戦争に勝って、一等国になっても駄目ですね。尤《もっと》も建物を見ても、庭園を見ても、いずれも顔相応のところだが(6)」と言わせた。また「現代日本の開化」のなかでは、「体力脳力共にわれらより旺盛な西洋人が百年の歳月を費やしたものを、如何に先駆の困難を勘定に入れないにした所で僅かその半《なかば》に足らぬ歳月で明々地に通過しおわるとしたならば吾人はこの驚くべき知識の収穫を誇り得ると同時に、一敗また起《た》つ能《あた》わざるの神経衰弱に罹《かか》って、気息奄々《えんえん》として今や路傍に呻吟《しんぎん》しつつあるは必然の結果として正に起るべき現象でありましょう(7)」と暗い前途を予想して、臆せず語ることさえしたのだった。

オリンピックは文明国の集い

国際場裡では明治日本はどう解されていたのか。日清戦争時の外務大臣陸奥宗光の外交手記『蹇《けん》蹇《けん》録』が参考になる。国内諸制度の整備が進んでも、列強側は「欧洲文明の事物は全く欧洲人種の専有に属し、欧洲以外の国民はその真味を咀嚼する能わざるもの(8)」と考え日本を蔑視していたが、対清戦争勝利がその対日観に変化をもたらした。陸奥は「要するに戦勝の結果は、内外列国に対し大いに我が国の品位と勢力とを昂騰《こうとう》せしめ、欧洲列国がかつて我が国を目して僅かに皮相的文明を模擬するものなりとの冷評を下したるの迷誤を氷解せしめ、日本国は最早極東における山水美麗の一大公園に非ずして、世界における一大勢力と認めらるるに至れり(9)」と記した。もちろんリアリストの陸奥は欧米人の過貶《かへん》も過褒《かほう》も首肯せず、「日本人はある程度に欧洲的文明を採用し得るもその程度以上に進歩し能わざるや、これ将来の問題に属す(10)」と後世への課題を書き留めることを忘れなかった。

ちなみに、陸奥が日清戦争の淵源を思想史的コンテクスト・文明の視座から捉えていたことにも少し触れておきたい。明治日本は「維新以来ここに二十有七年、政府も国民も汲々として西欧的文明を採用することを努め、これに依って百般の改革を遂げ駸駸として長足の進歩をなし(11)」た一方、「依然往古の習套を墨守し(12)」ている清国は、日本を目して「軽佻躁進妄《みだ》りに欧洲文明の皮相を模擬するの一小島夷(13)」と嘲った。そのため「両者の感情氷炭相容れず、いずれの日かここに一大争論を起こさざるを得ざるべく、而して外面の争論は如何なる形跡に出づるも、その争因は必ず西欧的新文明と東亜的旧文明との衝突たるべしとは識者を待たずして知るべき事実(14)」という展開となった。外相陸奥が、日清両国間の戦争は「西欧的新文明」の国日本と「東亜的旧文明」の国である清朝中国という両国間の文明の衝突だったという見取り図を提出したことは、注目しておいてよいだろう。『蹇蹇録』に記された「世界における一大勢力」と認められるに至るとは、世界のパワーポリティクスの場に否応なしに引きずり出されることでもあった。そこでは、追いつこうとする日本を突き放す術が、西洋の文明国には絶えずあった。曰く、日本はキリスト教の国ではない、あるいは白皙《はくせき》人種の国ではない、というように。列強側の文明の本音は、東アジア関係史家の研究書の以下の一節に巧みに集約されている。

文明化度の劣る国が文明化状態を目指すことは、必要であり可能でもあったが、完全な、満足いく対等はかなわなかった。文明化度の低い国は対等を目指して努力する運命にあったが、文明の尺度は伸び縮み自在のため、対等という目標には永遠に手が届かなかった。やがて日本が知るように、文明化状態を手に入れても、必ず対等になれるというのではなかった。栄えるも滅びるも自分次第という原則の支配する世界で、文明国の扱いを受ければ対等を獲得できると考えた日本は単純すぎた。(15)

「文明の尺度」は西洋列強に都合よく伸び縮みし、新参者日本を完全に対等扱いすることはなかった。この「伸縮自在な文明の尺度」(an elastic standard of 'civilization')に、二十世紀前半の日本は悩まされることになる。

だが、日本にも「対等を獲得」できる場が、当の列強側により用意されていた。国と国とが同一ルールで競い合う国際スポーツの場であり、その頂点に位置するのが近代オリンピック大会だった。一九一二(明治四十五)年にスウェーデンの首都ストックホルムで開催された第五回大会(五月五日~七月二十七日)が日本の初陣となった。同年七月三十日に明治帝の崩御をみたため、明治の最終局面で文明国のスポーツの祭典へ加わることを得たことになる。スプリンター一名(東京帝国大学学生・三島彌彦《みしまやひこ》)、マラソンランナー一名(東京高等師範学校生徒・金栗四三《かなくりしそう》)を派遣したが、世界の水準には遠く及ばぬ結末となった。本書でのちに引く選手団団長嘉納治五郎の言葉を借りるならば、「懸軍萬里」と形容できる状況での負け戦だった。明治日本は「文明の落差」を見かけ上は克服できたものの、紛うことなき彼我の「競技力の落差」を遠くストックホルムの地で突きつけられた。

この落差について興味深い解釈を示したのが、のちに第七回オリンピックアントワープ大会（一九二〇年）に出場し、その後は陸上競技の指導史にも名を刻すこととなる野口源三郎である。

若《も》し彼等〔好成績を収めた西洋のアスリートたち〕の成績が先天的資質によるとしたならば、最初からよい成績でなくてはならぬのでありますが、アゼンス〔Athensアテネのこと〕に於ける第一回のオリムピック大会の成績を見ますのに、ちやうど我が国に於ける現在の成績とよく似たものであります。彼等国民は一般に運動を好み……其の技術の方面に於いても、反自然の練習法を避け、科学的見地から組織的に練習する方法をとつて、先進者は自己の経験を後進者に伝へ、後進者は更に其の上に新研究を積んで来た為めに、今日のやうな著しい進歩を見た事と信じます。[16]

明治末年、陸上諸種目で達成された数々の世界記録は日本に伝わっており、それを承知で日本勢は初陣に臨んだ。ストックホルムのスタジアムで一〇〇メートル走予選に三島彌彦が出た組では、アメリカのリッピンコットが先頭でゴールを駆け抜け、一〇秒五分三[17]（一〇秒六）のオリンピック新記録を出した。かねて故国の誌上で知り得た「競技力の落差」を、北欧の地で身を以て痛感する瞬間になったに違いない。

だが、日本でエールを送っていた後進の野口源三郎は、敗戦の報を伝え聞きながらも別様に考えた。ストックホルム大会当時の日本の実力は第一回オリンピックアテネ大会の一位の記録とほぼ同じ、という発見があったためだった（アテネでの一〇〇メートル走、四〇〇メートル走、それぞれの優勝タイムは、一二秒〇、五四秒五分一〔五四秒二〕であり、三島の持ち記録とほぼ同じだった）。一八九六年のアテネ大会からストックホルム大会までの一六年間に世界の記録が大きく進歩したのならば、初陣の日本もまた「反自然の練習法を避け、科学的見地から組織的に練習する方法」を採れば、そして「先進者は自己の経験を後進者に伝へ、後進者は更に其の上に新研究を積んで」いくならば、一六年ののちにはストックホルム大会時の世界水準に追いつくだろう、という一抹の希望を見出したのである（アテネの記録が振るわなかったのは、第三章で検証するように大会開催時期や競技場のコンディションに主たる因があった。野口の解釈には「知らぬが仏」という面が多分にある）。

変容するオリンピック

ここで近代オリンピックの歴史を概観しておきたい。フランスの教育者ピエール・ドゥ・クーベルタン（Pierre de Coubertin）が中心となって近代オリンピックの創設を見て以来、二度の世界大戦により三大会（一九一六年、一九四〇年、一九四四年）は中止となったものの、開催を重ねてすでに一二五年の年月を閲《けみ》している。

第一回大会の開会式で開催国ギリシャの皇太子が「ゲオルギオス・アヴェロフ氏の多大な援助により修復されたここパナシナイコス・スタディオンで開催されるこの高貴な試合により、ギリシャは他の文明諸国と新たな共感の絆を結ぶこととなりましょう（By those noble contests, which will take place in the Stadion, the Panathenaic Stadion, so generously restored to us by Mr. George Averoff, Greece will form new ties of sympathy with the rest of the civilized world ...）」と述べ、ストックホルムの第五回大会開会式ではスウェーデン国皇太子が「一番重要な運動競技の大会は、四年ごとに開催されるオリンピックにほかなりません。オリンピックのみ、各文明国の競技者を集めるに足る重要性を有するのです（The most important athletic struggle is the quadrennial Olympiad, which alone is of sufficient importance to gather the athletes of every civilized country ...）」と語ったように、初期には文明を意識した、文明国のスポーツの祭典だった。オリンピックは、その名称を変えることなく二十一世紀の今日まで回数を重ねてきた。国別獲得メダル数の競い合いなど不変の面もあるが、一二五年の歴史には、参加国数や参加選手数の変化では語りきれない部分が多々ある。変容ぶりは大きい。

創始者クーベルタンは、参加競技者のアマチュア資格に厳格だった。だが二十一世紀の今日、国を代表するアマチュア選手のみが競うという姿はもはや見られない[18]。初期には予想もつかなかった展開であろう。参加できるのはアマチュアに限る、という一項が参加規程に加えられたのは一九〇八年の第四回ロンドン大会の時だった。第二次大戦後二〇年間（一九五二〜七二年）にわたりIOC（国際オリンピック委員会）会長を務めたアベリー・ブランデージ（ストックホルム大会十種競技出場）がアマチュアリズム信奉者であったため、参加競技者はアマチュアに限定というオリンピックの神聖化が時に見られたものの、二〇二〇年代の現在、「オリンピックとは元来プロ選手には参加がかなわないアマチュアアスリートの祭典であった」と知って一驚する者は少数ではないだろう。

オリンピックはプロ選手の参加も当たり前の、スポンサーが支えるコマーシャリズムの一大祭典になっている。初心を捨てた堕ちた姿とみるか、より高いレコードを求めるための発展とみるかは、論者により分かれよう。

また、オリンピック黎明期には思いもよらなかった別種の問題も生じている。ドーピング不正である。一九八八年のソウル大会で一〇〇メートル走を世界新記録で制し喝采を浴びたカナダのベン・ジョンソンは、筋肉増強剤アナボリック・ステロイド使用の陽性反応が出たため表彰式で得た金メダルを即座に失った。この件はコーチも関係するものの個人レベルの不正だったが、南米大陸初の開催となった二〇一六年のリオデジャネイロ大会前、内部告発により明るみに出たロシアのアスリートのドーピング不正事件は、個人やチームのレベルではなく、国家が大きく関与する組織ぐるみと判明し、世界に衝撃が走った。

陸上競技という洋学の受容

参加国や参加競技者だけでなく実施競技や種目も増している。五輪の輪が象徴する五つの大陸から競技者は参集し、開催地も世界の各国にわたり、また柔道のように西洋起源ではない競技も途中から加えられている。創設時から数回の開催経験を積んでいた頃のような、オリンピックは西洋の「文明国」「一等国」が主導する近代スポーツの祭典の場であるという特徴は昔日のものとなった。それは「文明の衝突」の語に端的に表現されるような文明の多元論の登場、そして定着とも軌を一にしていると言えよう。また、オリンピックの参加を目指すようなレベルではない競技者や愛好家にとっても、自らが勤しむそのスポーツが西洋起源であると始終認識することもないに違いない。所与のものとしての競技や種目を選択し、実施しているのが現状だろう。西洋発祥の近代スポーツ導入時の苦労の日々を知らずとも、競技に打ち込むには何ら差し障りはない。

しかしながら明治維新以来の一五〇年の歩みこし歳月を振り返る時、西洋に発祥する近代スポーツ導入にあたって、西洋の学問＝洋学導入に際して先人たちが腐心したのと同じ日々があったことは知っておいてよいだろう。オリンピックの華と形容される陸上競技もまた、明治の世に日本に伝えられたその種の運動競技の一つだった。明治の末年、日本が北欧の地に派遣した二人の学生アスリートは、「競技力の落差」を自身の体験として痛感することとなったが、明治の新時代に日本の運動界が積み重ねてきた陸上競技受容の成果を、世界というコンテクストで初めて披露して試す事例でもあった。その初舞台を報じた国外の新聞は少なくなかった。[19] 明治初年からストックホルム大会に至るまでの数十年、この西洋伝来の競技は如何様《いかよう》に伝えられ、咀嚼《そしゃく》され、教えられ、そして実践されてきたのだろうか。

維新から三十数年を経た頃、すでに文豪として令名高かった森鷗外は、講演「洋学の盛衰を論ず」のなかで洋学受容の三つのパターンを指摘した。

洋学を伝ふるには、或は洋語を修めて其書を読み、乃至《ないし》間接に翻訳書に就いてこれを読み、或は外国教師を聘《へい》して其講説を聴き、或は洋行留学す。[20]

ここに指摘されている三種の洋学移入パターン――①原書や翻訳の読解、②お雇い外国人による指導、③洋行や留学での体験――が、明治期日本へ陸上競技がもたらされた経緯にも看取できるのは大変興味深い。本書で見るように、大学予備門や帝国大学で学ぶ学生へ余暇に athletics を紹介し、さらに毎年開催の運動会を企画したのは英国人教師のストレンジ（Frederick. W. Strange）、明治四十年前後、英米で刊行された陸上競技書を渉猟して練習に活かしたのは旧制第一高等学校生徒の明石和衛《あかしかずえ》、そして七年に及ぶ滞米で体育学を学び競技会を目の当たりにし、帰国後本格的な陸上競技の教本を著したのは大森兵蔵《おおもりひょうぞう》だった。

明治の新日本は西洋文明の様々な要素を努めて移入し、試行錯誤を繰り返しつつ我がものとするプロセスを積み重ねて近代国家へと成長を遂げた。奇しくも明治の終焉直前に参加を見た第五回オリンピックストックホルム大会までのわが国の陸上競技の歩みは、近代オリンピックという文明への明治日本の歩みでもあった。また海の彼方に目を転じるならば、この領域でも師となった本場の英米では、陸上競技はどのような歴史を積み重ねて発展していたのか。野口源三郎が指摘したように、アテネからストックホルムの間に大きなレコード（記録）の進展が見られたと言うのなら、師もまた進化していたことになる。明治日本が、陸上競技を咀嚼し、体得し、オリンピックを目指した日々を、対等な立場で文明国へ参入する道程の一局面と捉え顧みて探究すること、そして共時的《シンクロニック》な視点から師である英米にも折に触れて目を向け、かの地の展開を探ること、これこそ本書が企図する試みに他ならない。

この試論が、アテネでの復活を見て始まった近代オリンピック一二〇余年の歴史を振り返る新たなよすがとなることはもとより、往時から一世紀以上の時を閲した今、若い国だった明治日本が追い求め、獲得しようとした国際場裡での「対等」、そして「文明」のさまざまな実相を振り返り検討する契機の提供に寄与すること、を願いたい。

註

(1) 久米邦武編、田中彰校注『特命全権大使 米欧回覧実記』二（岩波文庫、一九七八年）六六頁。
(2) Samuel P. Huntington, *The Clash of Civilizations and the Remaking of World Order* (New York, 1996). 邦訳は一九九八年。
(3) 福澤諭吉『文明論之概略』（岩波文庫、一九六二年改版）二四頁。
(4) 同右、四四頁。
(5) 夏目漱石「現代日本の開化」三好行雄編『漱石文明論集』（岩波文庫、一九八六年）三八頁。
(6) 夏目漱石『三四郎』（岩波文庫、一九九〇年改版）二二頁。
(7) 漱石前掲「現代日本の開化」三五頁。
(8) 陸奥宗光、中塚明校注『新訂 蹇蹇録』（岩波文庫、一九八三年）一七六頁。
(9) 同右、一八〇頁。
(10) 同右、一七六頁。
(11) 同右、五八頁。
(12) 同右、五九頁。
(13) 同右、五九頁。
(14) 同右、五九頁。
(15) 原文は以下の通り。Progress toward 'civilized' status was necessary and possible for the less 'civilized' to achieve,

but complete and perfect equality was not. The less ‘civilized’ were doomed to work toward an equality which an elastic standard of ‘civilization’ put forever beyond their reach. Even to attain ‘civilized’ status, as Japan was to discover, was not necessarily to become equal. The civilized had a way of becoming more ‘civilized’ still. In a world governed by principles of self-help, Japan was naive to assume that attaining ‘civilized’ acceptance meant attaining equality.

Gerrit W. Gong, *The Standard of ‘Civilization’ in International Society* (Oxford, 1984) p. 186.

(16) 野口源三郎『オリムピック競技の実際』(大日本体育協会出版部、一九一八年)三頁。

(17) 当時のストップウォッチは一秒を五分割して表示していた。たとえば、一〇秒五分三(一〇秒六)をわずかでも越えていれば一〇秒七とはならず、公式タイムは一〇秒五分四(一〇秒八)となった。

(18) 国際陸上競技連盟も一九一二年の発足時からの International Amateur Athletic Federation (IAAF) から二〇〇一年には Amateur の語を外して International Association of Athletics Federations (IAAF) となった。なお、二〇一九年からはさらに名称を変え World Athletics を正式名称とする。

(19) 第七章で見るように、地元スウェーデンの新聞は特集を組んで報じた。

(20) 森鷗外「洋学の盛衰を論ず」『鷗外選集』第十三巻(岩波書店、一九七九年)七四頁。

第一章 『三四郎』の運動会

"athletics"と「陸上競技」

本論を進める前に、用語の確認をしておきたい。「序」では「陸上競技」の語を用いたものの、この語はわが国の競技史のうえで当初より用いられていた語《ターム》ではなかった。また、師にあたる西洋側でも陸上競技に相当する表現が固定してもいなかった。ここで、西洋側での呼称を振り返り、そののちわが国での呼び名を顧みることに努めたい。英語表現を探る際、説明の都合上、走跳投に関わる競技種目の総称を、とりあえず日本語では「陸上競技」として以下では記すこととする。

今日、「国際陸連」と日本語で通称される国際組織（World Athletics）は一九一二年に発足したInternational Amateur Athletic Federation（国際陸上競技連盟）に起源がある。ＩＡＡＦと略称されるこの連盟の英語名称は、その後二〇〇一年にAmateurの語を外し、International Association of Athletics Federationsへと変わり、そして二〇一九年に現行のWorld Athleticsへ変更となった。一方、日本陸上競技連盟の正式英語名は、まずJapan Amateur Athletic Federation、その後International

Association of Athletics Federations の名称誕生と軌を一にして Japan Association of Athletics Federations と改まり、今日に至っている。すなわち「陸上競技」は athletics の語で表現されていることが分かる。ＩＯＣの公式ウェブサイトにおいても、陸上競技は athletics とされている。陸上競技といえば、track & field を連想しがちだが、十九世紀そして二十世紀初めの諸文献に目を通すならば、当初は athletics 一語をもって表現し、のちに athletics track and field あるいは track and field athletics という表記も見られるようになったことが判明する。(1)

ここで語義を探る常套手段として *Oxford English Dictionary*（ＯＥＤ）で該当箇所を見るならば、「athletics: The practice of physical exercises by which muscular strength is called into play and increased.（肉体運動を行なうこと、それにより筋力が使われ増大することになる）」という説明があり、必ずしも陸上競技に限定してはいないことが確認できる。「athletics ＝ 陸上競技」と解する見方は、この競技種目が発展していった同時代の文脈で探してみるに如《し》くはなさそうである。

十九世紀末から二十世紀初めにかけてのアメリカのアマチュアスポーツ界で最も影響力がある人物は、ジェームズ・サリバン（James Sullivan）だった。アメリカ選手団を率いてオリンピックに参加（一九〇六年、一九〇八年、一九一二年）、また一九〇四年のセントルイス大会実行の中心にあった。様々な競技種目の規則の制定に尽力するとともに何冊かの入門書をも著した。その一冊である *How to Become an Athlete for Beginners* (1914) には、以下の説明を見ることができる。

athletics とは、室内でも屋外でもトラックとフィールドで行なわれるスポーツ種目に言及する折に用いる語であり、ランニング、ウォーキング、ハードル、全種類の跳躍、それに投擲《とうてき》から成り立つ。専門家のなかには、athletics にはあらゆる種類のスポーツ活動、たとえばベースボール、フットボール、競漕、テニス、それに屋内外のいかなる種類のゲームも含まれる、と主張する者もいるが、athletics と言えば、世界中で、先ほど列挙したトラックとフィールドで行なうスポーツにのみ当てはまるのである。(2)

陸上競技の指導書や教本類に athletics の語が冠せられていた背景が納得できる一節であろう。では「陸上競技」という日本語についてはどうか。辞典としては最も浩瀚《こうかん》な『日本国語大辞典』(第二版)は野口源三郎『オリムピック陸上競技法』(目黒書店、一九二三年)内の一節を用例として掲げているが、(3) 語史のうえではもっと過去に遡ることができそうである。明治文化史家の木村毅《き》は一九五一年に以下のように書いた。

スポーツに無知なしろうとにいちばん概念のつかみにくいのは「陸上競技」ということばである。近ごろのように「陸上」などと略称されると更にわかりにくい……しかしこれが「トラック・アンド・フィールド」の訳だと聞くと、だいぶ、はっきりしてくる。トラックといえば走る方に関係した道路だ、と言葉から推して想像のつくことだし、それに対して、フィールドはとんだり、はねたり、投げたりに属する競技場であることもたいして推察がむずかしくない。それを更にすすんで、トラックは楕円形にできていて、その中にフィールドがあり、走る競技を行なうと同時に、跳躍や投てきの競技も行なえるのだと聞くと、いよいよ明確になってくる……こういう意味での「陸上競技」を、日本がしっかり自覚し、把握してきたのは、いつごろのことか。(4)

「陸上競技」は「トラック・アンド・フィールド」の訳であるとする木村が挙げる根拠は、アルス運動大講座に収録された、運動記者として名高い小高吉三郎が書いた『我が運動界の回顧』なのだが、小高は推測として掲げているに過ぎず、これをもって語源とするのは性急すぎないか。それよりも「陸上競技」という語の初出を諸文献で探ってみるのが堅実な手法と思われる。実際、木村も初期の用例については以下のように言及している。

正岡子規の随筆が、多くの有益な暗示を与えてくれる。その『松蘿《しょうら》玉液《ぎょくえき》』は明治二十九年五月から十二月までに起稿したもので、その中に野球の記事のあるのは、あまりにも有名だが、野球の前に「ローンテニス」の一節があり、更にその前に「戸外遊戯」の一節がある。これが「陸上競技」の語が〔運動会から〕独立してくる経路の考察に、すこぶる重大な示唆を与える……子規は、水上スポーツに対して、陸上競技会の語を考えたようで……。(5)

子規の『松蘿玉液』に「陸上競技」の語源を見るというのが木村の解釈だったと考えてよい。また、最も詳細で大部な日本の陸上競技史を著した山本邦夫も子規のこの随筆に着目し、さらに一歩進めて「陸上競技」は子規の訳語であるという――「ちなみに、「陸上競技」という名訳は俳人正岡子規の手になるもので、彼が明治二十九年五月から十二月までに起稿した「松蘿玉液」という随筆にその淵源をもとめることができる」[6]。確認のため、ここで子規の当該随筆を引く。

所謂陸上運動なるものは端艇競漕を除きて殆んど総ての戸外遊戯を含む者なり。而して普通に陸上運動会又は陸上競技会と称する者は競走を主とし高飛、桿飛、幅飛、槌投、クリケット球、鉄丸投等の種類之に属す。[7]

『松蘿玉液』で一八九六（明治二十九）年七月十日と付されたこの記載は、「競走を主とし高飛、桿飛、幅飛、槌投、クリケット球、鉄丸投等」を実施する競技会を「陸上運動会又は陸上競技会」と呼称することを伝えてはいるものの、ここから「陸上競技」の語は正岡子規の名訳だというのは、いささか飛躍しすぎの解釈と思われてならない。

管見に入った限りでは、「陸上競技」の語の初出は子規の「松蘿玉液」から遡ること九年、一八八七年刊行の『東洋学藝雑誌』第七四号に掲載されている「雑報　帝国大学運動会陸上競技」という記事と思われる。この年十月に開催された帝国大学運動会の様子を報じる記事のなかに以下の記載があった――「帝国大学運動会は毎年春期には競漕、秋期には陸上競技を行ひたり　場所は大学構内の運動場にして……」。『東洋学藝雑誌』は帝国大学の学者たちの多くも寄稿する[8]一八八一年創刊の月刊誌であり、大学の年中行事となっていた運動会についても開催記録を残すという視点から「雑報」として掲載したのであろう。

こうして「陸上競技」の語は明治二十年に遡ることはできるものの、一八九一年創部の旧制第一高等学校の陸上部も、また帝国大学の運動会[9]（他大学の体育会に相当）設立の一八八六年とほぼ同じ頃に創部と推測される帝国大学の陸上部も、ともに「陸上運動部」を正式名称とすることから分かるように、「陸上競技」の語が通用されるためにはまだかなりの時を要した。

ちなみに陸上競技の日本選手権は、御代が大正に替わったのちの一九一三（大正二）年、陸軍戸山学校グラウンドで開催された競技会を嚆矢《こうし》とするが、第一回大会を報じる新聞には「陸上競技」の語はなく、「陸上大会」「競技大会」などと称されていたらしいことが分かる。新聞記事を辿る限りでは「陸上競技大会」の表現をもって陸上競技の日本選手権に関わる記事が書かれたのは一九一六年九月二日の『東京朝日新聞』が初出と思われる[10]。

さらに指導書や教本の題名を顧みるならば、一九〇四（明治三十七）年の武田千代三郎『理論実験　競技運動』（博文館）、一九一二年の大森兵蔵『オリンピック式　陸上運動競技法』（運動世界社）、一九一八年の野口源三郎『オリムピック　競技の実際』（大日本体育協会出版部）には陸上競技の語はなかった。その後一九二〇年代に入り書名に陸上競技を持つ書籍が出始め、野口自身も『オリムピック　競技の実際』を絶版としたのち刊行した一書には、『オリムピック　陸上競技法』（目黒書店、一九二三年）のタイトルを付している。このころから新聞記事では陸上競技の語を普通に見かけるようになっていく。athletics というスポーツの移入から四十数年を経ていた。

F・W・ストレンジと帝国大学運動会

西洋流のスポーツは、幕末の横浜などの外国人居留地から日本へ伝わっていった。加えて、明治の新時代、各種学校での外国人教師（お雇い外国人）による紹介や指導も普及に寄与した。なかでもイギリスから来日し、東京英語学校や大学予備門で英語を教授したフレデリック・W・ストレンジ(11)が残したものは大きい。ストレンジの功績を理解するためには、当時の大学教育の場での体育の位置付けや健康への眼差しを知っておく必要があろう。そこでは体操（体育）が課業に含まれることはなく、大学生が遊戯と呼ばれた運動に時間を割くことなど思いもよらなかったうえに、健康維持への配慮もほとんどなされなかった。在学中に病を得て夭折《ようせつ》する学生も珍しくなかったという。ストレンジを回想する文中で自ら高弟と任じる武田千代三郎はこう記している。

明治一五六年頃迄は、医学の進歩又は一般の衛生思想も、今から考へると、まるで嘘なくらゐ幼稚なもので、随て書生の病死する者が極めて多く、夏休み毎に、僅三十名足らずの級友中に、一人か二人は必ず再び其の姿を見せぬ者があつた位でした。肺病に脚気、これが書生の命取りで、東京に来れば脚気になる、勉強し過ぎれば肺病になる、一般に皆から云つてひどく恐がつたものでした。其の頃の医学では、肺病の原因はまだ判つて居らず遺伝説と、何だか分からぬが、学問する者におこり易い病気だとして、罹つたが最後、助かる気づかひなしと做されて居りました(12)。

息子二人を大学予備門で学ばせていた福澤諭吉も「長男一太郎と次男捨次郎と両人を帝国大学の予備門に入れて修学させていたところが、とかく胃が悪くなる。ソレカラ宅に呼び返していろいろ

フレデリック・W・ストレンジ
（武田千代三郎『理論実験 競技運動』〔1904〕より）

手当てすると次第に宜くなる。宜くなるから入れるとまた悪くなる。とう〳〵三度入れて三度失敗した」（『福翁自伝』）と回想している。福澤は文部大輔の田中不二麿に向かって体育に目を向けない知育偏重状態の改善を強く要望し、もしそれが通らないというのであれば「東京大学は少年屠殺場と命名して宜しい」とまで訴えたという[13]。

この現状をストレンジがどう捉えていたかは、のちに引く *OUTDOOR GAMES* の序文冒頭近くに置かれた以下の文言から察しがつく――「訓練には二種類ある。頭脳の訓練と肉体の訓練である。学問は頭脳の訓練で、学科に思考を向けるのも頭脳の訓練となる。体操や戸外遊戯全てが肉体の訓練である[14]」。故国イギリスでは、「頭脳の訓練と肉体の訓練」は学生の訓育のうえで車の両輪のごとく必要とされた。その常識が日本でも通用するならばわざわざ文字にはしない、それを敢えて活字にしたことから、日本で後者が著しく欠如していることにストレンジが危機感を覚えたであろうことが行間から伝わる。課外に学生たちに西洋流の各種スポーツを教えることが急務と考えたのであろう。

西洋流スポーツの紹介や教授にとどまらず、一八八三（明治十六）年――東京に鹿鳴館が完成した年――には帝国大学（のちの東京帝国大学）運動会の企画と開催を成し遂げた。イギリスの地で留学生だった旧知の菊池大麓《だいろく》が帝国大学の要職にあり、ストレンジの企画を支援していたらしい[15]。陸上競技連盟の成立にはまだ遠く、採られた記録は「参考記録[16]」止まりではあったが、帝大運動会はお祭り的要素のない、記録を競うことを主眼とする本格的な競技会[17]だった。発案者ストレンジの急逝（一八八九年）後、練習に重きを置かず、足の速い者が賞品を狙って競走するという一発勝負の場[18]に堕ちてしまったが、ストレンジの薫陶を受けた岸清一たちの尽力により、日頃の鍛錬の成果を記録で競い合うという旧師の初志に則った競技会へと復帰していった。

運動会は文武両道の帝大生がしのぎを削る年一度の恒例行事[19]ともなり、若い娘たちが多数観戦に訪れ、婿選びの感があった[20]。皇族も観戦に足を運んだ。観客の様子について言及する紙誌の記事をいくつか引いてみる。

天気は快晴にして熱からず寒からず戸外運動には尤も適当の日なりしかば皇族始貴顕の方々会員及其親戚等来観者の数は夥しかりし

（『東洋学藝雑誌』第七四号、一八八七年）

東京大学運動会は十一月十三日に催されぬ、午后一時開会の時刻となれば、場外の築山は貴賓淑女其他の観客を以て盈《み》たされ、中央なる決勝戦の正面には　北白川若宮殿下のご着席あり、濱尾新文部大臣菊池新次官は拍手の裡《うち》に優然とすわりこみ……殊に貴婦人令嬢とか呼ばるる人の多さは、大学運動会の殊有にして……

（社友あさひ「向ヶ岡の喊声」『運動界』第一巻第六号、一八九七年）

東京帝国大学にては既記の如く昨日午前十時より構内なる芝生の運動場に於て陸上運動競技大会を催しぬ。会場は例の如く彩旗を八方へ掲げ列《つら》ね入口には日英両国の大国旗を交差し奏楽と共に開会を告ぐるや先《ま》ず百メートル競走を始めとして……当日の来賓は久邇《くに》若宮御二方北白川若宮御二方を始め紳士令嬢等多数なりしが例年に比し貴顕方の御来場少かりしは大演習供奉の為めなりしといふ。

（『東京朝日新聞』一九〇三年十一月十五日）

帝国大学陸上運動競技会は予記の如く昨日午前十時より同校構内の運動場に於て挙行したり当日は風少しくありたれど小春日和の日影……参観者非常に多く皇族席には北白川宮御二方の御台臨あり。頗《すこぶ》る盛会を極めたり。

（『東京朝日新聞』一九〇六年十一月十一日）

学生に西洋流のスポーツを紹介し、競技会を思わせる運動会を企画したストレンジには、もう一つ大きな功績がある。それは、さきに少し取り上げた *OUTDOOR GAMES* という各種競技を紹介する冊子であり、第一回帝大運動会開催直前に刊行を見た[21]。三ページの序と五五ページの本文から成る小冊子だったが、**CRICKET** や **LAWN TENNIS** など英国流のスポーツに加えて **BASE BALL** の項も一〇ページ有していた[22]。序文によれば、米国スポルディング社のスポーツシリーズの一冊である*Spalding's Baseball Guide*を参照したという。

陸上競技に相当する**ATHLETIC SPORTS**の項には、一〇〇ヤード走をはじめとする主だった種目の紹介がある。たとえば一〇〇ヤード走はこう紹介されている——「この距離は大変人気がある。競技者は号砲を受けて出走し、出発地点から一〇〇ヤード先にある決勝地点まで競い合う。号砲前にスタートを切った競技者は何人といえども一ヤード出走地点を下げられる。同様なことは二〇〇ヤード走、四分の一マイル走、半マイル走にも該当する」[23]。正確な距離を定めたうえでの競走という習慣がなかったゆえ、この書を手にとり目を通した明治日本の読み手は新鮮な思いを抱いたであろう。短い叙述のなかに不正スタートへの言及があるのが目を引く。

極めて短い叙述は教本というより紹介冊子と呼ぶにとどまるが、当時の陸上競技の教本類にはない特徴を一つ指摘しておきたい。それは今日日本語で三段跳と呼んでいる跳躍種目[24]が載っている点である——「この競技では、走幅跳と同様に一八ヤードから二〇ヤード走り、踏切地点に到達すると競技者は片足で長いホップ、そこから長いステップ、そしてステップから長いジャンプを跳ぶ」[25]。一八ヤードから二〇ヤードということから、現在のほぼ半分ほどのかなり短い助走だったことが分かる。また、左右の脚をどういう順で用いるのかへの言及はないものの、一度に両脚を使って跳躍をするのではなく片脚を用いるということは伝わってくる[26]。三段跳はスコットランド発祥のスポーツと言われるため、英国人のストレンジには馴染みの種目だったのかもしれない。のちに見るアメリカの名コーチ、マイケル・マーフィーの*Athletic Training* (New York, 1914) は多くの種目の紹介と練習方法を載せ大正時代の日本でも聖典視されたが、三段跳についての項目を欠いている。これに鑑みれば、短いながらも三段跳に言及のあるストレンジの *OUTDOOR GAMES* の先駆性には注目してよい。

『三四郎』のスプリンター

帝大運動会には後世に名を残すアスリートが多く集ったが、そのなかでもひときわ異彩を放つのが藤井實《みのる》である。オリンピック初参加の数年前に、藤井が達成した偉業で日本は「一等国」の仲間入りを果たしていた。

藤井は一八八〇（明治十三）年東京生まれ、郁文館中学を卒業後、旧制第一高等学校を経て東京帝国大学法科へ進んだ。一高生時代の一九〇一年十一月九日、帝大運動会の官立専門学校生徒招待レース（四〇〇メートル走）で優勝（五七秒）の経験があった。入学した年（一九〇二年）には一〇〇メートル走で一〇秒二四という驚異的な記録を出し、棒高跳では四年次（一九〇五年）に三メートル六六、そして卒業直後の翌一九〇六年にはさらに記録を伸ばし三メートル九〇を記録した。自身で吟味した竹のポールを使って跳んでいた。ともに当時の世界記録——一〇〇メートル走一〇秒五分四（一〇秒八）、棒高跳三メートル六九——を上回っていた。その活躍の時期は、三つのオリンピック——セントルイス大会（一九〇四年）、アテネ中間大会（一九〇六年）、ロンドン大会（一九〇八年）——とほぼ重なるが、IOCに加わっていない日本が参加することはなかった。

ストレンジの教えを直接受けた世代ではなかったものの、藤井は先輩たちが築いてきた歴史のなかで陸上競技という文明の一要素を巧みに咀嚼した。「一等国」の仲間入りを果たしたばかりか、先頭に立ったのである。その偉業は国内外の新聞が報じた。[27] 大学卒業後、外交官の道を歩み（吉田茂や廣田弘毅と同期）、赴任地アメリカの競技会に出場の予定という報道が、卒業の翌年『読売新聞』に載ったこともあったが、本格的な競技からは遠ざかっていった。『国際法雑誌』（改題後は『国際法外交雑誌』）といった学術誌に論考や翻訳を何度も寄稿した学者肌の外交官だった。オリンピックという国際舞台に縁がなかったことを、国際場裡を職場とする外交官となることで埋め合わせようとするかのようでもあった。

藤井は、身長五尺九寸五分（一八〇センチ）体重一八貫（六七・五キロ）の偉丈夫だった。初期の陸上競技の指導書の一つは、理想的な短距離走者の資質として「相当に身長のある体格で、上体に比し脚部の割合に長い、上体の筋骨は引締つて逞しく、股は幅も厚みもある、腰部は強靭、腓腸筋の豊かな、足頸が細くて筋肉が機敏性を帯びてゐると言ふ様な体格」[28] を挙げるが、著者は藤井を念頭において書いたのではないかと思わせるほど、この通りの身体の持ち主だったことが今日伝わる写真から分かる。

『三四郎』のスプリンター、藤井實

夏目漱石の『三四郎』に帝大の運動会を取り上げている場面がある。主人公の三四郎が里見美禰子とともに大学構内で開催中の運動会を観戦に行く設定である。

　忽ち五六人の男が眼の前に飛んで出た。二百メートルの競走が済んだのである……一番に到着したものが、紫の猿股を穿いて婦人席の方を向いて立ってゐる……ああ脊《せい》が高くては一番になるはずである。計測掛が黒板に二十五秒七四と書いた。書き終って、余りの白墨を向へ抛《な》げて、こっちをむいた所を見ると野々宮さんであつた。

作中に具体的な名こそ挙がってはいないものの、この二〇〇メートル走で先頭を切ってゴールを駆け抜けた学生のモデルが藤井實だった。『三四郎』のこの箇所は『東京朝日新聞』の一九〇八（明治四十一）年十一月六日付に掲載された。帝大運動会優勝記録一覧から、藤井が二五秒七四の記録で二〇〇メートル走を制したのは一九〇四年と判明する。[29] 漱石は、四年前の運動会のタイムを借用したことになる。「一番に到着した紫の猿股を穿い」た長身の競技者を描写したが、長身の藤井が身に着けていたランニングパンツも実際紫色だった。[30] また「計測掛が黒板に二十五秒七四と書いた。書き終って、余りの白墨を向へ抛げて、こっちをむいた所を見ると野々宮さんであった」とある点については、野々宮宗八のモデルとされる寺田寅彦の日記（一九〇三年十一月十四日）を見るならば「大学運動会なり。例のtime係りの御手伝にて行く。参観人夥《おびただ》し」とあり、計測掛を務めたことが確認できる。「紫の猿股を穿いた二百メートル走一位の二十五秒七四」という一九〇四年か「計測掛の野々宮さん」がいた一九〇三年の帝大運動会のどちらかを、漱石が観戦した可能性はかなり高いように思われる。作中の砲丸投に付された一一メートル三八という記録は、一九〇六年の運動会の記録からの借用である。『三四郎』に描かれた帝大の運動会には、素材となる様々なモデルがあったことが分かる。

漱石は本格的な創作活動に入る前、旧制第一高等学校や東京帝大英文科の教師だった。その漱石と一方《ひとかた》ならぬ関係があったと藤井は回想する。八十歳を目前にした頃、藤井が母校郁文館中学の学園史に寄せた一文には、以下の「秘話」が掲載されていた。

その頃校庭のすぐ隣りに夏目漱石が住んでいて、野球のボールがちよい〳〵庭に飛びこんでは取りに行つた。わんぱく盛りの我々はよくしかられたものです。そのうちに漱石はスポーツに理解がなかつたものか、とう〳〵根負けして引越されてしまつた。ところが其の後私が一高に進学したので漱石に英語を教わることになつてしまつたのは面白い話ですね[31]。

漱石の『吾輩は猫である』には漱石を思わせる苦沙弥《くしゃみ》先生が登場し、隣接する落雲館中学の生徒との「攻防」を「猫」が冷めた眼差しで見ている描写がある。生徒たちが野球のボールを取りに苦沙弥宅の庭へ頻繁に垣根を越えて勝手に入り込む。叱りつけるとそそくさと逃げていく。そこで学校へ文句を言うと今度はいちいち大声で挨拶してからボール拾いにやってくるようになり、それはそれで鬱陶しい。この落雲館は漱石の家に隣接していた郁文館だったことが今では分かっている。つまり藤井が回想で明かすところによれば、漱石の悩みの種だった「落雲館」の生徒の一人が藤井だった、ということになる。しかも郁文館中学を卒業して一高へと進むと、他ならぬ漱石から英語を教わった、とも言うのである。漱石山房に集ったような若者ならいざ知らず、教場で接しただけの生徒をことごとく記憶しておくことは教師にとっては至難の技であるが、教わるほうからすれば、教師の記憶は良くも悪くもそう簡単には消失しない。「知らぬは漱石ばかりなり」と思わせる場面は一読してとても興味深い。

しかしながら藤井の回想はどうも辻褄《つじつま》が合わないように思われる。藤井は一八九八（明治三十一）年、成績優秀により三年の課程を二年で終えて郁文館を卒業(32)、旧制一高は二度目の挑戦で入学となった。つまり一八九九年入学、そして一九〇二年に一高を終えて東京帝大法科へ進んだ。一方の漱石の年譜を確認するならば、一八九六年に熊本の旧制第五高等学校へ赴任、一九〇〇年文部省から英国留学を命じられ渡英、一九〇二年十二月に英国を離れ翌〇三年一月に帰国し、四月から旧制第一高等学校と東京帝大英文科で教え始めた。また、漱石が郁文館中学の裏手に居を構えていたのは、一九〇三年三月から〇六年十二月までの三年一〇か月の間であることが分かっている。

以上の史実を付き合わせると、藤井が語る漱石秘話の真実味が消失するように思えてならない。藤井が郁文館中学の生徒だった頃、漱石は遠く熊本の地で教師だった。また漱石が郁文館裏に住み始めた頃、藤井はすでに帝大生だったため、中学生として漱石の家の庭へ入り込むことはありえない。また漱石が一高で教鞭を執り始めた時にも藤井は帝大生だったため、一高の教室で教わることはなかった。藤井が敢えて漱石との関係を「創作」する動機はないはずだろうから、似たような教師に接していてそれが世評の漱石像と混在してしまったのだろうか。実弟に政治家となった植竹春彦がいるので、その弟から聞かされた体験談をやんちゃな少年期の自分の記憶の一部にしてしまった可能性もふと思い浮かぶが、二十歳近く年齢が違う弟ゆえ、こちらもまた漱石との接点は生じない。大いなる謎が残る思いがする。

一〇秒二四を検証する

競技者の藤井實に言い及ぶ者は、棒高跳の記録は信じ(33)、一〇〇メートル走の記録を疑問視する向きが強い。本当に距離は一〇〇メートルあったのか、田中館愛橘《たなかだてあいきつ》博士による電気計時は正確だったか、と問う。距離は間違いないだろう、陸上競技を始めて一年程度の中学生でも一〇〇メートルより数メートル短ければ、走った感覚でただちに分かる。計時へ疑問を投げかける一人が、藤井の旧制一高と東京帝大の陸上運動部の後輩で、のちに仏文学者として名を成す辰野隆《ゆたか》である。一〇秒二四のレースを実際に見ていたという。

藤井實氏が百米で一〇秒二四の驚異的レコオドを作つた年は、僕が中学の四年か五年の頃であつた……ぼくは決勝線の間近で眺めてゐた。一着はもちろん藤井氏で、二着は阿部彦郎氏であつたと記憶してゐる。一着と二着との差は三、四米《メートル》ばかりであつた(34)。

続けて「僕は、どう考へても、此の百米の一〇秒二四といふタイムは、計測の誤りであると、今でも信じてゐる」と書いた。根拠は「若し当年の藤井の百米が十秒二四ならば、藤井に三、四米後れた二着の阿部も亦《また》大体十秒台でなければならない。而《しか》も阿部は僕らと同じく十二秒台の選手であつた。だから、僕は、その時の十秒二四は恐らく十一秒二四の誤りであると思ふ」という点にあった。一〇秒二四ではなく一一秒二四ではということは、計測の誤りというより記録の見間違いということか。ぴったり一秒違うという計測の誤りというのもやや不自然な気がする。実際目の当たりにしたというゴール付近での情景に根拠を置く辰野の疑問㉟には説得力がありそうだが、実のところ、その日起こったことはまったく違っていた。

藤井が一〇秒二四のレコードを出した一九〇二（明治三十五）年十一月八日、辰野の記憶のなかで二着だったという阿部彦郎は、確かに本郷の帝大運動会に参加していた。しかし、阿部が出たのは官立専門学校生徒招待レースであり、旧制一高の三名の選手の一人として四〇〇メートル走（のち一九〇四年から一高側の要望で六〇〇メートル走に変更）に出場、五八秒一のタイムで一位となった。当時高校生では無敵だった学習院の三島彌彦を抑えての優勝だった㊱（後年阿部は「三島に勝った男」として語り継がれることとなる）。すなわち、一九〇二年の時点で東京帝大一年の藤井と旧制一高生の阿部が同一レースで競ってはおらず、明らかに辰野隆の記憶違いである。辰野の回想が活字となったのは一九三二（昭和七）年であり、三〇年近くを経ているため正確さが減じたのであろう。その翌年阿部が帝大生となったのち藤井と運動会で一〇〇メートル走を競い、そこに辰野が居合わせたのかもしれない。しかしその時は、前年の一〇〇メートル走優勝者には一二メートルのハンディキャップが課されていた㊳ため、ゴール近くで観戦して「藤井に三、四米後れた二着の阿部」の姿を見た当時中学生の辰野が、藤井は余計に一二メートルを走っていたことまで確認できていたのかまでは不明である。

ここで辰野隆の回想から離れて、当事者藤井の言に耳を傾けたい。藤井本人による回想は、晩年に二回活字となった。東大陸上運動部のOB会である東大陸上運動倶楽部の機関誌『会報』（復刊三号、一九五五年）に寄稿した「思い出」と題する文章、そして『文藝春秋』一九六二年一月号に掲載された「国産世界記録第一号」（文中に「紫の猿股」を穿いていた、とある）である。両者には内容の重なる箇所が多い。読者が限定された『会報』の文章に目を留めた編集者の依頼により、後者は書かれたのではないか。『文藝春秋』の一文で藤井は、晩年の田中館が「科学者の名誉にかけても、あの計測に間違いはなかった」と語ったと書いた。また、一〇秒二四の記録を出した時は独走だった、とも記した。

独走について、陸上競技史家の山本邦夫は「これは東大の運動会で出したものであるから藤井のいう「独走」とは、どうしても考えられない[39]」と疑問を呈した。帝大運動会の記録表の一九〇二年の一〇〇メートル走一位の箇所に「藤井實一〇秒二四」の記載がある以上は複数名でのレースを想起させるため、独走とは考えにくい。だが、この年の帝大運動会には別の一〇〇メートル走があったのだという。『会報』で藤井は明記した（引用は『会報』当該号を再録した『東京大学陸上運動部一二〇年史』による）――「東大の陸上競技会では、特に「優勝者競走」というのがあった。これでつくった記録でなければ記録として扱われなかった。これに出るのは一般の競走での一、二着だけだったが、私が一〇〇mの記録をつくった時は、出走は私一人の独走だった[40]」。また『文藝春秋』に寄せた一文でも「百メートルの記録を出した時は、私は独走でやったのである。ご承知のように、独走という場合は、なかなかいい記録が出せないものであるが、この時は吉村信次郎という人がスタートから十メートルほど一緒に走ってくれたので、非常に具合がよかった」[41]と回顧している。

以上を踏まえると、事実は次のようなものだったのだろう。数名で競い合った一〇〇メートル走の本レースでは首位でテープを切った。そして「優勝者競走」で独走し、今度は一〇秒二四の記録を出した。記録表では、本レースの一位の箇所に、「優勝者競走」のタイムを記載した。これが誤記なのか、それとも例年本レースの一位の箇所に「優勝者競走」のタイムを記載するのが慣例だったのかは、今となっては知る由もない。辰野の回想は記憶違いとしても、山本の疑問も解け、そして藤井の主張もこれで筋が通る。他の観点から一〇秒二四を検証することが次の課題となる。

その前に、『三四郎』の二五秒七四が記録表に基づくノンフィクションなら、同じ競技者が一〇〇メートル走を一〇秒台前半で駆け抜けることなど有り得ない、というもっともな疑問に触れておく。ちなみに一〇〇メートルの持ちタイムの二倍プラス〇・四秒ほどが二〇〇メートルの目標タイムとされる。[42]一一秒五ならば目標は二三秒四となると考えればよい。つまり、二〇〇メートル走が二五秒七四なら一〇〇メートル走のタイムは一二秒台半ばのはず、となるだろう。だが、この二五秒七四は二〇〇メートルではなく、二二五メートルの記録だった。さきに記したように、帝大運動会では前年の優勝者にハンディキャップとして距離が加えられた。藤井の二〇〇メートル走の場合は二五メートルだったという。[43]二二五メートルを二五秒七四で走る者ならば、同じトラックで二〇〇メートルを走れば二三秒台半ばとなろうか。当時二〇〇メートル走はセパレートレーンではなく、スタート直後からオープンレーンで実施された。現在のように前半のコーナー走を遠心力を利用して有利に使うことは難しかったため、二三秒台半ばは四〇〇メートルトラックのセパレートレーンなら、あと一秒は差し引いていい。すなわち、「二五秒七四」もまた、一〇秒二四の信憑性を崩す理由には成り得ない。

距離も計時も正確なら、一〇秒二四をどう扱えばよいか。十一月上旬はまだ台風の季節でもあり、強い追い風だったのではと思うが、藤井は回想で「わずかに逆風だったが日本晴れの好天気」と書いており、風の恩恵はなかったらしい。記録達成に貢献した条件として、走路が水平ではなかった、つまりゆるい下りの斜面だった可能性が最後に残る。藤井もこれは否定していない。下り坂なら当然スピードは増し、体重のある大柄な選手ほどその恩恵を被るに違いないはずである。藤井實の不世出の潜在能力に敬意を表しつつ、「一等国」を先取りしたような大記録を真のものと信じようとするなら、これが最も真相に近いのではないか。

数十年を経ての回想には記憶違いも起こりうることは、辰野隆の帝大運動会のゴールをめぐる一件、そして藤井による漱石の思い出のことを見ても分かるように、珍しくはない。意図せずして記憶が、作られたり、消されたり、脚色されたりするのは世の常なのだろう。しかしながら一九〇二年十一月八日の藤井實の記憶に限っては、たくさん経験したレースの一つではなく一〇秒二四という唯一無二の大舞台だったゆえ、その記憶は他のレースとは切り離された正確さを維持できたのではないかとも思う。ここに記したのは、そういう前提に立ったうえでの史実再構築の試みである。

「帝大の藤井さん」

一九〇六（明治三十九）年秋の東京帝大の運動会に同年七月に卒業した藤井が棒高跳に参戦し、しかも三メートル九〇の大記録を樹立したこと[44]に二重の不可思議さを感じる向きもあろう。帝大生が競い合う場だったのになぜ卒業生が加わったのか、そして卒業して練習も積んでいないのになぜ現役時より好記録を出せたか、の二点だろう。

卒業していたにもかかわらず竹のポールを握ってピットへ向かったのは当初からの予定ではなかった。藤井の意図するところでもなかった。観覧者のなかに藤井の大ファンがおり、その希望を無下にできない事情があった。若い皇族のたっての願いだったのである。このいきさつについては運動会直後、ある少年雑誌が伝えた。

去る十一月十日東京帝国大学の大運動会に、畏れ多くも特《こと》に北白川宮輝久王殿下に拝謁仰付けられ、宮のたつての御所望により、準備もなく練習もしない身を以て場に現はれ易々と棒飛三米《メー》突《トル》九〇（凡そ我一丈二尺）を飛んで又々世界のレコードを破り、宮殿下を始め見物人一同を驚かした藤井實氏の名は、最早日本運動界のみならず世界に轟《とどろ》く事となつた……先頃外交官試験を受けて居られたが今度目出度及第し、名誉の月桂冠を得て遠からず外国へ赴任される筈で、極めて忙がしい身であつたが、宮様の御望み背き難く遂に棒を執つて勇奮一番、此の奇功を樹てて、天《あっ》晴《ぱれ》世界の最優者となられた……[45]

その年に東京帝大を卒業し、同年十月「外交官及領事官試験」に合格、赴任地決定を待つ身であったが、観戦に出向いた帝大の運動会で北白川宮輝久王たっての望みを受け、藤井はピットに立ったのだという。

学生時代のような激しい練習を継続していなくとも、むしろ疲労の蓄積がないがゆえに短距離走や跳躍種目では思わぬ好記録が出ることがある。もっとも、普段の練習が欠かせない長距離走の場合、久々にトラックを駆ければさすがに記録の低下は免れないのではあるが。一八八八(明治二十一)年生まれの輝久王は当年十八歳だったが、幼時より帝大の運動会に頻繁に足を運び、また藤井の快記録をも目の当たりにしていた。藤井は学校へ通う少年たちにとり憧れの人でもあったし、藤井自身もまつわりつく男児たちを可愛いがりもしたという――「全種目に出ては大体入賞していたから、私の受けたメダルは可成りな数になった。それをすぐ子供達にわけてやるのが、子供好きの私には、いつも楽しみだった。何しろ「帝大の藤井さん」は女性はともかく、子供にはひどく人気があったもので、附属小学校や学習院の小学生には、いつも後を追い廻されたものだった[46]」。

「附属小学校や学習院の小学生」のように『三四郎』のスプリンターを追い廻すことはなかったかもしれないが、小学生として競技者藤井に注目していた児童がいた。本郷小学校の後輩にあたるという澤田一郎である。澤田はのちに一高、東京帝大法科というように藤井と同じ道を辿り、それぞれの陸上運動部で大きな足跡を残すこととなる。米寿を前にして小学生時代を回顧してこう書き残した。

1904（明治37）**年の帝大運動会で棒高跳をする藤井**（小川一眞『東京帝国大学』〔1904〕より）

　私は当時小供であったが、前述の棒高跳の光景をこの眼でよく視て居る。藤井先輩が私が卒業した本郷小学校の先輩だった関係から、親近感を抱き毎年運動会に行って見物した訳である。私の観察に依ると、藤井選手は高度を示す綱をクリヤーするとき、足首を使って、空中で綱が落ちるかも知れない際、その綱の落ちるのを防ぐために、足首で綱をモトに戻す妙技を心得て居たかの様に推察される。此処は非常に微妙な点で、此の行為は実に一瞬に行われるものであり、素人では到底見当がつかぬ軽業的のもので、小供心にも唯々感心して観て居るばかりであった(47)。

　海外の棒高跳競技では二本の支柱に横棒《バー》が渡してあり、それを落とさずに跳び越えることを競った一方、日本ではバーではなく綱が置かれ両端に重りを下げて張っていた。競技者の身体が直撃すればバーも綱もただちに落下するが、身体の一部が軽く触れた程度の接触の場合、綱は落ちにくいゆえバーより有利となるとみなされたのが、日本での棒高跳レコードを世界が認めなかった理由だった。もし澤田が見たような芸当を藤井が行なっていたというのなら、流石に同じことをバーではできないため、綱を用いた記録を同一視できないという根拠になるだろう。「足首で綱をモトに戻す妙技」の真偽はともかく、こういう実に器用なことを身の丈六尺に垂《なんな》んとする大男がやってのけたことは、当時はもとより今でも驚嘆に値する。藤井の器用さは、中学時代に器械体操に取り組んでいた成果だったのだろう。(48)

文明国の陸上競技史に名を残すため藤井に残された課題は、陸上競技の先進国であるアメリカへ渡り、シンダーのトラックを駆け、支柱にバーが渡してあるピットで跳び、実力が真のものであると証明することだった。

「ジャップが記録を打ち破る」

競技者としての藤井實がアメリカの新聞に載った年は、管見に入った限りでは三度ある。初回は一九〇六（明治三十九）年の八月（二紙）、十一月（一紙）、二度目は翌一九〇七年五月と六月（二紙）、そして一九〇九年の六月である。一九〇六年の記事は、いずれも三メートル九〇の快挙の前に掲載された記事ゆえ、話題は一〇〇メートル走の一〇秒二四と棒高跳の三メートル六六を取り上げている。ここではワシントンD.C.の新聞だった *Evening Star* 紙同年八月二十六日付の記事を引く。

ジャップが記録を打ち破る——ウォルター・キャンプ氏、東京の逸材の報を聞く

コネチカット州、ニュー・ヘイヴン、八月二十五日——はるか日本からイェール大学のアスレティック・アドヴァイザーであるウォルター・キャンプ氏のもとへ一通の請求が届いた。東京にある帝国大学の学生ミノル・フジイが棒高跳と一〇〇メートル走で世界記録を樹立したというのである。同大学総長のアラト《ママ》・ハマオ〔濱尾新〕（ハーバード大出身）が書類に署名をしており、それには一九〇五年十一月十一日開催の年一回の競技会の場でフジイは一二フィート九インチを跳び、また一〇〇メートル走を一〇〇ヤード走なら九秒五分二〔九秒四〕のスピードで走った、と書かれていた。

一〇〇メートル走の記録は、スタート時とゴール時に作動する電気式の特別な速度計で採られ、自動で記録が計測される仕組みだった。レースは芝の上で行なわれた。棒高跳の支柱はアメリカで普通用いられているものと同じだったが、バーには竹の棒ではなく綱が渡されていた[49]。

Evening Star 紙は地元のイェール大学関係者の話として藤井の偉業を報じた。ちなみにコネチカット州ニュー・ヘイヴンは、イェール大学の所在地である。一八九六年に始まった近代オリンピックではメートルでの競走が採用されていたが、アメリカではまだヤードのほうに馴染みがあった。そのため藤井の一〇秒二四を一〇〇ヤード走換算で示したのであろう。濱尾総長が申請した藤井のレコードは達成年が異なるのだが、記事では三メートル六六達成の年（一九〇五年）の運動会で一

〇〇メートル走のレコード（一九〇二年）も出たように報じられた。また、濱尾新は米国留学の経験を有するがハーバードの出身ではなく、細かい事実に誤解があることも分かる。競技そのものについては、電気計時だったこと、そしてやはり棒高跳のバーに綱が用いられた日本流が明記された。全く同内容の記事は、二日遅れてカンザス州の *The Topeka State Journal* 紙にも掲載されていることから共通のプレスリリースがあったと考えてよいだろう。両紙ともにＪＡＰの語を用いており、日本への眼差しの一端をうかがい知ることができる。

この二紙が伝える藤井の記録申請の一件は、***Spalding's Official Athletic Almanac for 1907*** に掲載されている(50)。同書二一〇頁の **OTHER FOREIGN RECORDS** の項目に、まず一〇〇メートル走一〇秒二四、そして棒高跳三メートル六六が正確な日時とともに記され、電気計時の手法についての説明が付されている。また記録が真であることを証する宣誓書は、東京帝国大学物理学教授の **A. Tanakadate**、そして運動会会長の **Arata Hamao** の名であることが分かる。濱尾は当時東京帝大総長であり、学内の運動部を統括する組織である運動会の会長でもあった。宣誓書に総長ではなく運動会会長（**president of the Athletic Association**）の肩書きを用いたのは、こちらのほうが重みがある、と判断したためだろうか。また、直前の一九〇六年十一月の棒高跳三メートル九〇についても記載がある。「世界記録、なお公式証拠はこれから発送の予定（**A world's record; official proof to be forwarded.**）」と添えてあり、無下に却下されたのではなく、世界記録として正式に認められる可能性があったように読める。その後、日本側がどういう対応をしたのか。送付した正式報告書になにか不備があったのだろうか。

同年十一月にはモンタナ州の *Fergus County Argus* 紙も「最新スポーツニュース」“Latest Sporting News”記事のコーナーで藤井について言及した――「日本は今や陸上競技の最前線に立っている。もし日本側の主張が、アメリカ当局者が満足できる形で証明されるならば、陸上競技でアメリカが持つ二つの記録が、高さと速さの記録を持つ目尻の下がった連中に譲り渡さなければいけなくなるであろう[51]」。先の二紙以上に侮蔑的な形容を見る。

slant-eyed とは目尻の下がったという意であり、アジア人を軽蔑して形容する際の表現の一つだった。後進国日本ごときが申請する新記録とやらをアメリカ当局が認めはしないだろう、というメッセージが行間から伝わってくる。続けて「その新星はミノル・フジイという。フジイという語はアメリカの陸上関係者の間では少々発音しにくいから、略してフィザーと呼ばれることとなろう。フジイ自身が言うには、自分は一点の曇りも無きアマチュアだとのことで、優秀な大学代表アスリートみなによくあるように、東京帝大の法学部出身である[52]」とあった。「一点の曇りも無きアマチュア」と藤井が主張するという箇所に、実はプロではないかという疑念を見て取るのは多少穿《うが》った読み方と思えるかもしれないが、当時はプロとアマチュアの記録が並立しており、また一〇〇ヤード走で世界記録を樹立したアーサー・ダッフィー（Arthur Duffey）がスポンサーからの資金援助を受けていたことを告白し、アマチュア資格剝奪となった（一九〇五年）直後のこともあり、好記録樹立者に対してはプロ／アマの区別がことさら注視されていたのだった。

「太平洋を渡りフジイがカリフォルニアへやってくる」

一九〇七年の三点の記事は、五月五日に *New York Times* 紙に掲載された記事をもとにして、翌月の両紙の記事が書かれたのではないかと推測できる。というのは藤井の記録をめぐる叙述はほぼ同一表現を取るからである。その共通部分の前後に記事を増したのが、五月の *New York Times* 紙の記事だった。見出しを見たのち、他の二紙にはない冒頭のパラグラフと最後のパラグラフを引くこととする。

日本の若者が世界記録を達成／東大運動会で棒高跳一二フィート九・五インチ／一〇〇ヤード走一〇秒四分一／計測は電気計時　ミノル・フジイ、短距離走を常人離れの速さ(53)

中国と日本へのアメリカ流のスポーツの導入はＹＭＣＡの宣教活動によって行なわれ、驚くべきほどの活動を見るに至った。競技会はアジアの主要都市で大学の支援のもと開催されてきている。何種目かで日中両国は素晴らしい成果を挙げているものの、ミノル・フジイの例を別にすれ

Fujii doing 12 feet 10 inches for the pole vault at Tokio last November.

WORLD'S RECORDS BY JAPANESE BOY

Pole Vault 12 Feet 9½ Inches in the Field Games of Tokio University.

100 YARDS IN 10¼ SECONDS

Timed by Electric Machine, Minoru Fujii Runs the Short Sprint in Phenomenal Time.

Minoru Fujii One of Japan's crack athletes.

New York Times 紙を飾った藤井の記録をめぐる記事（1907年５月５日）

ば、これまでのところ新記録樹立という結果にはなっていない。だがフジイは稀に見るアスリートのようだ。そしてフジイが挙げたという成績がもし正確なものというのであれば、その専門種目――一〇〇ヤード走と棒高跳――では世界一の記録を凌駕《りょうが》するのである。(54)

この素晴らしき日本人の能力に疑念を抱きたく思うかもしれないアメリカ人には、自身でフジイの能力を見てみる機会が訪れるだろう。フジイは来月大学での課業を終えたら転戦を計画中である。太平洋を渡ってカリフォルニアに行き、その後今秋の全米選手権の出場に間に合うようにアメリカ東部へ足を伸ばす。そしてイギリスや他の欧州諸国に出向き、恐らくは〔来年の〕オリンピックロンドン大会に参加することとなろう。タナカダテ教授は自身数回の訪米経験があり、当地のスポーツ事情にも通じているので、気候の変化が不利に働かない限り、フジイは全米選手権で短距離と棒高跳の両種目で必ずや勝利を収めるだろうと公言している。(55)

近代スポーツの日本への移入にＹＭＣＡが果たした功績は少なくないが、こと陸上競技に関しては英国流の競技をストレンジが伝えたことが一番大きい。*New York Times* 紙記者にはそこまで伝わっておらず、通り一遍のことしか書けなかったと思われる。興味深いのは最終パラグラフだろう。大学を卒業したのち米英遠征を企図しているというのである。のちに第三章で見るように、一八八〇年代になると英米のアスリートたちが大西洋を越えて相手国の競技会へ出向いて競うということが珍しくなくなった。一八九五年九月には実質上の英米対抗戦もニューヨークで開催され、高水準の記録が多く誕生していた。こういう先例を知るアメリカ側では、藤井がやがて太平洋を越えて腕試しに渡米するに違いない、と予想したのであろう。真偽は分からないが、電気計時を担当した田中館博士の見解まで書き添えはしてあるものの、外交官への道を選んだ藤井にはそういう自由がないのは明らかであり、本人が言い出す術はなかったと考えてよい。任地が米国内ならまだしも競技会参加の可能性はあったが、最初に配属されたのは日露戦争後に領事館が置かれて間もないハルピン（哈爾濱）だった。もっとも、米英への転戦を模索していたのかどうかについて藤井自身は書き残してはいないようなので、推測の域を出ないのではあるが。

藤井實のオリンピック

少年たちの憧れだった「帝大の藤井さん」の棒高跳の快挙や近況を伝える記事が少年雑誌に載ったことは先述の通りだが、その記事の最後には「運動に関する詳しい有益な話は明年御初の号に御年玉として藤井氏が諸君の為に話して下さる約束になつて居る……」との編集部による一文があった。これを見て「運動に関する詳しい有益な話」とは何なのか、と期待を膨らませた少年たちは多かったことと思う。

予告に応えたのが、翌年一月号に掲載された「法学士　藤井實」による「世界最大の運動競技会（オリンピヤの運動会）」と題する記事だった。一流競技者を目指す子どもたちへの助言ではなく、近代オリンピックの紹介を旨とする啓蒙の一文だった。一ページ三段組で二ページ少々の記事は「一　世界第一の運動会」「二　各種の運動技を網羅す」「三　国と国との競争」「四　この大競技の起源」の四節から成り立つ。簡にして要を得た近代オリンピック紹介文になり得ている。記事末尾に「明治三十九年十二月十日稿」とあるので、三メートル九〇の快挙のほぼ一か月後に年少の読者に向けて筆をとった一文ということが分かる。「一　世界第一の運動会」を引いてみる。

凡そ、何処《どこ》の運動会が如何に盛んだと云つても、此のオリンピヤの世界大運動会程のものはあるまい。日本の小さな運動会ばかりを見て居る少年諸君には、到底想ひも附かぬ事であらうから、今少しく之を話したいのである。

近頃行はれたのは、十年程前に、希臘《ギリシャ》のアゼンスでやつたのと、六年前の巴里のと、一昨年米国のセントルイスで催したのと、本年の四月に再び希臘のアゼンスでやつたのと、都合四回であるが、殊に本年四月のなどは、実に実に口に云ひ尽せぬ程盛んなもので、希臘の皇太子自ら会長となり、外の皇族も皆委員だの幹事だのと云ふ役を持つて会を取締り、王様は勿論、英国の皇帝皇太子を始め、世界各国の宮様方が態々《わざわざ》見に行かれ、普通一般の人民も亦、世界の到る所から、われ先にアゼンスへ見物に出かけた。其運動する場所と云つたら、とても我々の想ひも寄らぬ設備で、其見物席の広く立派な事は、実に胆を潰す位である。(56)

往々にしてお祭りのような要素が付加されていた初等中等教育の現場での運動会、帝大や駒場の農科大学などで開かれてきた競技会の色彩の強い運動会、こういう類しか知らない年少者に、一八九六年のアテネ大会を嚆矢とする近代オリンピックを紹介することから藤井は始めた。もちろん、藤井自身も誌紙面を通してしか知らないオリンピックの世界ではあったが。付された一葉の写真は、一九〇六年のいわゆる中間オリンピックがアテネで開催された時の競技場（スタディオン）であり、一八九六年の第一回大会当時は未完成だった立派な観客席を備えており、帝大の運動会の常連として御殿下グラウンドに蟻聚《ぎしゅう》する観客しか知らない藤井自身も驚嘆したことだろう。「見物人は此の十日程の間、毎日毎日十万人を下らないとは、何と愕《おど》くべきではなからうか」と素直な気持ちを続く「二　各種の運動技を網羅す」の箇所で綴った。この「二　各種の運動技を網羅す」ではさらにオリンピックで行なわれる競技種目の数々が紹介され、「三　国と国との競争」は、参加者は国威をかけて競ったことを強調する――「此等の選ばれた人々は、銘々恰《あたか》も、軍人が戦場に出て、国の為めには命を惜しまぬと同じ決心で出るのである」。それゆえオリンピックは単なる競技会にとどまらないと主張する――「実に運動会ではない、世界各国同士の、平和の戦争と云つても宜しいのである」。

オリンピックが「平和の戦争」という紹介は、「四　この大競技の起源」に記された内容にも通じるところがあった。古代ギリシャに淵源があることを紹介したのち、藤井はこう書き記した。

……此運動会を開き、其開かれてる間は、国内の者決して争ふべからずとの命令を出した。かくてオリンピヤの運動会は、一種の御祭りとなり、此祭礼中は、平和の神が国中を護つて、戦争のない様にするので、つまり此運動会は、国の平和を保つ為めに催されたものと見える。(57)

オリンピックは古代も近代も常に平和と表裏一体ということを、年少の読者に説いた。その平和の戦争であるオリンピックは、およそ一〇年後には第一次世界大戦により中止の憂き目を見ることになるなど、読者はもとより藤井本人もまた予想できなかっただろう。一九一二（明治四十五）年に日本が初めて近代オリンピックに参加する前後、一般読者の啓蒙を企図して書かれたオリンピックに関わる文章は散見されるが、それと比しても『世界之少年』に寄せた藤井の一文は、完成度の高い紹介文となっている。敢えて一点史実の誤解をあげるならば、それは古代オリンピック中止に至る経緯についてである――「其後希臘の勢が、段々衰へて来るに連れ、運動会も自然衰へて、到頭テオドシアスと云ふ天子様の時に、全く廃れてしまった」。古代ギリシャにとって代わったローマ帝国でもオリンピアの競技会は継続していたが、キリスト教以外を禁止とする令がテオドシウス帝により発せられたため、異教の神々を祀る趣旨を持つオリンピックもまた禁止となったのであり、テオドシウスはギリシャではなくローマの皇帝だった。

近代オリンピックの歴史はもとより直近のアテネで開催された中間オリンピックについても情報を得ていたことが、さきに引いた「一　世界第一の運動会」の記載から分かる。この一九〇六年アテネ大会の棒高跳は、フランスのジャンパーが三メートル五〇の記録で制した。藤井がどこまで詳細な情報を得ていたかは知る術はないが、三メートル五〇というレコードを誌紙面で知ったならば、その心境は複雑だったであろう。一九〇六年四月下旬に開催された中間オリンピックでの優勝記録が三メートル五〇、同年十一月に自身は三メートル九〇を記録、そしてその一か月後に少年読者に向けてオリンピックを紹介する一文を草したという諸点を考え合わせると、東京帝大を卒業し外交官試験に及第したこのアスリートの胸中に、世界の舞台で戦ってみたいという希望があったのではないかという思いがいや増す。

　ここでさらに想像を膨らませるならば、帝大生時代の一九〇四年の第三回オリンピックセントルイス大会にも、藤井が活躍できる場があったのではないか。セントルイス大会では初めて本格的な混成競技《オールアラウンド・イベント》が実施された。実施種目が今日の十種競技《デカスロン》とは異なるものの、実施された混成競技(57)の優勝者の記録は以下の通りだった――一〇〇ヤード走不明(58)、砲丸投一〇メートル八二、走高跳一メートル五二、八八〇ヤード競歩三分五九秒、ハンマー投三六メートル七六、棒高跳二メートル七四、一二〇ヤードハードル走一七秒八、五六ポンド重錘投八メートル九一、走幅跳五メートル九四、一マイル走五分五一秒。四〇〇メートル走もこなし、走高跳や走幅跳そして槌投（ハンマー投の前身競技）でも帝大運動会で優勝し、クリケット投では一〇〇メートルに垂んとするレコードホルダーでもあった藤井には、混成競技者《オールアラウンド・アスリート》としての大いなる資質を感じる。器用に棒高跳をこなしたことから考えて、高障害走《ハイハードル》を苦手とはしなかっただろう。セントルイスでの優勝記録を前にすると、『三四郎』のスプリンターは、アテネ中間オリンピックでの棒高跳以前にセントルイス大会へ参戦していたならば、オリンピックという文明国の集いで入賞はもとより金メダルを狙えた可能性は高いという思いを禁じ得ないのである。

　本章では一八七〇年代に来日し、接した学生や生徒に様々な西洋流スポーツを伝授し帝国大学運動会の開催も実現した英国人教師ストレンジが撒いた種が地中でゆっくり育ち、そののち藤井實という不世出のアスリートの活躍という形で花開いた様子を辿ることを主眼とした。ストレンジ来日以降、陸上競技の本場であるイギリス、そしてアメリカで陸上競技はさらに発展を遂げたのは間違いなく、その進化の先に近代オリンピックで競われたさまざまな陸上競技種目があった。以下、章を改めて、明治日本の師であった陸上競技先進国での進化の諸相を振り返って検討することに努めてみたい。

註

（1）たとえば、Henry Fazakerley Wilkinson, *Modern Athletics* (London, 1868)、Harry Hewitt Griffin, *Athletics* (London, 1891)。

（2）原文は以下の通り。"Athletics" is a term used when referring to athletic events that are held on track and field both indoor and outdoor and comprise Running, Walking, Hurdling, Jumping of all kinds and Weight Throwing. It is claimed by some experts that athletics comprise all forms of athletic activities, such as base ball [*sic*], foot ball, rowing, tennis and any type of outdoor or indoor games that man enters into. But, nevertheless, "athletics," the world over, applies only to track and field sports as enumerated above.

James E. Sullivan, *How to Become an Athlete for Beginners* (New York, 1914) p. 5.

（3）「第七回国際オリムピック競技会には、陸上競技、水泳、及び庭球に十五名の代表選手を参加せしめ」の引用が野口書からある。

（4）木村毅「陸上競技発達史」（木村『日本スポーツ文化史』ベースボール・マガジン社、一九七八年）一四二〜一四三頁。

（5）木村前掲書、一四六〜一四七頁。

（6）山本邦夫『近代陸上競技史』上巻（道和書院、一九七四年）一七頁。

(7) 正岡子規「松蘿玉液」(『子規全集』第一一巻、講談社、一九七五年)二八～二九頁。

(8)「新体詩」として知られる外山正一の「抜刀隊」が掲載されたのも同誌(第八号)だった。

(9) 帝大の運動部の組織であった「東京帝国大学運動会」についての最新の研究は、中澤篤史「大学が期待した学生の身体——学生スポーツ団体をめぐるやり取りの分析を通して」(寒川恒夫編著『近代日本を創った身体』大修館書店、二〇一七年)である。なお、運動会は「東京大学運動会」と名を改めて現在に至っている。

(10)「陸上技競《ママ》大会は愈本日から」のタイトルのもと「極東体育協会、大日本体育協会の合同主催に罹る陸上競技大会は愈本日午後一時より芝浦海岸に於て挙行する事となり全国より集れる二百五十余名の健児が十数種の競技に何れも新記録を作らんと輸贏を決すべく我国空前の壮観を呈すべし」の一文で記事は書かれている。

(11) 高橋孝蔵『倫敦から来た近代スポーツの伝道師——お雇い外国人F・W・ストレンジの活躍』(小学館101新書、二〇一二年)は、ストレンジについての最新研究の成果である。とりわけ、これまで諸説あった来日の時期を一八七五(明治八)年と確定した意義は大きい。

(12) 武田千代三郎「本邦運動界の恩人 ストレエンヂ師を想ふ(一)」『アスレチックス』第二巻第二号、一九二三年、一〇頁。

(13) 福沢諭吉〔富田正文校訂〕『新訂 福翁自伝』(岩波文庫、一九七八年)二八六～二八七頁。

(14) 原文は以下の通り。There are two kinds of exercise, Mental Exercise and Physical Exercise. Scholastic Education is mental exercise, thought directed to any subject is mental exercise; gymnastics and all kinds of outdoor games constitute physical exercise.

F. W. Strange, *OUTDOOR GAMES* (Tokyo, 1883) PREFACE.

(15) 渡辺融「F・W・ストレンジ考」東京大学教養学部体育研究室『体育学紀要』第七号、一九七三年、一八頁。

(16) 前年の優勝者には、走跳投全ての種目で「ハンディキャップ」——たとえばのちに見るように、二〇〇メートル走で二五メートル後方からスタートするなど——が課された。このハンディキャップ制がいつから設けられたのか、またどの選手にどれほどのハンディキャップが課されたのかが不明のため、参考記録はますます「参考」の度が強まってしまう。

(17) 体育史家の木下秀明によると、明治二十年前後に運動会の二形態が生まれたという。すなわち、体操に遊戯を併用し正課の体操を奨励する公的な課外活動という「学校の運動会」、もう一つは、大学生に正課の体育は不適当との考えが世間にはあったため、体育指導者のない私的な課外活動競技的な性格を持つ「大学の運動会」である（木下「明治時代の運動会」『新体育』第三〇巻第九号、一九六〇年）。

(18) 後年の記述になるが、運動会一般の風潮として橋戸頑鐵は「生徒は単にその運動会に賞を得んとする結果、試験勉強と同じ様な身体の訓練をやる。さうして其運動会が済んで了へば、再び訓練を続けて、更に以上の記録を造らうと努力する人は尠ない」と書いている（橋戸「羽田予選会雑感」『運動世界』一九一一年十二月号、四四頁）。

(19) 東京の駒場にあった東京帝大農科大学（のちの東大農学部）でも一八九八（明治三十一）年より年一回の運動会が開催され、皇太子をはじめとする皇族の臨席もあった。

(20) 山本前掲書、六五～六六頁。

(21) 運動会開催は一八八三（明治十六）年六月十六日、*OUTDOOR GAMES* の刊行は奥付によれば同月十一日。

(22) 野球殿堂博物館の図書室では「日本で初めて野球を紹介したといわれる本は一八八三（明治十六）年に英語で書かれた洋式スポーツ書『Outdoor Games』です。野球のプレーやルールについて紹介していますが、記録法についての記載はありません」として *OUTDOOR GAMES* を紹介している。

(23) 原文は以下の通り。This distance is a very popular one. The Competitors start at a given signal and race to the winning post which is at a distance of 100 yards from the starting post. Any Competitor who starts before the signal should be put back one yard. The same is said of 200 yards, 1/4 of a mile, and 1/2 a mile races.

Strange, *OUTDOOR GAMES*, p. 47.

(24) ストレンジは triple jump ではなく、HOP STEP AND JUMP としている（同書四九頁）。

(25) 原文は以下の通り。In this sport, as in the Long Jump a run of eighteen or twenty yards is taken, then having

reached the mark the Competitor makes first a long hop on one leg, from this a long step, and from the step a long jump.

Strange, *OUTDOOR GAMES*, p. 49.

(26) 現行ルールでは、ホップとステップは同じ脚で踏み切り、ジャンプはもう一方の脚を用いることになっている。すなわち、左→左→右→両脚で着地、または右→右→左→両脚で着地となる。

(27) たとえば「帝国大学陸上大運動会」を報じる『東京朝日新聞』の記事（一九〇六年十一月十一日）には以下の記載がある――「棒飛には学生に優等なくして例の藤井實が三米突九〇たりしは驚くの外なし（本年五月米国にて世界のレコードを破りしは三米突七〇なりしと聞く）」。

(28) 野口源三郎『オリムピック　競技の実際』（大日本体育協会出版部、一九一八年）一六二頁。

(29) 日本体育協会編『スポーツ八十年史』（日本体育協会、一九五八年）一三五〜一三六頁、及び山本前掲書（六七〜七一頁）に掲載の明治時代の帝大運動会の一位記録表を参照。

(30) 藤井實「国産世界記録第一号」『文藝春秋』一九六二年一月号、一六九頁。

(31) 藤井實「郁文館の思い出」（『郁文館学園七十年史』郁文館学園七十年史編集委員編、一九六〇年）一〇〇頁。

(32) 『郁文館五十年史』（郁文館創立五十年史編纂会、一九三九年）一七六頁。

(33) 以下に紹介するように藤井の一〇〇メートル走への疑義を公言する辰野隆も、棒高跳の記録については「藤井の百米のタイムが信ず可らざるに比して、同氏の棒高飛に於ける三米九〇は、全く真正なレコオドであつた」（辰野隆、辰野保『スポオツ随筆』大畑書店、一九三二年、四五頁）と書いている。

(34) 辰野前掲書、四三頁。

(35) ここに引いた辰野の疑問を受けて、織田幹雄は「そのころ（藤井と）一緒に走ったことのある仏文学者辰野隆博士は、その思い出を書いたなかで、自分の力は、一二秒〇くらいだったが、藤井には十米ぐらいは抜かれた。だからあのときのタイムは一一秒二四の誤りだろうと書いているが、これならまず信用できる記録である」と記している（織田幹雄『陸上競技百年』時事通信社、一九六六年、九〜一〇頁）。一九〇五年生まれの織田にとり、辰野が観ていたという藤井のレースは自身の誕生前のことであり、辰野の観察が正しいという前提に立っての一般論としての感想を記したにすぎない。織田の言をもって藤井の記録の信憑性が揺らぐということにはならないだろう。

(36) 旧制一高の「陸上運動部部史」には、以下の記載がある──「我撰手は即ち阿部、吉原、出浦の三氏なり。外敵は学習院の三島彌彦、柳谷午郎等にして、一周にして早くも阿部氏先頭を持し、三島悠々として後より之を追ひ以て吾が疲労するを待ちて抜かんとせしも、何ぞ吾々は練習の功あり、遂に三島も抜く能はずして先づ我軍に凱歌揚る、出浦氏も次いで三着となる」(「陸上運動部部史」『向陵誌』第一高等学校寄宿寮、一九一三年、四〇三頁)。

(37) 一九三二年、大畑書店から書籍化されて刊行された。前年一九三一年『中央公論』十二月号に掲載された記事には、この帝大運動会は含まれてはいない。

(38) 藤井前掲「国産世界記録第一号」一六九頁。

(39) 山本前掲書、一〇七頁。

(40) 東京大学陸上運動倶楽部編『東京大学陸上運動部一二〇年史』(東京大学陸上運動倶楽部、二〇〇七年)一三頁。

(41) 藤井前掲「国産世界記録第一号」一六七頁。

(42) 一〇〇メートル走は、初速度ゼロから走り始めての一〇〇メートルである一方、二〇〇メートル走は、前半の一〇〇メートルに加え、一〇〇メートルの「助走」の付いた後半の一〇〇メートルを走る、ということに理論上はなる。したがって、スピード持久力に優れた一流スプリンターの場合、前半よりも後半のほうが速いということがあり得る。メキシコシティー大会(一九六八年)で二〇〇メートル走を制した(一九秒八三)アメリカのトミー・スミス(Tommie Smith)の場合、一〇〇メートル走の自己ベストは一〇秒四五(手動記録は一〇秒一)(https://www.worldathletics.org/athletes/united-states/tommie-smith-14349509)。また、モスクワ大会(一九八〇年)二〇〇メートル走優勝のイタリアのピエトロ・メンネア(Pietro Mennea)も、一〇〇メートル走の自己ベストが一〇秒〇一の一方、二〇〇メートル走の自己ベストは一九秒七二（当時世界新）だった（https://www.worldathletics.org/athletes/italy/pietro-mennea-14343034）。もっとも、スミスもメンネアも、二〇〇メートル走のタイムは高地記録（メキシコシティー）ゆえ一〇〇メートル走の自己ベストと比べるのはあまり適切ではないかもしれない。同一競技場で達成した記録で比べる場合の適例は、ミュンヘン大会時（一九七二年）の旧ソ連のワレリー・ボルゾフ（Valery Borzov）だろう。一〇〇メートル走一〇秒一四、二〇〇メートル走二〇秒〇〇、でともに金メダルを得ている。

(43) 藤井前掲「国産世界記録第一号」一七〇頁。

(44) 藤井がどういう試技を行なったのか、つまり他の出場者と同じように少しずつ高さを上げていき三メートル九〇に成功したのか、あるいは最初から三メートル九〇だけを狙ったのかは不明である。辰野隆の回想に依拠するならば、三メートル九〇に成功したのちそれ以上の記録は狙わなかったとのことである――「……藤井は三米九〇を楽に飛んだ。若し氏が奮張つたら、必ず四米をも飛び得たに相違ないのであるが、どういふものか、氏はその時、三米九〇以上を試みずに已めてしまつたのは残念な事であつた」（辰野前掲書、四五頁）。

(45) 「世界一の棒飛者――運動界の怪傑藤井實氏」『世界之少年』一九〇六年十二月号、三一頁。

(46) 藤井前掲「国産世界記録第一号」一六九頁。

(47) 澤田一郎「東京大学陸上運動部を讃えよ」『会報』復刊第二十九号（昭和五十六年度）、一五頁。

(48) 郁文館中学に通う頃、日本体育会器械体操の第二十期を卒業したという（前掲「世界一の棒飛者――運動界の怪傑藤井實氏」三一頁）。

(49) 原文は以下の通り。

JAP SMASHES RECORDS

Walter Camp Hears of a Tokio Star

NEW HAVEN, Conn., August 25. From faraway Japan has come a claim to Walter Camp, Yale's athletic adviser, that Minoru Fuji, a student in the Imperial University at Tokyo, has made world's records in the pole vault and in the

100-meter race. Arato Hamao (Cantab), president of the university, officially signed the papers, which say that in the annual athletic games on November 11, 1905, Fujii vaulted 12 feet 9 inches and that he ran the 100 meters at a speed of 9 2-5 seconds for 100 yards.

The time was taken by a special chronometer, an electrical connection being broken at start and finish, automatically registering the time. The race was on the turfed ground. In the pole vault the uprights were like the American standards, but a cord instead of a bamboo reed was used as a crossbar.

(50) スポルディング社から藤井のもとには、表紙に藤井の名を入れた特製本が届いたという（藤井前掲「国産世界記録第一号」一六八頁）。

(51) 原文は以下の通り。Japan is at the front in athletics just now and if her claims can be proven to the satisfaction of the authorities, two American records in track and field will have to be turned over to the slant-eyed custodians of high and fast marks.

(52) 原文は以下の通り。The new athlete is Minoru Fujii, who will probably be called Fizzer for short, as Fujii is a trifle tongue-twisting for use around American tracks. He says he is an amateur of purest ray serene, and as is usual with all great 'varsity athletes, he comes from the law department of the Imperial University of Yokio [*sic*].

(53) 原文は以下の通り。WORLD'S RECORDS BY JAPANESE BOY / Pole Vault 12 Feet 9 1/2 Inches in the Field Games of Tokio University. / 100 YARDS in 10 1/4 SECONDS / Timed by Electric Machine, Minoru Fujii Runs the Short Sprint in Phenomenal Time.

(54) 原文は以下の通り。The introduction of American athletics in China and Japan, which has been brought about by the mission work of the Young Men's Christian Association, has provoked a surprising activity among the Orientals, and games are being held under university auspices in all the leading Asiatic cities. In several events the Chinese and Japanese have shown exceptional skill, but except in the case of Minoru Fujii, has as yet resulted in no record breaking. Fujii, however, appears to be a phenomenal athlete, and if the performances with which he is credited are

correct, he outranks the best of the world's athletes in his specialties, the 100-yard dash and the pole vault.

（55）原文は以下の通り。Americans who may be disposed to be skeptical of the ability of the wonderful Japanese will have an opportunity to see for themselves his powers on his contemplated tour of the world at the close of his university work next month. He will cross the Pacific to California, and then come East, arriving here in time to compete in the American championships this Fall, and will then visit England and other European countries, probably taking part in the Olympic games in London. Prof. Tanakadate, who has visited America several times, and is familiar with American athletic life, declares Fujii will certainly win both the sprint and the vault in the American championships unless the change of climate affects him adversely.

（56）藤井實「世界最大の運動競技会（オリンピヤの運動会）」『世界之少年』一九〇七年一月号、一二〜一三頁。

（57）同右、一三頁。

（58）混成競技は一九〇八年のロンドン大会以降は実施されず、一九一二年の第五回ストックホルム大会からは新しいタイプの混成競技として五種競技と十種競技が採用されていくこととなる。

（59）優勝したのは、イギリスのトム・カイリー（Tom Kiely）、一〇〇ヤード走は第一組で走り、一着の選手が一〇秒五分四（一〇秒八）、それに遅れること一一フィートの差の三着でゴール、として点数を得たようである。当時の短距離走においては、一着の記録を採り二着以降はトップとの距離差を表示するのが常だった。（https://web.archive.org/web/20200417114317/https://www.sports-reference.com/olympics/summer/1904/ATH/mens-all-around-championship-100-yards-91_4-metres.html）。二〇二一年三月三十日最終閲覧。

第二章　クラウチングスタートの誕生

一八九六年四月十日――一枚の写真が問いかけるもの

日本では明治二十九年にあたる一八九六年の春、ギリシャのアテネでは以後二十一世紀の今に至るまで回を重ねることとなる近代オリンピック第一回大会が幕を開けた。四月六日のことである。開会式が挙行された競技会場ともなるスタディオンStadionでは、式の直後に最初の競技種目として陸上競技の一〇〇メートル走予選（計三組）が実施され、各組上位二名の計六名が大会五日目の決勝へと駒を進めた。アメリカ三名、ドイツ一名、ハンガリー一名、そして地元ギリシャからも一名という顔ぶれが揃った。四月十日の決勝ではアメリカ選手の一人が棄権したため、五名で第一回オリンピックの一〇〇メートル走優勝の栄冠をかけて競い合う舞台が整った。

この決勝レースの号砲直前の瞬間を捉えたよく知られた一枚の写真がある。そこでは五名の短距離走者《スプリンター》が今にもスタートを切ろうとしている。アテネオリンピックを表象する一葉でもある。この一枚に凍結保存されたかのような瞬間の十数秒のち、最初にゴールを駆け抜けたのは地面に手をつき屈んだ姿勢を取っている左から二人目の走者、ボストン大学の学生である二十一歳のトーマス・バーク（Thomas Burke）だった。残りの四人の走者については、管見に入る限り一人一人の特定はされていない。ＩＯＣの公式ウェブサイトから、右に記したような国籍情報が分かるに過ぎない。

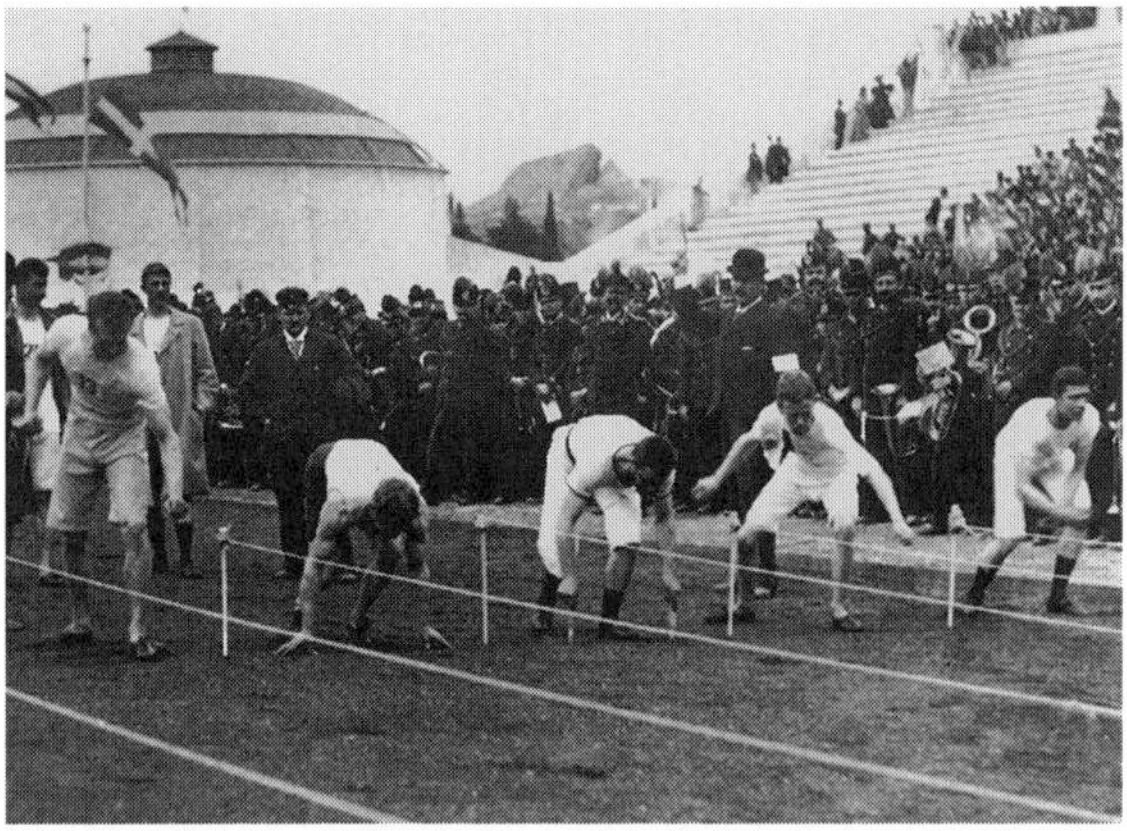

近代オリンピック第１回大会100メートル走決勝　スタートを切ろうとする５人の走者

　現在この写真を目の当たりにすると、バークがクラウチングスタートと称するスタート法を採っているのを確認できるだけでなく、他のスプリンターが妙な姿勢で出走しようとしていることにも注意が向く。今日の陸上競技会の中長距離走で目にするスタンディングスタートとも異なるスタイルであり、不可思議にも映る。しかしながら、一八九六年の舞台ではバークのスタート法こそ観客には妙で不可解な発走法と感じられた。一枚の写真も時代というコンテクストを異にすれば、被写体への解釈もまた大きく変わってくる。歴史に眼差しを注ぐ際には、通時的《ディアクロニック》な視点だけではなく共時的《シンクロニック》なアプローチも不可欠という適例をここに見る。

　現在オリンピックの一〇〇メートル走で、この写真が捉えるバーク以外のスタート法を採るアスリートは一人としていない。十九世紀の不思議は、実はその数年後、二十世紀を迎える頃にはすでに当たり前へと変わっていた。ギリシャの人たちに奇妙な異習・異文化とさえ思わせたに違いないクラウチングスタートは、四年後のパリオリンピック、その次のセントルイスオリンピックでは、陸上競技スプリント種目での常識と化していた。アテネの決勝直前を捉えた一葉の写真は、スタート法の進化の過程を伝える貴重な資料となった。この一枚のなかに、複数の発展段階が見事に凝縮されているのを見て取れるからである。

直立の姿勢での出走から屈んで両手をつけたクラウチングスタートへという進化はなぜ起こったのか。それ以前のスタート法が孕む如何なる難点を克服しようとしたのか。また誕生への過程で試行錯誤や工夫はあったのか、あるいは偶然の産物だったのか。さらに何よりも関心を引くのは、クラウチングスタートの創始者と呼べるアスリートあるいは指導者はいたのか。たった一枚の写真にもかかわらず、それが後世の者へ問いかけ語りかけてくれることは尽きない。

スタートの重要性

走競技は、初速度ゼロの状態から出走し、ゴール到着までの所要時間の短さを競う。とりわけ短距離種目《スプリント》では、いかにして素早くトップスピードに達し、それを極力維持しつつゴール地点へ到達するかが課題となる。言うまでもなく、疾走する距離が短いほど、スタートの重要性は高まる。マラソン競走のスタートで躓《つまず》く、あるいは転んでも遅れの挽回は可能だが、一〇〇メートル走で出遅れるならば致命的な失策となる。

陸上競技の教本類は、初期の頃から必ずスタートの重要性に言及してきた。日本で明治維新の年にあたる一八六八年、ロンドンで刊行の *Modern Athletics*（『現代の陸上競技』）には次の一節があった。著者はロンドン・アスレティック・クラブ会員のウィルキンソン（Henry. F. Wilkinson）である。

短距離走では、勝負の半分はうまくスタートが切れるかにある。それゆえ熟達するまで練習を積まねばならない。（**In sprinting, half the battle is in starting well, and this therefore should be practiced till a man is proficient thereat.**）

（同書八四頁）

勝負の半分はうまくスタートが切れるかにある、つまり、うまくスタートを切れれば半ば勝ったも同然、ということになろう。また時代を下るが、一八九〇年の全米選手権一〇〇ヤード走決勝を念頭に置いた以下の件《くだ》りも興味深い。書き手はのちに劇作家として名を残すジョン・コービン（**John Corbin** 一八七〇―一九五九）、当時はハーバードの学生で競技者としても活躍し、一八九三年には全米学生選手権半マイル走を制するほどの実力者だった。

素早くスタートを切る重要性は陸上競技者の間ではよく認識されており、スタートでレースの勝敗が決まるという例は多々見られる。最も相応しい例は、ジョン・オーウェンがルーサー・カリーを破って一〇〇ヤード走九秒五分四を記録したレースであろう。オーウェンは最初の数歩で三—四フィートリードしていたが、ゴールではその差はわずか一フィートになっていた。両者が等しく巧みなスタートを切っていたならば、カリーのほうが現在世界一になっていることだろう。(1)

陸上競技史に残る、アマチュア初の一〇秒の壁を破った有名な一〇〇ヤード走を例に挙げて、コービンはスタートの重要さを説こうとした。瞬発力に秀でたスプリンターはスタートを得意とするが、トップスピードの維持が苦手で後半に減速することが少なくない。一方、大柄でストライドの広いスプリンターの場合、追い込みは得意だがスタートでもたつくことが往々にしてある。コービンが挙げる二種のタイプのスプリンターの「いいとこ取り」は理想であってあまり現実味はないものの、当時の読み手には納得できる分析と映ったのかもしれない。

オーウェンの快挙について ここに「アマチュア初」と記したことが示すように、対極にはプロのスプリンターがいた。稿を進める前に草創期のレース設定について触れておくのが良いだろう。競技会を開くには開催主体が不可欠である。たとえば、陸上競技の日本選手権は日本陸上競技連盟が開催を担う。十九世紀の陸上競技先進国の英米もまた事情は同じであり、組織団体成立に先立つ昔は様々な規則が付帯する競技会は存在せず、足に覚えのある連中が、見物人から集めた金品を賭けて勝負を繰り広げていた。とりわけ国土の広いアメリカでは、時に偽名をいくつか使い分けて国内を転々とし、その土地の猛者《もさ》を賭けレースで破り相当の額を手にする者がいた。すなわち、競技としてのランニングは、まず主催組織のないプロスポーツとして始まったのである。そして奇妙なことに、そういう賭けレースは大概一〇〇ヤード走か一〇マイル走かの両極端に設定されて競われた。

一〇〇ヤード走ではスタートが重要だったことは想像に難くない。その当時のさまざまなスタート法については、ウィリアム・カーティス（William Buckingham Curtis 一八三七―一九〇〇）の「アメリカアマチュアスポーツの揺籃幼少期」（The Infancy and Childhood of Amateur Athletic Sport in America）に詳しい。

1890年の全米選手権100ヤード走決勝　オーウェン（左から２人目）がアマチュア初の10秒の壁を破った（ハーン *How to Sprint* より）

ここでカーティスについて少し触れておく。ニューヨーク・アスレティック・クラブ（New York Athletic Club）、そして全米アマチュア競技連盟（Amateur Athletic Union）の創始者の一人として歴史に名を残すカーティスの競技経歴は、草創期のアメリカ合衆国のスポーツの発展と重なり合うところが多い。「アメリカアマチュアスポーツの揺籃幼少期」は、十九世紀米国スポーツ界の大立者、最も信頼厚き斯界の重鎮が残した貴重な記録である。屈強な身体を誇るカーティスだったが、十九世紀最後の年となる一九〇〇年六月末、若い知己とお気に入りのワシントン山を登山中、吹雪に巻き込まれ帰らぬ人となった。一八九九年に書かれ、期せずして遺稿となったカーティスの回顧と証言「アメリカアマチュアスポーツの揺籃幼少期」は、没後二〇年を前にした一九一九年、ニューヨーク・アスレティック・クラ

ブの機関誌 ***The Winged Foot*** 十一月号（第三〇巻一一号）に掲載され、日の目を見るに至った。同誌の三七頁から六二頁に及ぶこの長い論考の一部は、一九二九年刊行の短距離走の定評を得た教本アーチボルド・ハーン ***How to Sprint: the Theory of Sprint Racing*** (American Sports Publishing Company) に再録され広く世間に知られるようにはなったが、省略箇所が多いため初出掲載誌の重要度は高い。同誌はカーティスの人となりについて以下の短い文章を掲げて紹介した。

「アメリカアマチュア競技の父」であるカーティス氏は、友人たちには親しみを込めて「ビル親父」として知られた。合衆国のスポーツ競技にかけては最良の権威であることは疑うべくもない。自身稀有な能力を有する競技者であり、あらゆるスポーツ種目に通じ、その多くでチャンピオンでもあったカーティス氏は、スポーツ競技に並々ならぬ関心を抱き、揉め事を前にしては同氏の言が、スポーツ競技については同氏の文章が、全てを解決した。カーティス氏はニューヨーク・アスレティック・クラブ、さらには全米アマチュア競技連盟の創始者である。同クラブでは最重要な職をいくつも歴任し、草創期の基礎を築き上げるうえで責任を担った。その基礎があってこそ今日の同クラブが存在する。

（同誌三七頁）

十九世紀アメリカにおける一〇〇ヤード走での様々なスタート法について話を戻す。一対一の賭けレースだったため、主眼はいかに相手を出し抜くかにあった。lead《レッド》 pencil《ペンシル》 start というスタート法では、一本の鉛筆を相手と握り合い係員が立つスタート地点までの助走から始まった。係員は両者の間に位置するように立つため、係員に二人の手が触れて鉛筆を手放した瞬間から全力疾走に入り、ゴールまでを競い合った。しかし一策を講じる者は、助走を始めながらも係員が立つ位置が近づくと意図的にスピードを落とす。すると相手はそれに合わせてスピードを緩めるのだが、それを確認した瞬間、先んじて助走の速度を急に上げ、相手が間に合わないうちに全力での疾走へと移る。出し抜かれた相手はもはや挽回できない状態となり勝負がつく、という展開となった（前掲誌四六頁）。カーティス自身は、偶然出会い、しばらく練習をともにしたケリー・デーヴィス（Kelly Davis）という国内を渡り歩いているプロランナーから lead pencil start を含む複数のスタート法があることを聞かされたという。

賭けレースゆえ、いかにも負けそうな状態で臨みながらも勝つならば、前評判を覆す結果となるため手にする報酬は大きかった。そういう前提で考え出されたのが lying down start だったという。対戦相手が通常の姿勢をとってスタートラインで構える一方、自分は頭をスタートラインにおいて仰向けに寝そべった。見る者は訝《いぶか》しがって絶対あの走者は負けると予想したが、実際は違った。号砲が鳴るとただちにうつ伏せへと向きを変え、両手両足を使って力強く地を蹴り出走へと移った。最初の向きの転換で〇・五秒ほどのロスがあるが七五ヤード付近で追いつき最後は楽勝となる、とカーティスは説明している。興味深いのは、仰向けからうつ伏せへと転換したのち両手両足で出走する姿勢について「わが国の短距離走者が遍《あまね》く用いている姿勢であり、旧式の直立姿勢からのスタートよりもはるかに上手に行く（... the attitude universally adopted by our sprinters, and which is much better than the old-fashioned erect position.)」と書いている箇所（前掲誌四八頁）である。このlying down startには「わが国の短距離走者が遍く用いている姿勢」、つまりクラウチングスタートの萌芽が見られるという指摘を、ここに読むことができるだろう。

一八八八年五月十二日――披露されたクラウチングスタート

プロランナーが用いたlying down startに、後年のクラウチングスタートにつながる要素は確かにみられたが、クラウチングスタート誕生につながる別の流れもあった。以下、いくつかの史料から歴史の再構築に努めてみたい。

アテネオリンピック一〇〇メートル走決勝を写した一枚ほどには知られてないが、クラウチングスタートの歴史を振り返るうえで不可欠な一葉がある。一八八八年五月に開催されたある競技会の一〇〇ヤード走出走直前を捉えた写真である。直立でのスタート法を採る三名のスプリンターを横に置き、ただ一人両手両足を地につけて号砲が鳴るのを待つのは、チャールズ・シェリルというイェール大学の学生だった。前掲のアーチー・ハーンの教本掲載の写真には、このレースについて報じる新聞記事の抜粋が添えられている――「シェリルはレース冒頭で躓いたようだったが、それにもかかわらず体勢を立て直して勝利を収めた（Although Sherrill seemed to stumble at the beginning of the race, he nevertheless recovered himself and won.）」。シェリル自身は以下のように十数年後に記している。

1888年5月、100ヤード走決勝出走直前、クラウチングスタートの構えをするシェリル（ハーン *How to Sprint* より）

今ではわが国の短距離走者はほぼ皆、指先を地面に触れるだけにして身体を屈めた姿勢で号砲を待つ。このスタート姿勢をアメリカで初めて用いたのは私であり、それは一八八八年五月〔ニューヨークの〕ロングアイランドのシダーハースト競技場で開催された競技会の折だった。このスタート法が優れているのは、走者がスタートラインで姿勢を保って静止していられ、号砲を待つ間に身体がぐらつかない自信を持てることにある。こうして短距離走者は心配することなく号砲に注意を向けられるのである。[2]

クラウチングスタートの初披露となった舞台の紹介、そしてクラウチングスタートの長所を手短に紹介する叙述をここに見る。

シェリル（Charles Hitchcock Sherrill 一八六七—一九三六）の人となりをまとめておく。一八六七年生まれということは、日本では夏目漱石と同年にあたる。一八八〇年代後半の米国のトップスプリンターの一人であり、イェール大在学中は毎年五月開催の全米インカレに出場した。一〇〇ヤード走では一年生時の一八八六年こそハーバードのロジャーズ（E. H. Rogers）に惜敗したものの[3]、以後は四年連続一位という記録を残し（B.A.の学士号をとったのちさらに二年在学を続けLL.B.の学士号を得ている[4]）、二二〇ヤード走でも一八八八～九〇年に三連覇を達成、一八八七年には全米選手権一〇〇ヤード走をも制した。一〇〇ヤードの自己ベストはおそらく一〇秒〇と思われる[5]。

イェールで法学修士（LL.M）の学位取得ののちニューヨークで法律事務所を開設、その後外交官へ転じ、駐アルゼンチン公使や駐トルコ大使（前任は、後年の日米開戦時駐日大使だったジョゼフ・グルー）を歴任した。タフト大統領政権時の一九一〇年前後には駐日大使の話もあったが、過労がもとで健康を害し、それは実現しなかった。共和党員であり、擡頭してきたムッソリーニやヒトラーを推す姿勢でも知られた。米国の外交や極東政策に関する論考もある。一九一六年の著作 *Modernizing the Monroe Doctrine* は、厨川白村《くりやかわはくそん》により『新モンロオ主義』（警醒社書店、一九一七年）として邦訳刊行されている。

スポーツの分野では、第三章で見るようにイギリスの大学との対校戦を一八九四年と九五年に企画して実現させ、二十世紀に入るとIOC委員をも務めた。一九三二年のロサンジェルスオリンピックの成功はシェリルの尽力によるところが大きい。ヨーロッパの教会に見られるステンドグラスへの造詣も深く、関連する著作は数冊に上る。なお、シェリル自身がその初版の編纂にあたったシェリル一家の家系をまとめた書の改訂版（*The Sherrill Genealogy*, 1932）もクラウチングスタートに触れる以下の記述を載せている――すなわち、Inventor of crouching start for runners (May 17 [*sic*], 1888)。

シェリルはクラウチングスタートの利点として何を強調したのか。それは、素早く発走できるということではなかった。「用意！（Set!）」の指示が出たあと、号砲を待つまでの間にぐらつくことなく姿勢を保つうえで有利だ、と説いた。この利点は原文ではこう書かれている——The advantage of this method is that it keeps one quite steady on his mark and gives him confidence in his steadiness while awaiting the pisto … つまり、クラウチングスタート使用前は、シェリル自身発走前に身体が不安定（unsteadiness）で、号砲前に飛び出さないよう静止するのに腐心したことが行間から伝わる。当時は号砲前に飛び出せば、ペナルティーとしてスタート位置を一ヤード下げる措置が取られるルールだった。シェリルが号砲前に苦慮したらしいことは、前述のコービンも言及する——

スタンディングスタートの構えをするシェリル（*Outing* 誌 1889年2月号より）

「クラウチングスタートを試してみた最初の一流のアマチュアスプリンターはイェール大学一八八九年卒業予定組のC・H・シェリルである。シェリルはスタンディングスタートではひどく安定性を欠いていたのである（The first prominent amateur sprinter to try the crouching start was C. H. Sherrill, Yale, 89, who was very unsteady with the standing start.）」。

スタンディングスタートを採ると、なぜ姿勢を保持できずに不安定でぐらつく（unsteady）のか。今日、陸上競技会の中長距離走のスタンディングスタートによる発走風景を目の当たりにしても、ぐらついてフライングとなる者などまずいない。クラウチングスタート登場以前、現行とは別種のスタンディングスタートが隆盛で、それは姿勢の安定を取りにくかったのではないかと推測は進む。一体どのようなスタンディングスタートだったのか。その探求なくして、シェリルの主張を、そしてクラウチングスタートが求められ普及した理由を、解き明かすことはかなわないであろう。

ダブ（the dab）と呼ばれたスタンディングスタート

短距離走でのスタンディングスタートの手順を説く文献を探ると、クラウチングスタート登場以前、種々のスタンディングスタートが用いられていたことが分かる。両腕をプロペラのごとく大きく振り回し推進力を得て発走を図る手法（the Lunge）も考案されたが、腕の動きと号砲のタイミングが合わなければ効果はなく、主流になり得なかった。それ以外は、次の三分類にまとめることができる。いずれも前足をスタートライン直後に置き、後ろ足を適度に離して（with comfortable distance apart）添える、ということでは同じだったが、腕の前後を足の前後に揃えるか否か、で異なった。すなわち、左足を前にしたとき、左腕を前にそして右腕を後に構えるか、あるいは右腕を前、左腕を後に構えるかの二種である。どちらの場合でも、両腕は肘の部分で曲げることはなく伸ばした状態とする。掲げる腕の高さには個人差があった。この二種類に分けたうえで、両手両足の前後を揃えた構えは、さらに二つのスタイルに分かれた。それは、発走にあたりどちらの足を先に出すか、という違いだった。スタートラインに接している前足から始動するのか、または後方にある後ろ足を蹴って走り出すのか、という二通りである。一方、両手両足の前後を揃えない場合は、後ろ足を最初に蹴り出すのを常とした。

以上の三つのスタイルのうち、クラウチングスタートに取って代わられるまで最も隆盛だったのは、左右の手と足の前後を揃えてスタートラインに位置し、前足から走り出すというスタイルだった。これをダブスタート（the dab start）、あるいはシェフィールドスタート（the Sheffield start）と呼称した。十九世紀後半、イギリスの都市シェフィールドはプロの陸上競技が盛んな土地として知られ、そこに集った一流のプロランナーたちがこぞってこのスタート法を用いたため付された通称だったのだろう。

今日のスタンディングスタートを知る者は、スタートラインに接して置かれた前足から始動するスプリントという場面を想起しにくい。前足から踏み出す場合、その動作を支えるのは後ろ足とならざるを得ず、身体の動きはたとえ瞬時であっても前では

back, the right h
left back. This
tained, presents
which the arms a
when the athlet
therefore, the p
can most easily s
experience has sl
start the norma
legs are not att
or third stride, ar
A. H. GREEN IN THE SHEFFIELD START.

ダブスタートの構え（*Outing*誌1893年５月号より）

なく後方へ向かう。初速度ゼロからいかにして素早くゴールを目指すかという短距離走の主旨に反するると思われるからである。ここで語義的な確認をするならば、dabとは「表面を数回優しく触れる」(to touch a surface gently several times)の意であり、トントンと軽く叩く、というイメージを想起すれば良い。この語義を念頭に置いて様々な教本類を渉猟しても、要を得た説明が見当たらない。なぜ前足からなのか、という根本的な疑問が解消し難いのである。おそらく十九世紀後半のコンテクストでは、その理由は自明だったためわざわざ記載の必要はなかったためと思われる。史料を読み解く難しさを感じる。当時の動画が今に伝わっているならば好都合なのだが、動画の登場は一八九〇年代前半らしく、先述のアテネ大会の一〇〇メートル走決勝レースを含め、当時の競技会での短距離走を撮影した動画は、管見に入った限りでは見当たらない。

文献資料のなかでおそらく最も説得力を持つ明快な説明は、自身混成競技者であり走幅跳で全米選手権を制したこともあるマルコム・フォード(Malcolm W. Ford)が一八九一年に書いた以下の一節であろう。

前足から踏み出す競技者は以下のように言う——短く一歩を踏み出すことで後ろ足から踏み出す場合よりも素早くスタートが切れる、というのも体重をかけていた前足を短く踏み出そうとして地面から持ち上げると、支えがなくなるのでその足にかけていた身体の重みで前方へと素早く動くことになるからである。そして、その前足をまた地面に着けると、身体には勢いがついているので、最初の一歩を後ろ足から踏み出す場合よりも、後ろ足を前へ進めることがはるかに容易

となる。後ろ足から最初の一歩を踏み出す場合は、身体がかなり静止している状態から蹴り出すことになる。(6)

スプリント種目発走にあたり、いかにして速度を増すか、先人たちの苦心が伝わってくる。号砲が鳴った直後、静止した状態から後ろ足を大きく前へ踏み込むのではなく、「つっかえ棒」の機能を果たしている前足を少し持ち上げることで身体が前方へ倒れ込むようになるので身体に前進スピードが発生する。その前足を素早く地表に着けてそれを支えに後ろ足を踏み出すほうが速度を得るうえで効果がある、と考えたことが分かる。号砲直後に前足を持ち上げて少し前方へと移動させるという動作を、地表を軽く叩くと解して dab の語をもってこのスタート法の名称としたと思われる。

前足からの発走と後ろ足からの発走との違いについて、フォードが紹介する「前足からの発走を擁護する者」の主張のように所要時間の差がどれほどあったのかは不明だが、ダブスタートに習熟するのは難事であることは十分想像できる。とりわけ、前足への体重のかけ具合が難しい。あまり体重をかけなければ足を持ち上げるのは容易《たやす》いが、それでは身体が十分に倒れ込まないため前進スピードを得難い。他方、前足への体重のかけ具合を増すならば、その足を持ち上げた時の倒れこみは大きいため勢いは得られるものの、体重が大きくかかっている足を移動させることがかなり難しくなる。そして何よりも、号砲を耳にして即座にこういう一連の動きへと移行することがスプリンターには求められる。両足への体重のかけ具合を勘案しつつ、号砲を予想して鳴った直後に前足を

dab しなければならない。身体のぐらつき、不安定さが発生するのは不可避となる。フォードは、身体がぐらつくのは、当該競技者がまだ初心者（novices）だから、あるいは同じ組に不慣れな者がいてそれに気を取られてしまうから、の場合が多いと書いている。対策としては予想通り練習しかない。

他の走者が静止するまでかなり時間がかかってこちらの邪魔となる時、大概の競技者はスタートラインで静止しているのが難しく感じる。だが、繰り返して練習を積むことにより、真に静止する術を身につけようと願う者は、完璧に静止することができるようになり、自分の周囲でたとえ何が起きていようとも、いつでも出走の用意が整うようになるのである。(7)

チャールズ・シェリルもまた練習を積んでスタート前に不安定になる悪癖を克服しようとしたに違いない。だが、ある人物との運命的な出会いがシェリルを別の次元へと連れていくこととなった。

「クラウチングスタートを最初に持ち込んだのは私だ」

クラウチングスタートを最初に持ち込んだのは私だ。それは一八八七年、イェール大学でのことであり、チャールズ・シェリルこそ、クラウチングスタートが優れていることを証して見せた競技者だった。初めて競技会で使ったときシェリルは失笑を買い、出走係はシェリルがスタートの仕方を心得ていないと判断し、〔他の競技者たちを〕スタートラインに着かせるのを一旦中断してシェリルにあれこれと指示を出した。だがとうとう最後には、シェリルは初めて見るようなスタート法を行なおうとしているのだ、と理解せざるを得なくなった。シェリルはスタートを切ると、ただちにこの新しい発走法が以前からのスタンディングスタートよりもどれほど優れているかを示して見せた。クラウチングスタートは今やスタンディングスタートに取って代わり、世界中でスプリント種目、ハードル走、それに四四〇ヤード走や半マイル走でさえ用いられている。(8)

クラウチングスタートの歴史を回顧し検討する際、決まって引かれるのが右の一節だろう。筆者はマイケル・マーフィー(Michael C. Murphy 一八六一―一九一三)。一八八〇年代半ばから亡くなる一九一三年まで、おそらくアメリカで最も著名な陸上競技の指導者だった。右は、没後翌年の一九一四年に刊行された *Athletic Training*(9) からの引用である。*Webster's American Biographies* に依拠してマーフィーの経歴をまとめておく。

若きマーフィーがスポーツに打ち込んだのは、アメリカにおいてスポーツが学校での課外活動として認知され始めた頃だった。スプリンターとしての名を上げたのち、一八八〇年代にはマサチューセッツ州ウェストボロー近郊にトレーニングキャンプを開設、競技者の育成に取り組み、成功した。その後、指導のため赴任してほしいという要請が相次いだ。一八八七年から八九年まではトレーナーとしてイェール大で、その後三年間はデトロイト・アスレティック・クラブで、九二年にはイェールへ戻り九六年までコーチを務め、九六年から一九〇〇年の間はペンシルヴァニア大学へ移

陸上競技の指導者、マーフィー
（*College Athletics*〔1894〕より）

って指導した。一九〇〇年から五年まで三たびイェールで、そして五年から亡くなる一三年まではペンシルヴァニアでコーチの任にあった。また別の人名辞典（*Who was Who in America*）掲載のマーフィーの項目には、夏（大学は休暇中）にはニューヨーク・アスレティック・クラブでコーチを務めたとの記載もある。一九〇〇年の第二回オリンピックパリ大会にはペンシルヴァニア大学とニューヨーク・アスレティック・クラブの二チームから成る選手団を率いて参加[10]し、優秀な成績を収めた。その後アメリカがナショナルチームとして他国で開催のオリンピックに参加した一九〇八年ロンドン大会、一九一二年ストックホルム大会では、選手に同行してナショナルチームコーチの大任を果たしている。*Webster's American Biographies* には、クラウチングスタートについての言及もある――「数種のスポーツの技術革新の多くはマーフィーに帰せられよう。最もよく知られているのはスプリント競技でのクラウチングスタートである（He was respomsible for a number of innovations in technique in several sports, most notably the crouching start in sprint races.）」。一八八〇年代半ばからほぼ三〇年にわたり、アメリカの有力アスリートの多くがどこかでマーフィーの指導を仰いだと言っても過言ではない。

マーフィーの回顧はシェリルの文章と符合する。トレーナーとしてシェリルが出場した競技場に居合わせたはずのマーフィーの筆致は、二〇年以上の時を閲《けみ》しても実況のように鮮やかに響く。「イェール大学でのことであり」の一文に、他所でもコーチングを実践してきたという自負の表れを見るのは、やや穿った読み方になろうか。なお一八八七年とあるのはシェリルの一八八八年のほうが正しい[11]。両者の文章を突きあわせることで、一八八八年五月にチャールズ・シェリルが披露したクラウチングスタートは、在籍していたイェール大学のトレーナー、マイケル・マーフィーが伝授したテクニックだったという流れは把握できる。ちなみに *Athletic Training* 刊行の前年にも、マーフィーはシェリルによるクラウチングスタートお披露目の一件について言及していた。

クラウチングスタートは一八八〇年、私がプロのレースで使ったのが最初だ。そして一八八七年、全米インカレチャンピオンのイェール大学のC・H・シェリルが実演して見せて導入されたのだった。シェリルが四つん這いになってしゃがんだ時、失笑を買ったのは言うまでもない……[12]

一八八〇年といえばマーフィーは十九歳、足に覚えのあるティーンエイジャーとして早くもプロとして稼いでいたことがこうして追記され、クラウチングスタートは机上の産物ではなく自らの実践に裏打ちされたテクニックだった、と強調しようとしたのであろう[13]。**The crouching start was first used by me.** の一文が放つ力は大きい。最晩年に綴った二種類の文章で、名伯楽はシェリルの舞台を回顧しつつクラウチングスタートの効用を強調したのではあるが、三〇年ほどの指導歴のなかで当初よりクラウチングスタートを強く推すという姿勢ではなかったことは、注目しておきたい。

最初の著作である *College Athletics* (American Sports Publishing Company, 1894) の雰囲気は *Athletic Training* とはだいぶ異なる。

……このスタート方法が他のどの方法よりも優れていることは明白だろう。走者は、姿勢を崩してスタートラインを飛び出すことなくスタートの位置にしっかりとつくことに自信が持てる。それに腿が瞬時に動くのに、背中の筋肉が役に立ちもする。走者は、両膝をできるだけ地面から離し、両脚を上体の下にしっかり入れるのが良い。

両手はスタートラインの左右両側に指先をつけるようにする。[14]

「このスタート方法」とはクラウチングスタートに他ならないのだが、まだ crouch あるいは crouching という語は使われていない。後年クラウチングスタートと呼称されることとなる出走法が最良とまでは力説せず、「完璧なスタート」に見られるあらゆる特徴を有するとして別種の出走法を続けて記し、それを勧めさえしている。

スタンディングスタートと四つん這いのスタートとの中間にあるのは、ハリー・ジュウェット氏が一八九二年に実践してみせた方法であろう。確かにこのスタート方法は、完璧なスタートが持つあらゆる特徴を兼ね備えている。スタートラインに立つにあたり、ジュウェットは左足をできるだけ前へ置き、左手は手のひらを閉じてほとんど左足に触れんばかりにして内側に添え、強烈な一撃を打たんとするボクサーのように右手は後方へ引く。体重は一部左腕にもかけ、こうして背中、両腿、両脚が力強く飛び出せるようになる。右腕をピストン棒の如く前方へ突き出せば一層加速は増す。A1クラスを目指す短距離走者はみな、このスタート法を練習するのがよい。[15]

ハリー・ジュウェット（Harry Jewett）は、マーフィーとの邂逅について書き残していた。ノートルダム大の学生だった頃、デトロイト・アスレティック・クラブで指導しているマーフィーに出会った。それまでは我流の練習を積み、一日に三回食事前に一マイルを疾走するということを繰り返し、疲労が取れないまま競技会に参加していた。だがマーフィーの指導を受け、日頃の練習が楽しみ（pastime）へと変わり、記録も向上したという。こういう短距離走の練習の一般論を説く文章の後半に、ジュウェット流のスタートについての記載があった。

左足をスタートライン上に、右足は適度に後方に置き、まず走路にそれぞれの足用に穴を掘り、「用意!」の合図があったら左手を握って左足横のスタートライン上に添える。両足にほぼ均等に体重をかける。アメリカ東部地区では、スタートする際には両手をスタートライン上に置き左足はラインより一フィート後に置く。マーフィーは私に両方のスタート法を訓練させたが、片手だけを地面につけてというやり方のほうがはるかに好みである。[16]

「両方のスタート法」のもう一方は、今日クラウチングスタートと呼称するスタート法であり、それも勧められたが自分流の出走法を続けた、ということが分かる。マーフィーがデトロイトで指導者だったのは最初の任地イェールを離れたのちの三年間であり、時系列ではシェリルにクラウチングスタートを伝授した時期の後に位置する。シェリルがその効用を証明して見せたのちにもかかわらず、クラウチングスタートを強く勧めたのではなかった。またジュウェットにとどまらず、別のスプリンターへのマーフィーの指導からも、クラウチングスタートへの意気込みが決して強いものではなかったことが分かる。そのスプリンターとは、一八九〇年十月十一日全米選手権でルーサー・カリーと競い合って、一〇〇ヤード走で九秒五分四（九秒八）を記録したジョン・オーウェンその人である。二十八歳で陸上競技を始めた遅咲きのオーウェンはデトロイト・アスレティック・クラブでマーフィーにその才を見出され、世界記録を更新するに至った。今日に伝わるその折の写真を見るならば、オーウェン、カリーほかすべての走者はおそらくダブと思われるスタンディングスタート姿勢を採って号砲を待っている。

1890年の全米選手権100ヤード走決勝で号砲を待つ走者（ハーン *How to Sprint* より） 左から２人目がオーウェン

チャールズ・シェリルがマーフィー直伝のクラウチングスタートを披露した二年後、同じくマーフィーの指導下のオーウェンは、クラウチングスタートではない旧式のスタンディングスタートでレースに臨み、世界記録を樹立したのである。一八九〇年当時、マーフィーがクラウチングスタートを未だ絶対視はしていなかったことを、オーウェンの姿を捉えたこの一葉の写真は証している。

なぜシェリルはクラウチングスタートを断念したか

シダーハースト競技場でクラウチングスタートを初めて披露した一八八八年五月十二日、シェリルはスタート直後に躓いたという。二週間後の同月二十六日、マンハッタン・アスレティック・クラブのグラウンドで開催された全米インカレに参加して、一〇秒五分三のレコードで前年に続いて一〇〇ヤード走を制し、二二〇ヤード走も二二秒五分三で首位となった。その折のスタートは躓くことなく上手くいったのか。その後シェリルは連覇を続け大学スプリント界では「シェリル時代」到来となっていくのだが、腑に落ちないことがある。シェリルに言及しているコービンの記事の続きにはこうあった——「しかしながらシェリルはクラウチングスタートで一度も上手くいった試しはなく、一年ほど挑戦を続けたのち以前のスタート法へ戻ってしまった（He never made a success of it, however, and, after a year's trial, went back to the old style.）」。

一八八八年の全米インカレでは引き続いてクラウチングスタートを試みたのだろうが、一年ほどのちには、またダブスタートへ回帰したらしい。「シェリル時代」到来はクラウチングスタートを自家薬籠中のものとした結果ではなかったのか。一八七〇年生まれのコービンはシェリルよりやや年少だが、学生アスリートとしての日々には重なるところがある。またイェールとハーバードは毎年対校戦を開催する間柄で、互いの存在は意識していたに相違ない。「一年ほど挑戦を続けたのち以前のスタート法へ戻ってしまった」とコービンが書く時、そこには自ら見聞きした事実が展開されていると信じてよい理由が多分にある。

後年その効用をあれほどまでに強調し、シェリル家の系譜をまとめた書物にも自らを〈Inventor of crouching start for runners〉と記すことを編纂者に許しているにもかかわらず、一年余りで断念していたのが事実というのなら、理由は一体何だったのか。どういう不都合を見出したのか。ハーンの教本掲載の写真に添えられた「シェリルはレース冒頭で躓いたようだった（Sherrill seemed to stumble at the beginning of the race.）」の一文と、その写真が捉えたシェリル当人のクラウチングスタートの構えに、疑問を解く手がかりがありそうに思う。

今日短距離競走では、発走時の両足の支えとしてスターティングブロックを用いる。初期は木製の単純な器具であり、一九二七年の「発明」ののち二九年から使われ始めた。国際陸連は当初ブロックを用いた場合のレコードを別扱いしていたが、一九三七年に至って同一のものとした（オリンピックでは一九四八年のロンドン大会から使用）[17]。スターティングブロック登場以前は、地面に足の支えとなる穴を掘り、スタートしていた。前述のハーンの教本もStarting Holesの項目のもと、穴の角度まで添えて紹介を載せている（同書七七頁）。

スターティングブロックをセットするとき、スパイクシューズの長さを一足長としてそれを参考にする。標準では前足用のブロックはスタートラインから一・五足長分ほど後方に設置し、後ろ足用はさらに一・五足長分程度離す。これが設定の基本となる。低い姿勢からの飛び出しに賭ける者は前足を二足長以上ラインから後ろへ置くこともある。長身痩軀のスプリンターは、両足の間隔を時に二足長以上とする。こういう自由が可能なのは、スターティングブロックという支えがあるからであり、浅い穴を掘った程度の昔日の支えでは安心して両足を後方へ設置することは望むべくもなかっただろう。それに、前足をスタートラインから離して後方へ置くということに抵抗を感じる傾向も強かった。一〇〇ヤードを走る時、前足をラインから五インチ下げるならば「一〇〇ヤードプラス五インチ」走ることになると考え、無駄を少しでも減じるために前足をスタートライン直後に置こうとする選手が少なくなかった。だがこのポジションでは、力強くスタートを切ることはかなわない、というのも号砲が鳴って手を離せば、すぐに上体が起き上がってしまう。この体勢から強く地を蹴って出走するためには、上体を相当下げたまま飛び出すことを心がけねばならず、足が滑る危険が多分にある。滑らずとも躓くことが予想される。

ここで件《くだん》の一葉（六九頁参照）を改めて眺めてみる。シェリルの両足の位置は、前足とした右足はスタートラインに接して置かれ、後となる左足の膝もラインに接している。そのため両足の間は脛の長さ分しか離れてはいないだろう。なんと

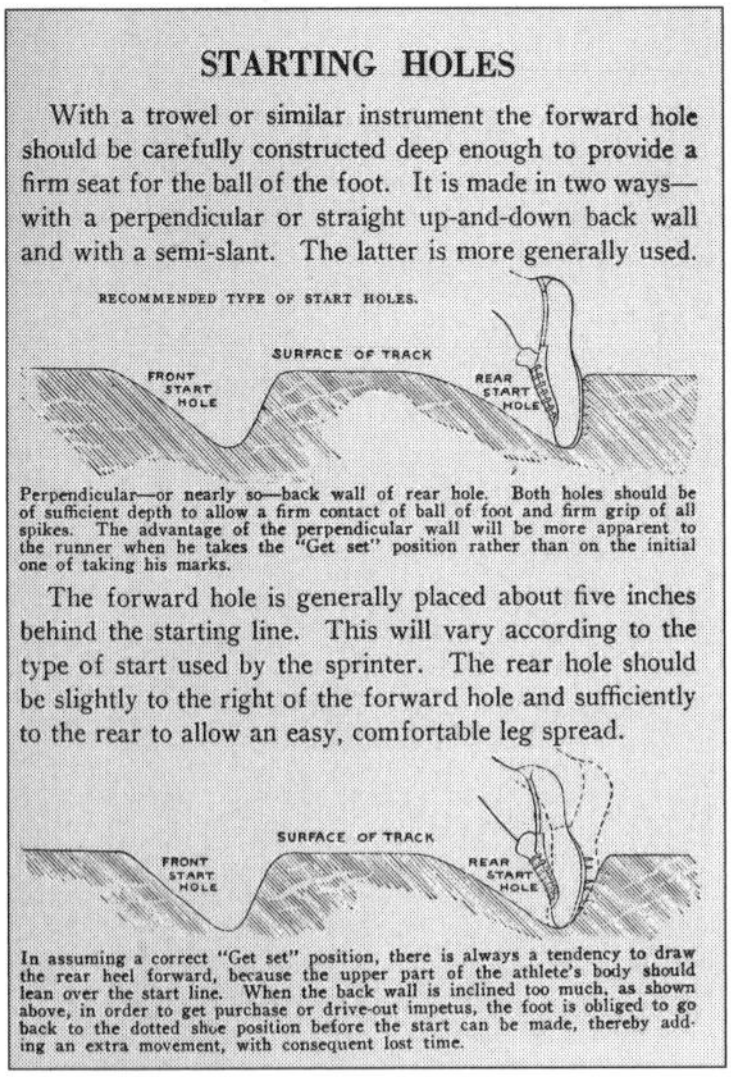
STARTING HOLES

With a trowel or similar instrument the forward hole should be carefully constructed deep enough to provide a firm seat for the ball of the foot. It is made in two ways—with a perpendicular or straight up-and-down back wall and with a semi-slant. The latter is more generally used.

Perpendicular—or nearly so—back wall of rear hole. Both holes should be of sufficient depth to allow a firm contact of ball of foot and firm grip of all spikes. The advantage of the perpendicular wall will be more apparent to the runner when he takes the "Get set" position rather than on the initial one of taking his marks.

The forward hole is generally placed about five inches behind the starting line. This will vary according to the type of start used by the sprinter. The rear hole should be slightly to the right of the forward hole and sufficiently to the rear to allow an easy, comfortable leg spread.

In assuming a correct "Get set" position, there is always a tendency to draw the rear heel forward, because the upper part of the athlete's body should lean over the start line. When the back wall is inclined too much, as shown above, in order to get purchase or drive-out impetus, the foot is obliged to go back to the dotted shoe position before the start can be made, thereby adding an extra movement, with consequent lost time.

Starting Holes の紹介（ハーン *How to Sprint* より）

もキッキッな両足の配置が見て取れる。こういう構えでは、「用意！（Set!）」の号令がかかった時に腰を上げることはすでにかなり難しい。そして上げれば上げるほど前方へ身体が倒れこみ、フライングを誘う。フライングを避けるためには腰を上げないようにしなければならないが、これでは強い前進スピードを得にくい。一方、腰を上げ運良くフライングとならずに発走できた場合でも、今度は前のめりになる可能性が高い。新聞記事に「シェリルはレース冒頭で躓いた」とあったレース序盤の出来事は、起こるべくして起こったと考えてよい。

なお、新聞記事の「シェリルはレース冒頭で躓いたようだったが、それにもかかわらず体勢を立て直して勝利を収めた（Although Sherrill seemed to stumble at the beginning of the race, he nevertheless recovered himself and won.）」について以下のような解釈も出されている——「それ（クラウチングスタートの発見）は偶然の産物だった。シェリルは躓き、正しい体勢に戻す時間がなく、必要性に迫られて屈んだ姿勢からスタートを切ったのだ（It was accidental; he stumbled and didn't have time to right himself, starting from the crouch out of sheer necessity.）」[18]。スタンディングスタートの構えをしていたにもかかわらず、バランスを崩して倒れそうになったため屈んだ姿勢（the crouch）からやむなく出走した、と解しているがこれは的を射ていない。at the beginning of the race とは、号砲が鳴った直後のことであり、何よりも今日に伝わる写真を見れば、号砲前に両手両足をトラックに着けている、つまり屈んだ姿勢（the crouch）で当初より出走しようとしていたことは一目瞭然だからである。

シェリルのクラウチングスタートに言及する記録は他にもある。ニューヨーク・アスレティック・クラブ所属のスプリンター、リー（Thomas I. Lee）の観察を引く――「イェール大のシェリルは、スタートラインで安定するようにと一八八六年にクラウチングスタートを用いたものの、膝を地面につけたままにしているという点で今日のクラウチングスタート姿勢とはかなり異なっていた(Sherrill, of Yale, used a crouching start to keep steady on his mark in 1886, but it was radically different from the present style, in that he kept his knees on the ground.)」[19]。マイケル・マーフィーのイェール着任が一八八七年ゆえ、リーの文中の一八八六年はおそらく事実誤認だろうが、「用意！（Set!）」の合図を受けても膝を地面につけたままにしているというシェリルのクラウチングスタートの特異さの指摘は、大変貴重な証言になり得ている。右に推測したように、膝を上げることが難しかったのだろう。コービン記載の通りシェリルのクラウチングスタートへの挑戦が一年間ほどだったというのなら、一八八八年から一八八九年のどの時点でリーはシェリルを目にしたのか。「用意！」の号令を受けても膝をつけたままというより腰をほとんど上げられない構えだったことが、同時代のスプリンターによって目撃され、こうして活字となっていた。

一八九八年の一文を草するにあたり、シェリル自身は「このスタート法が優れているのは、走者がスタートラインで姿勢を保って静止していられ、号砲を待つ間に身体がぐらつかない自信を持てることにある」と誇らしく書き記した。しかし一八八八年の写真に残るシェリルのスタイルでは、姿勢を保って静止することはかなりの難事だったに相違ない。当然のことながら、当時の陸上競技の教本にはクラウチングスタートを説くページは存在しなかった。先駆者たちそれぞれが、試行錯誤を重ねるしか術はなかった。一年ほど続いた試行錯誤の場で、シェリルも様々な試みを実践したように推測できる。たとえば、写真に残るスタンディングスタート時には左足を前に構えていた一方、クラウチングスタートの姿勢をとる時には、前後が逆となって右足をスタートラインに置いていたことが確認できる。利き足である左足を後方に据え、最初の一歩をより力強く蹴り出そうという工夫を試みた結果なのではないか。一方、前足をラインに触れて置くことに固執せず、もう少し離してみるという発想の転換がシェリルにはできなかったのかとも思う。一足長分ほど離すだけでも相当の安定感が得られたはずだからである。そしてその感触を会得したならば、クラウチングスタートの更なる改良へと向かったに違いなく、オーウェンに先立ち一〇〇ヤード走九秒台という偉業を歴史に刻したかもしれない。そういう思いを禁じ得ないのである。

ボビー・マクドナルドの「カンガルースタート」

チャールズ・シェリルに言及したトーマス・リー自身も、クラウチングスタートとの出会いについて書き残していた。一八八九年のある競技会の翌日、トラヴァース・アイランド競技場でウォームアップをしている時のことだったという。ニューヨーク・アスレティック・クラブの仲間数名と芝の上でスタート練習をしていた。リーのみがスプリンターだったため、ハンディキャップを課す目的で両手両膝をつき、ついで膝を持ち上げ頭をスタートラインの上へと移動させてスタートした。ところが、ハンディはむしろ有利に機能した。

私たちは今日世界中で流行となっているクラウチングスタートを偶然見つけ……とても驚いた

ことに、私が直立姿勢からのスタートよりも早くスタートが切れていることに皆がすぐに気づいた。初めは説明がつかなかったが、繰り返し挑戦してみて確信した。試合で新しいスタート法を用い始めると、以前負けていた相手に勝てるようになった。数か月もすると誰もがこのスタート法を使っていた。(20)

シェリルのクラウチングスタートお披露目の翌年、全くの偶然で四つん這いのポジションから飛び出してみるとスタンディングスタートよりも速い発走がかない、練習を積むと以前勝てなかった相手にも勝てるようになったという。[I]t enabled me to beat men who had previously beaten me. のセンテンスが輝く。クラウチングスタートを体得したのち、記録は一〇〇ヤード走で一〇秒〇まで伸びた。もしこの偶然の発見以前に、シェリルの四つん這いの出走姿勢をどこかで見ていたとしたら、その場面は鮮烈な記憶として残ったと考えるのが自然だろう。同じトップスプリンターとして、忘れようがない光景だったはずである。そして自分も試してみよう、となるのもまた自然な成り行きと思われる。つまり、クラブの仲間と芝の上でスタートダッシュをする際、ハンディとして四つん這いになったということは、シェリルの「先例」は未見だった証《あかし》と解してよいのではないか。リーは決してシェリルとクラウチングスタートの「発案」順位を競おうとはしていないが、シェリルのクラウチングスタートとは別種である、との追記からは、自分の発走法はシェリルの二番煎じではない、という気持ちが浮かび上がっても来る。

トーマス・リーこそアメリカでのクラウチングスタートの祖である、という言及もある。リーの発見を伝える一文を載せる雑誌刊行の五年後である。一八九六年に刊行された陸上競技の教本には、以下の一節があった。

五、六年以前まではスタンディングスタートが遍く用いられていたのだが、一八八九年あるいは一八九〇年に至り、ニューヨーク・アスレティック・クラブのリーがクラウチングスタートを持ち込み、それ以来クラウチングスタートはアメリカでの標準となった。[21]

クラウチングスタートの歴史を顧みる時、触れておかなければいけないもう一つの事例がある。

クラウチングスタート——カンガルースタート、あるいはオーストラリア流スタート、と呼称するのがよいだろう——は完璧で最新のスタート法である。この独特の発走法は、アメリカではクラウチングスタートとして知られており、近年ではその起源をめぐってかなりの議論が交わされてきている。自分が最初に考え出して使い始めた、と言い張る人があちこちにいる……陸上競技にかけての優れた権威であることは間違いないクーム氏は、数年にわたりクラウチングスタートについて徹底的に調査を実施してきた。そして今では、オーストラリアの著名な短距離走者であるボビー・マクドナルドこそ最初にクラウチングスタートを用いた競技者であるという認識が得られている。マクドナルドはカンガルーを観察していてこのスタート法を思いついたと言う。そのため何年にもわたり「カンガルースタート」として知られてきたのである。[22]

雑文家の空想ならば等閑視しておけば良い。だが、筆者はジェームズ・サリバン、二十世紀初期のアメリカスポーツ界の最重要人物と呼んで間違いない。各種競技の普及とアマチュアルールの策定に尽力し、数度のオリンピックにはナショナルチームを率いて参加し輝かしい成績を収め、「アメリカスポーツの父」と呼称される。マーフィーとも親交深いサリバンが、クラウチングスタートの「開祖」をこう断定している。文中のクーム（Richard Coombes）は、競歩を専門とするアスリートの経歴を持つ。オーストラリアの近代スポーツの発展に寄与し、ＩＯＣ委員をも務めた。国際会議の場でサリバンとの交友があったのであろう。ボビー・マクドナルド（Bobby McDonald）は一八九〇年代から一九〇〇年初めにかけて活躍したアボリジニーのスプリンターであり、途中プロへ転向していた。サリバンはマクドナルドがカンガルーからクラウチングスタートの着想を得た、と明記した。土地柄を考えると興味引かれる連想だが実際はどうであったのか。幸いマクドナルド自身の回顧の一文がシドニーの新聞に掲載されていた。

初めて「腰を下ろしたスタート法」――いつもこう呼んでいた――を思いついたのは、強風を避けるためだった。出走係が出発させるまで待つ間、強風のために寒くて不快な気分になっていた。ある日のこと、ほとんど腰を下ろしかけたところ、出走係が一同をスタートさせた。ふと気づけば、私は立ったままスタートを切っていた時よりもはるかに素早くスタートができていた。それ以後いつでも腰を下ろした姿勢からのスタート、すなわちクラウチングスタートを用いた。

クラウチングスタートとして知られているスタート法を、自分より前に誰かが使っているのを見たことは一度たりともない。[23]

傍証となる資料は、文献も写真もないため、マクドナルドの言を信じるしかなく、また疑う理由もなかろう。事実を改変して自己をよりよく示そうという意図を感じさせない。マクドナルドもまた、偶然からクラウチングスタートを発見し、以後のレースで活用したことになる。マクドナルドはオーストラリアの原住民であるアボリジニー出身だったとはいえ、土地を代表する動物カンガルーに着想を得たというストーリーよりも、偶然の体験から会得したという説明のほうが、地味ながらも現実味を帯びている。「カンガルースタート」の名にマクドナルド自身は全く触れていないが、カンガルーの語を冠して呼称されていたことまでは否定できないだろう。ちなみにマクドナルドの「発見」は一八八七年のことという。[24]

最後に整理しておく。マイケル・マーフィーがプロ競技者だったころ、自ら会得したクラウチングスタートを初めて使った。一八八〇年のことらしい。それをアマチュア競技会で一八八八年に初めて使ったのが、教えを受けたチャールズ・シェリルだった。それに少し先立って、一八八七年にはオーストラリアではボビー・マクドナルドが偶然からクラウチングスタートの効用に気づき、我がものとした。一方トーマス・リーは芝の上で両手両足をついてスタートしてみるとスタンディングスタートより速く発走できることに一八八九年に偶然気づき、クラブの仲間たちも使い始めた。両手両足を着くことではシェリルと共通していたが、「用意!」の合図を受けての構えが異なり別種だったし、そしてなによりもシェリルは一八八九年半ばにはクラウチングスタートを断念してしまったらしいため、「シェリル現象」は一過性のものだったと解してよいだろう。後年、スプリント種目のスタートでスタンディングスタートが消滅しクラウチングスタートが標準となった時、クラウチングスタートの発案者や実践した先駆者は誰かに注意が向けられたであろうことは想像に難くない。その時誰もが知るようなビッグネームとなっていたシェリルやマーフィーが、自らを回顧してクラウチングスタートに触れたのは、人の感情として無理ないところかと思う。リーも含めて誰一人、プライオリティーを競っているのでもない。況《いわ》んやボビー・マクドナルドにおいてをや、であろう。みな自分とクラウチングスタートとの関わりを書き残したに過ぎない。後世の者の興味は Who originated the crouching start? についつい向いてしまうのだが、トップアスリートともなればその着想に共通する部分があって何ら不思議ではない。

アテネでトーマス・バークが見慣れぬスタートを披露したのは一八九六年四月ということに鑑みると、クラウチングスタートの歴史に名を残す役者たちはその時すでに出揃っていたことになる。ギリシャのスタディオンに集った何万もの観客の目にバークの個人芸と映ったに相違ない奇抜なテクニックの背景には、一〇年以上に及ぶ秘話——untold story——が存在していたのである。

註

（1）原文は以下の通り。The importance of a quick start is well recognized among track athletes, and many instances could be given where a start has won a race. The best of these is the race in which John Owen, Jr., beat Luther Cary, making the world's record for 100 yards in 9. 4-5 seconds. Here Owen was three or four feet in the lead in the first few strides, but led by only a foot at the finish. Had the two been equally good starters, Cary would be the present world's champion.

John Corbin "Starting and Starters" in *Outing*, May 1893, p. 151.

（2）原文は以下の通り。Starting in the United States is about the same as in England, the men being kept steady on their marks until the pistol is fired. Almost all our sprinters now wait for the pistol in a crouching attitude, with the fingers just touching the ground. This form of starting was first used in America by the writer at the meeting held at Cedarhurst, Long Island, in May 1888. The advantage of this method is that it keeps one quite steady on his mark and gives him confidence in his steadiness while awaiting the pistol, thereby leaving the sprinter free of all care to fasten his attention upon the report of the pistol.

Charles H. Sherrill, "Athletic Sports in America" in Montague Shearman, *Athletics* (London, 1898) p. 304.

（3）この結果で全米インカレの優勝がハーバードかイェールかが決まるレースとなった。激しい首位争いはゴールまでもつれ込み、当初は誰もがシェリルの勝ちと思ったが、ロジャーズが一位と判定された。（R. M. Hurd, *A History of Yale Athletics 1840-1888* (New Haven, 1888) p. 114.）

（4）競技会の記録等については、以下を参照した。Hurd 前掲書、M. Murphy, *College Athletics* (New York, 1894)。

（5）Edward Sears, *Running through the Ages* (2nd edition) (Jefferson, 2015) p. 88.

（6）原文は以下の通り。Athletes who step out with the front foot say that the short stride enables them to get off quicker, because the weight of the body being on the front leg helps to move them forward quicker when the support in front is suddenly take away by the foot being lifted from the ground to take a short step. Then when the front foot is placed on the ground again, the body having been given momentum, it is far easier to follow with another stride made with the back leg than if that member were brought forward for a stride when the body is comparatively still.

Malcolm W. Ford, "Sprinters and their Methods" in *Outing*, May 1891, p. 87.

（7）原文は以下の通り。The majority of sprinters find it difficult to stand steady when others may be causing considerable delay and bother; but continued practice will enable one who really wishes to learn to stand perfectly still, always being ready to run, no matter what may be going around him.（前掲誌、同頁）

（8）原文は以下の通り。The crouching start was first introduced by me. This was in 1887, at Yale, and Charles H. Sherrill was the athlete who first demonstrated its superiority. When he used it in his first race he was laughed at, and the starter, thinking that Sherrill did not understand how to start, held up the race to give him instructions. Finally, he was made to understand that Sherrill was using a new start. Sherrill immediately demonstrated how superior it was to the old standing start, which it displaced, and now the crouching start is used the world over for sprinters, hurdlers, and even quarter and half milers.

M. Murphy, *Athletic Training* (New York, 1914) pp. 32–33.

（9）日本橋丸善でこの書を見つけて購入した野口源三郎は、旧制松本中学へ赴任するにあたり持参して再三再四目を通して学んだという（野口源三郎「私の経てきた道」『新体育』第二一巻第六号、一九五一年）。また、邦訳も二種類――金栗、石貫共訳『オリンピック競技法』（菊屋出版部、一九一九年）と原栄一訳『競技練習法』（都村有為堂出版部、一九二三年）――刊行されたことから分かるように、ストックホルムオリンピック後の日本でマイケル・マーフィーの令名は高く、邦訳を通して本格的にクラウチングスタートを説く教本として大正期日本に伝わっていくこととなった。

（10）この情報は *Athletic Training* に付されたブッシュネル（Edward R. Bushnell）の序文による（同書 vi 頁）。

（11）*Outing* 誌一八八八年五月号にこのレースについての記載がある――（May 12–Open amateur athletic games, Cedarhurst, L. I.）。

（12）原文は以下の通り。The crouching start was first used by me in professional work in 1880, and introduced in 1887 when C. H. Sherrill, of Yale, the intercollegiate champion, demonstrated it. Needless to say, he was laughed at when he got down on all fours … .

Michael C. Murphy, "How to Become a Sprinter" in Paul Withington ed. *The Book of Athletics* (Boston, 1913) p. 157.

(13) *Athletic Training* にはプロだった経歴への言及はない。

(14) 原文は以下の通り。 In my opinion the advantage of this form of starting over all others is apparent. The sprinter will have full confidence in himself to hold his mark for any length without going over, as well as the muscles of the back helping the spring of the thighs. The runner should keep his legs well under him, with the knees as far as possible from the ground, the hands resting on the finger tips on the starting line and at each side of the body.

Murphy, *College Athletics* (New York, 1894) p. 42.

(15) 原文は以下の通り。 A medium between the standing start and the all-fours was the style practised by Mr. Harry Jewett in 1892, and certainly it constituted all the features of a perfect start. Jewett stood on his mark with the left foot foremost and his left hand(fist closed) resting inside, and almost touching, the left foot; the right arm was drawn back like a boxer about to deliver a terrific punch. The weight of the body was partially thrown on the left arm, thereby giving the back, thighs and legs the opportunity for a powerful spring, which was yet more so accelerated by the right arm being shot forward like a piston rod. All sprinters having ambitions to the A1 class would do well to practise this style of starting.

Murphy, *College Athletics*, pp. 42–43.

(16) 原文は以下の通り。 I put my left foot upon the mark and place my right a convenient distance behind, first making a hole for each foot in the track, and when the word set is given, I place my left knuckle upon the mark beside my left foot, and place about an equal weight upon each foot. In the East, when a runner starts, he puts both hands on the mark and the left foot about a foot behind. Murphy trained me on both starts, but I much prefer the one with but one hand upon the mark.

Harry M. Jewett "Sprinting or Short Distance Running" in *Athletes' Guide* (New York, 1893) p. 25.

（17） Sears 前掲書、一四五頁。

（18） Ed Hughes' Column in *The Brooklyn Daily Eagle*, June 30, 1936, p. 16.

（19） Thomas I. Lee "The Record Breakers" in *Munsey's Magazine* vol. 25 (1901) pp. 477–478.

（20） リー前掲論文、四七八頁。

（21） 原文は以下の通り。 Up to within five or six years the standing start was universal, but in 1889 or 1890 Lee of the New York Athletic Club, introduced the crouching start, and since then that has become the standard in America.

Track Athletics in Detail (New York, 1896) p. 5.

表紙には compiled by the editor of "Interscholastic Sport" in "Harper's Round Table" とある。この情報から、Albert Lee が編纂に関わっていたことが判明している。

（22） 原文は以下の通り。 The "crouch," which should be called the "Kangaroo" or "Australian" start, is the perfect and up-to-date method of starting. This peculiar style of starting, known in America as the "crouch" start, has been, in recent years, a subject of much discussion as to where it was first used. This man, or that, claimed that he originated the "crouch."…. For several years, Mr. Coombes, without doubt one of the greatest experts on athletics in the world, conducted a thorough investigation of the "crouch" start, and it is now admitted that "Bobby" McDonald, a famous Australian sprinter, was the first athlete to use the "crouch start." It is stated that he got the idea from watching the Kangaroo, and for years it was known as the "Kangaroo start."

James E. Sullivan, *How to Become an Athlete for Beginners* (New York, 1914) pp. 13–14.

（23） 原文は以下の通り。 I first got the idea of the sitting style of start (as I always called it) to dodge the strong winds, which made me feel cold and miserable while waiting for the starter to send us away. One day while sitting down, almost, the starter sent us away, and I found that I could get off the mark much quicker sitting than ever I could standing, and afterwards I always used the sitting or crouch start. I never saw anyone using what is known as the crouch start before I did.

Bobby McDonald, "As Told By Himself" in *The Referee* (Sydney) July 2, 1912

(24) Colin Tatz, *Obstacle Race: Aborigines in Sport* (Sydney, 1995) p. 90.

第三章　英米対抗戦から近代オリンピックへ

アメリカ陸上競技界の擁護と顕揚のために

英国で広く行き渡っている見解とは違って、合衆国における陸上競技（track athletics）は極めて健全な状況下にある。年を追うごとに当該競技への関心は高まっているようで、種々の試合に参加する競技者はこれまで以上に各所から募られている。そのうえ、競技会の開催数は増しており、米国東部地区や南部はもとより中西部や太平洋岸でもその増加の具合はめざましい。(1)

前章でクラウチングスタートの起源について検討した箇所で引いたチャールズ・シェリルの論考「アメリカの陸上競技」（“Athletic Sports in America”）は、一八九八年ロンドンで刊行されたモンターギュ・シーマン（Montague Shearman）編著の *Athletics*（『陸上競技』）に収録されていた。シーマンのこの著作は、一八八七年にまず ***Athletics and Football***（『陸上競技とサッカー』）の書名で刊行され、シェリルの一文などを加えて改題して一一年後に上梓された増補改訂版だった。シェリルの「アメリカの陸上競技」は、数葉の写真をも添えて同書の二八六頁から三〇八頁までに及ぶ。小見出しが配されることなく、次々と叙述が展開される形式をとっている。総計二三ページから成るその論考の冒頭に掲げられたのが、右に引いた一節である。

刊行地がロンドンだったことから分かるように、シーマンの *Athletics* は主にイギリス人読者を念頭に置いていた。その書に所収されたシェリルの論考冒頭に掲げられた「英国で広く行き渡っている見解とは違って、合衆国における陸上競技は極めて健全な状況下にある（Notwithstanding the opinion commonly prevalent in England, track athletics in the United States are in a very healthy condition.）」というセンテンスが放つ力は強烈だったに違いない。貴国イギリスでは、我が母国アメリカの陸上競技は不健全な状況下にあると思われているらしいが、勘違いも甚だしい！という強い批判を掲げての叙述の開始をここに見るからである。やや突飛な連想だが、フランス語の擁護を訴えた十六世紀のフランス詩人デュ・ベレー（Joachim du Bellay）の著作 *Défense et illustration de la langue française*（『フランス語の擁護と顕揚のために』）に倣うならば、シェリルの「アメリカの陸上競技」は「アメリカ陸上競技界の擁護と顕揚のために」とサブタイトルを掲げるのが相応しい。それほどの強い意図が伝わる文章に仕上がっている。

米国陸上界が「健全」と考えられる根拠として、シェリルは以下の諸点を挙げた。サッカーやボート競技や野球とは異なり、陸上競技は実施にあたり必要とされる人数に指定はない一方、個人の勝利に集中するあまり仲間意識が芽生えにくい。だが昨今チームを組んでの対抗戦が盛んになってきた。これは英国ではオックスフォード大とケンブリッジ大との対校戦に典型的で長年の歴史を有するが、アメリカでは高校間、大学間はもとより国内各地区のクラブ間での開催も盛んであり、その勢いは今や英国を凌駕《りょうが》している。第二として、英国ではクラブが大学スポーツよりも優位に立って支配しているが、アメリカでは学生スポーツは独自のルールを有しクラブスポーツから独立している。そして三点目として、アメリカではプロの試合が今では皆無に等しくその種の試合への一般の関心もない。最近アメリカの著名アスリートがプロに転向した際には、プロとしてやっていくために英国へ渡らざるを得なかった。以上三点を掲げてシェリルは「健全」と主張した。

当時は法曹家だったシェリルは、のちには外交官として大使職にも就くこととなる。ここには外交官シェリルの片鱗を垣間見ることもできる。自国の国益を双肩に担って他国代表と激論を交わすのも外交官の務めとなる。相手国の主張に理が通らないことを説くために論陣を張るに際しては、その国と自国とを比較の俎上に載せて、相手側の批判が的を射ていないことを指摘するのも効果がある。シェリルの「アメリカの陸上競技」の冒頭は、常にイギリスとの比較を前面に出して、アメリカの陸上競技がイギリスよりも「健全」な状況にあることを、具体例を挙げて説くことに成功していると解してよい。

アメリカの陸上競技は、そのころイギリスでは実際どう見られていたのか。ここで少し触れておく必要があろう。

「〔一八〕八〇年代になって初めてアメリカの陸上競技は十分な発達を見るに至り、アメリカの競技者たちはイギリスを相手に競い合っても勝てる期待を持てるほどになった」――この一文（*Outing*

誌一八九四年九月号掲載の無署名記事“International Track and Field Contests of 1895”が簡潔に記すように、イギリスに比して陸上競技での後進国だったアメリカは、一八八〇年代に少しは互角に競い合えるようになり始めた。アメリカのアスリートの中にはマイヤーズ（Lawrence E. Myers）やメリル（E. E. Merrill）をはじめ渡英して現地の競技会を制する者も出た。九〇年代に入るとアメリカでの好記録誕生の報が次々と大西洋を越えてイギリスに届き始めた。後進国が自らを凌駕しかねない強国へと育ってきたのである。

当時のイギリス国内での受け止め方については、一九〇一年にロンドンで刊行された陸上競技の指南書、ハロルド・グラハム（Harold Graham）著の *Athletics of To-Day*（『現代の陸上競技』）に垣間見ることができる。当該箇所を引く。

来る年も来る年もアメリカのスポーツ紙誌は、素晴らしいタイムや常人離れした跳躍記録を活字にして報じた。アメリカでは走高跳のバーは一インチずつ高くなっていった。〔一二〇ヤード〕ハードル競走では、簡単に一六秒の壁が破られた。だがここイギリスでは、こういう報道はこの上ない猜疑心を持って読まれたのである。彼の地の走路は距離が短いのだろう、タイムの測定が誤っているのだろう、ハードルの上部は構造がゆるく、一旦競技が終わると走路に崩れ落ちるくらいなのだろう、ハードルは芝ではなく走路に設置されているのだろう、それにアメリカの気候はイギリスよりも湿度が低く練習を積むのに適しているから、同じ走者がイギリスで走れば速いタイムは出せないだろう(2)。

こういうイギリス側の偏見は、のちに検討する一八九五年の一事を以て完全に打ち砕かれることとなる。それを見る前に、ここではシェリルの「アメリカの陸上競技」にさらに目を向け、母国の陸上界への擁護と顕揚の語りを紹介しておきたい。シェリルの筆致は冒頭以後もイギリスとの比較のもとに進む。当時のアメリカでは、ニューヨーク・アスレティック・クラブを筆頭とするクラブ所属の選手として試合に出る者と、在籍する大学を代表して出場する者とがいた。前者はＡＡＵ（Amateur Athletic Union）の支配下にあり、後者はＩＣＡＡＡＡ（Intercollegiate Association of Amateur Athletes of America）が統括していた。アメリカのクラブは優秀な学生アスリートに目をつけ、卒業すると自分のクラブへ勧誘することで有力選手を苦もなく手に入れている、という批判がイギリスの常だった。だがこれは事情を知らない誤解だとシェリルは反駁する。学生アスリートが自分の居住地が該当するクラブにも所属していることはよくあり、実際クラブで練習を積みもする。しかしいざ競技会――たとえば全米選手権（Amateur Athletic Championship of America）――となると、所属クラブ名よりも在籍大学の名のもとで参加したがる学生が多い。この二重の構造が見えていない部外者には、各クラブは優秀な学生アスリートという「完成品」を手に入れているという誤解が生じている、とシェリルは説明した。

いかにして陸上競技者を育成するか――トレーナーの重要性

十九世紀末のアメリカの大学でのアスリート育成システムについても、シェリルの記述は教えてくれることが多く、興味深い。シェリル自身、イェール大学在学中、代表選手となってハーバードとの対校戦や全米インカレでの個人種目を制し、一八八九年にはキャプテンを務めもした。行間から往時のキャプテンの苦心を察することもできる。

アメリカの新学期は秋に始まるが、新入生を対象とした募集はクリスマス休暇ののち学業再開となったときに開始される。キャプテンが「大学チーム入りを希望する者は体育館へ集合せよ」と告知すると、一五〇名ほどの新入生が集まる。それぞれが自分はどの種目に向いているかを意識してはいる。学生たちはいくつかのグループに分けられ各グループにはすでに代表選手となっている在校生（Blue）が付き、悪いフォームなどの習慣が一旦身に付くと矯正しにくいため、そうならないよう監督する体制で練習が始まる。冬期ゆえ設備の完備された体育館で練習――たとえば、短距離走者はスタートダッシュ、棒高跳びは室内での跳躍、長距離走者は主に戸外に出走――に励む。毎日正午になると体育館へ集合し点呼を受ける。キャプテンは、自発的に門を叩いてきた新入生以外に、潜在能力はあるが控え目な性格ゆえ名乗り出なかった者を探し出して勧誘することも怠らない。また、各グループの指導を受け持つ代表選手学生から、個々の新入りの出欠や練習ぶりの報告を絶えず受ける。学生たちは練習に際しては大学が雇用しているプロのトレーナーの指導を受けるので、思いつきではなく科学的な練習を積んでいくことができる。

春のシーズンが近づくと、まず一次選抜が行なわれ、そののち専門種目に特化した練習へと移行する、すなわちジャンパーはスタートダッシュではなく跳躍練習に専念する、という具合に。この時点で候補は五〇～六〇人に絞られ、代表をかけての競争はより熾烈《しれつ》になる。五月中旬には恒例のハーバード大学との対校戦を迎える。各種目に参加する選手数に限りはあるが、オックスフォードとケンブリッジの対校戦よりも人数は多く、また英国では九種目の一方、米国は一四種目というように種目数も多い。シェリルの説明からは最終的に代表選手がどう絞られるのかは判然とはしないものの、およそ五か月という短期間で戦えるチームを効率よく作り上げるシステムを見てとることはできよう。「このようなアメリカ式の選手育成法がもたらす結果には時に驚くべきものがある（The result of this American system of developing athletes is sometimes astounding.）」とシェリルはまとめている。イェールの新入生が棒高跳で、ペンシルヴァニアの新入生がハンマー投で、いずれも初心者にもかかわらず全米インカレを制したからである。誇らし気に「育成にあたっての原則とよく考え抜かれたシステム（the discipline and intelligent system of development）」とも書いている。当然、対するイギリスはそうではない、という含みがあり、明確な体系を欠くイギリスの練習法は「娯楽・気晴らし（pastime）」と形容さえするのであった。

新規加入アスリート育成過程では、プロのトレーナーの指導があることをシェリルは明記した。この件については、「アメリカの陸上競技」の後半でもさらに詳述される。ここでもまたイギリスとの対比がなされる。イギリスのハードル選手のハードルの跳び越え方は、仲間同士で教え合っている結果だという——古い写真を見るならば、当時の英国のハードラーは、跨ぐというのではなく前脚を横から振り上げて一つ一つを走高跳風に跳び越えることを常としていたことが分かる。もし優秀なハードラーが出現するならば、そのコーチングを受けてしばらくは優秀な後進が続くのだろうが、通例はそうではなかった。また、英国の投擲《とうてき》種目が低調なのも選手の資質ではなくコーチングがないためだろうとも記した。

シェリルは、アメリカの一流トレーナーがアスリートたちの潜在能力を見抜く才についても紹介している。ハーバードの、少しは速い部類に入るあるスプリンターは、トレーナーの勧めを受けてハードルへと転向すると二二〇ヤードローハードル競走で新記録を打ちたてた。また、イェールのある走高跳選手も、勧められて一二〇ヤードハイハードルに転じて一七秒五分一（一七秒二）にまで記録を伸ばしたという。シェリル自身もイェール時代に教えを請うたマーフィー（Michael C. Murphy）、ハーバードのラスロップ（James G. Lathrop）、プリンストンのロビンソン（James Robinson）、そしてイェールのフィッツパトリック（Keene FitzPatrick）の名が、著名なトレーナーとして列挙されている。もちろんイギリスへの言及も忘れてはいない――「代表選手経験のある卒業生（Old Blue）による気まぐれで的外れなコーチング（desultory coaching by Old Blues）」という具合に。

専門家のコーチングの重要性に気づいたイギリス

シェリルにコーチング体制に関して酷評されたイギリス側では、トレーナーの重要性をどう捉えていたのだろうか。ふたたびグラハムの *Athletics of To-Day* から引いてみることとする。

来る年も来る年もイギリスでは優れたアスリートが誕生し、数年にわたって活躍し、そして引退してきた。その後、観客や役員として大会に関わることを除けば、大概はこの時点で競技との繋がりは断ち切られる。陸上競技を教えるという技術は未だかつて研究されたこともなければ、実際ほとんど知られてもいない……走高跳選手を例に挙げてみよう。トレーニングの正道から外れないように、また適切な時刻に起床し適度な練習を積むように、と見守ってくれる人がいることはとても大切だが、グラウンドにしかるべき専門家がいて、一流選手になれなくなるようなフォームの誤りを指摘してくれることのほうが、はるかに理にかなう。

ケンブリッジの走高跳選手ハワード・スミスの身に起こったことは、この典型例であろう。しばらくの間、スミスの記録は五フィートから五フィート六インチの間にとどまっていた。アメリカの走高跳選手のフォームと似てなくもなかった。ある日のこと、観客の中に一人のアメリカ人がいて、たまたまスミスの跳躍を目にし、バーに向かって助走をする際は斜めから向かうのではなく、正面から向かうならば大幅に記録が向上するだろう、と伝えた。早速スミスがこのアドバイス通りにしてみると、たちまち記録は四インチも向上した。そしてクイーンズクラブ競技場での試合では、かなりの悪条件下にもかかわらず、五フィート一〇インチ半の記録を出したのである。(3)

先に見たように、グラハムの著作は一九〇一年の刊行であることを考慮すれば、一八九〇年代後半には、イギリスにおいても専門的に陸上競技を指導する人材の重要性への認識が高まってきていたと考えてよい。もっとも、別のスポーツ競技ではトレーナーの重要性はすでに認識されていた。先例があったのである。それは、ボート競技であり、たとえその人自身が競技者時代に一流ではなかったとしても、手間暇を惜しまず最良の練習法を考え出して身につけた人が川岸に出て指導するという伝統は存在していた。グラハムはそれを踏まえてこう結んだ（引用中に「アメリカ側と頻繁に陸上競技会を開催するというのであれば」とある前提は、後述の一八九五年の一事のことである）。

〔ボート競技の練習を行なう〕岸辺では日常茶飯にコーチングは行なわれていたのであるし、そういう有能なコーチが欠乏していることも絶えてなかった。アメリカ側と頻繁に陸上競技会を開催するというのであれば、同様のシステムを導入する必要があろう。馬鹿力や持久力以上のものを必要とする競技の場で、われわれが引けを取らないように祈念したい。(4)

チャールズ・シェリルは、英国を比較の対象に持ち出しつつ、母国アメリカの陸上競技の優れた諸点を書き続けた。言及されている他の例として、学生スポーツ以外のアマチュアスポーツを支えるクラブのことを挙げておく。最も有名で有力だったクラブは、ニューヨーク・アスレティック・クラブであり、その新しいクラブハウスは竣工間もなかった。数階建ての建物で、採光が一番良い最上階には広さ十分な体育館があり、ボクシング、レスリング、フェンシングの練習場が備えてあった。他に、読書室、ビリヤード室、食堂、大理石で縁取られた水泳用プール等々の設備を誇った。シェリルは初めてイギリスを訪れた時、アメリカでもよく知られている、かのロンドン・アスレティック・クラブ本部に行こうと思い立ったという。だがクラブハウスはなかなか見つからず、多額の運賃を払ったのちようやく目的地にたどり着いてみれば、クラブハウスはスタンフォード・ブリッジ・グラウンド競技場の正面観覧席下部に設置されていた。その直後にシェリルはこう記した――「わが国のそれなりに重要なアスレティック・クラブは、そのほとんどが快適なクラブハウスを所有している（Almost every athletic club of any importance in our country has a comfortable club-house.)」。ロンドン・アスレティック・クラブのクラブハウスは、「快適なクラブハウス」とは到底言える代物ではなかった、との言外の意味を読み取ることは容易《たやす》いだろう。

英米比較の観点に立って自国の陸上競技が優れていることをシェリルは次々と書き連ねたものの、アメリカ側にも改善の余地があると付記することを忘れはしなかった。それは、競技会の際、競技場のフィールド内にたくさんの役員がいるという常態についてである。役員が多数いると、役員と他者との判別が難しいため部外者が容易に競技場内に入り込んでくる恐れがあった。また、スタンドの観客には役員が視界を遮る障害物となった。こういう批判に対しては、米国の競技種目数は英国よりもかなり多いため必然的に多くの役員を要するから、という言い訳が往々にしてなされるが、「筋の通った弁解（a reasonable excuse)」に

ニューヨーク・アスレティッククラブのクラブハウス（alamy stock photo）

は残念ながらなり得ていない、とシェリルは結んだ。

一八九四年七月十六日――初の国際陸上競技大会

二三ページにもわたって書かれたシェリルの「アメリカの陸上競技」のなかで、最も多くの紙幅が割かれているのは、対抗戦《チームマッチ》の実例とその解説である。具体的には一八九〇年代半ばに開催となった計三回の他国との交流競技会《インターナショナル・マッチ》、すなわち一八九四年七月十六日のイェールとオックスフォードとの対校戦（於：ロンドン）、一八九五年九月二十一日のニューヨーク・アスレティック・クラブとロンドン・アスレティック・クラブとの対抗戦（於：ニューヨーク）、そして同年十月五日のイェールとケンブリッジとの対校戦（於：ニューヨーク）だった。このうちイェールが関わる二つの競技会の企画の中心にあったのが、チャールズ・シェリルその人であった。シェリルの記述を参考にしつつ、関係する同時代資料をも使ってこの三回の競技会を再構築してみたい。

「イェール―オックスフォード対校戦は、陸上競技史上初の他国の大学を相手にしての試合であり、また初の国際陸上競技大会ともなった。雨の降りしきる肌寒い七月の天候をものともせず集った観客そして競技場の熱気は、この企画が賢明だった証となった」(5)――誇らしくこう書いたのちシェリルは、イェール大の選手たちが英国で受けた、友情、心温まる歓待、正々堂々とした対応等に触れ、こういった諸点が選手たちを通して米国へもたらされる効用について指摘した。シェリルが「この企画が賢明だった」と明記したのには理由があった。競技会開催前には「二大学間だけの競技会などには世間の誰も関心を示さない」と、熱心なスポーツ崇拝者たちから強く言われ続けた。この対校戦企画は賢明ではないという批判を浴びていたのである。だが実際は、ロンドンのクイーンズクラブ競技場には、肌寒い悪天候にもかかわらず八〇〇〇～九〇〇〇人もの観客が集った。集客数だけからも、企画は「賢明」であることが証された。

イェール大の選手たちにとり、初めて目の当たりにするイギリス流の陸上競技には細々《こまごま》した違いがいくつもあったことをもシェリルは記している――トラックが右回りであること（アメリカでは左回り）、ハードル競走では芝の上に固定されているハードルを越えていくこと（アメリカでは走路に可動式のものを据え、競技が終了すれば撤去し他種目に備える）、試合に採用した投擲二種目中、砲丸投では米国流は砲丸より肘を後ろに構えて突き出す（put）のだが、英国では砲丸を持つ手を肘の後方に置いて前方へと引き出す（draw）、またハンマー投は、米国では直径七フィートのサークルを利用する一方、英国では三〇フィートの助走をつける、などだった。同じ陸上競技（athletics）と言いつつも、オックスフォード大がお膳立てした試合には、イェール大のアスリートの視点からは異文化の要素が多分に見られた。

企画を担った者としてこの対校戦が成功を収めたと自負するシェリルだが、肝心の試合結果には何ら触れてはいない。「重要なことは勝つことではなく参加することだ」と言いたかったのではあるまいが、書かなかったのは、負け戦さだったためかもしれない。*Outing* 誌（一八九四年八月号の無署名記事）から該当記事を拾ってみると、誰もがイェールの勝利を確信していたのでこの敗戦はかなりの衝撃だったらしい。この年一八九四年、イェールは毎年恒例のハーバードとの対校戦（初回は一八九一年実施）に勝利し、その二週間後の全米インカレ（初回は一八七六年実施）でも優勝を飾っていた。アメリカ一の実力を誇る大学チームとして大西洋を渡った。また、今回のオックスフォードとの対校戦で設定された九種目（一〇〇ヤード走、四四〇ヤード走、半マイル走、一マイル走、一二〇ヤードハードル走、走幅跳、走高跳、砲丸投、ハンマー投）のうち五種目については、出場したイェールの選手は同大学史上最優秀の記録を持ち、残りの四種目でも先達に負けず劣らずの記録を出していた。だがイェールはオックスフォードに敗れた。出して当然と思われた記録を残すことのない敗北は、能力が劣るためではなく後述のような諸条件がイェール側に不利だったから（by adverse conditions）と解されたことを同記事は書いている。

イェールのアスリートたちは、敗戦を甘受し言い訳を一切口にしなかった。だが米国の、そして英国の新聞が、敗軍の将に代わるかの如く、言い訳、説明、弁明を次々と記事にした。開催が決まるのが直前だったため急いで渡英の準備をしたこと、船での移動（片道六日間を要した）、アメリカよりも湿度の高い空気、異なる食事や気候、練習に割ける時間の欠如、選手たちが脚を痛めていたこと、競技ルールの異同、右回りのトラック、芝に設定されたハードル走、滑りやすい芝、柔らかい走路、などが列挙された。こういう世間一般の敗因分析を踏まえ、肝心なことを看過していると指摘したのは、ニューヨーク・アスレティック・クラブ設立者の一人であり、米国アマチュアスポーツの父と称されるウィリアム・カーティスだった（*Outing* 誌一八九四年九月号）。国内で陸上競技大会が開催されれば審判長（referee）を務めることも多い斯界の重鎮の分析には、玄人の見識とはこういうものか、と思わせるところがあり、とても興味深い。

「競技会場には多数の人がいながら、誰もが以下の肝心な一事を見逃しているのは奇怪に思われる

――それは、この対校戦は一三人を相手にして九人が戦った試合だったということだ（With so many gleaners in the field it is strange that all should have overlooked the pertinent fact that this was a match of nine men against thirteen.）」とカーティスは書いた。「一三人を相手にして九人が戦った試合」とはどういうことか？　先に引いた九種目それぞれに、両校は二名ずつ選手を出した。つまり双方合わせて各種目四名ずつ、総計延べ三六人のアスリートが初の国際交流試合で矛を交えた。渡英したイェール大は九名の陣容でやりくりし、一名のみ一種目に出場し、他は複数種目に出て競った。一方、オックスフォード大のほうは一三名でイェール大を迎え撃ち、うち九名は一種目だけに専念できるという余裕があった。イェールのエントリーの仕方では、一名でも怪我や不調に陥ると多種目に響くことは必至だろう、カーティスは暗にこのことをまず指摘した。

アメリカ東部地区で開催される陸上競技大会の多くを直接見てきたカーティスには、常人には思いつきにくい深い分析が可能だった。この年、イェールはハーバードとの対校戦で勝利を収め、そして全米インカレを制してはいたが、オックスフォードと競い合った九種目中、ハードル走を除く四種目の走競技に注目してみると、イェールが有利とはとても言えなかった。カーティスの指摘によれば、ハーバードとの一戦では走競技は五種目設定され、イェールが勝ったのは二種目にとどまり、全米インカレに至っては五種目の全てで一位を取り逃がしていた。そしてこの五種目のうちの四種目がオックスフォードとの対校戦に準備されていた。一方、オックスフォードへ目を向けてみるならば、ケンブリッジとの対校戦には走競技は三種目あり、うち二種目でこの年オックスフォードは勝利していたし、またもう一種目では負けたとはいえ、その記録はイェールの選手の持ち記録よりも数秒速かった。

競技種目設定上の不利に加えて、イェール大チームは大きな問題を抱えていた。同年四月に大学側は専属のプロのトレーナーを解雇していたのである。代わってキャプテンを務める投擲選手のヒコック（Hickok）に、諸試合の準備ばかりかチームの練習管理等をも担当させる体制とした。米国陸上競技の大きな特徴である専属トレーナーを突如欠いてのシーズンインという予期せぬ展開となった先には、渡英しての対校戦という初の大事業が待ち構えていた。年若いキャプテンの心労、推して知るべし、である。幸い渡英前、恒例の大きな二試合には勝利を収めたものの、重責を担ったヒコックの緊張具合は尋常ではなかったことにカーティスは触れている。ハンマー投の際、試技前の練習ではファールを五、六回続け、そのまま臨んだ本番では四回投擲の機会があったが、三投目まで連続ファール、最後の一投もファール、だが審判の寛大な判定により有効試技とされ記録はなんとか残ったのだという――オックスフォード勢が投擲は不振のため一位とはなったが。

対峙したオックスフォードの選手の実力についてもカーティスは言い及んだ。決して超一流の競技者ではなかった――「オックスフォードの一三名のうち一人を除けば皆アマチュア最高記録を出してはいない」。この対校戦の企画者チャールズ・シェリルは回顧して、開催できた意義を強調するものの、何よりも競技の水準を重視するカーティスの視点からは「競技のレベルだけから判断するならば、イェール対オックスフォード戦が高い水準にあったなどとは到底言えない（Judged by purely athletic standards, the meeting had no claim to high rank.）」という結果に終わった。

一八九五年十月五日——大西洋を渡ったケンブリッジ勢

時系列では、一八九五年九月のニューヨーク・アスレティック・クラブとロンドン・アスレティック・クラブとの対抗戦のほうが、同年十月のイェールとケンブリッジとの対校戦より二週間ほど先立って開催されたのだが、シェリルが企画の中心にあり、シェリル自身「イェールとケンブリッジの間で開催された再戦（the return match between Yale and Cambridge）」と書いている後者の対校戦を、連続性という観点からまず取り上げることとする。

前年に戦った相手はオックスフォードであり、ふたたび英国の大学を相手とするという意味での広義の再戦だったのは言うまでもない。このケンブリッジとの一戦についてシェリルはあまり書き残していない。英米間の不公平感をなくすため、一二〇ヤードハードル走では英国流の芝の上に固定された障害物を越える形式と、米国流の走路《トラック》に置かれた可動式の障害物を越える形式の双方を実施したこと、そしてこの両方のハードル競走で一位となったのはともにイェールのハードラーだったこと、くらいの言及にとどまっている。今回はイェールが勝ったにもかかわらず、雪辱に触れることもなかった。

シェリルが「再戦」と記すと、前年のオックスフォード戦の直後から英国勢との再試合が組まれていたように連想しがちだが、事実は違った。ケンブリッジ戦の実現までには紆余《うよ》曲折があった（経緯や競技会の詳細は *Outing* 誌一八九五年九月号所収 "International Track and Field Contests of 1895" と同年十一月号所収 "The International Interuniversity Match" に拠る）。当初アメリカ側は、全米大学選抜チーム対オックスフォード・ケンブリッジ選抜チームの試合をイギリスで実施する、という案を示した。一八九五年二月下旬のことである。これを拒んだイギリス側は、全米選抜ではなくイェール・ハーバードの選抜チームとオックスフォード・ケンブリッジ選抜チームとの間の一戦をアメリカで開催したいとする案を、同年六月十日付で届けてきた。イェールは乗り気だったが、ハーバードが難色を示した。ペンシルヴァニアなどの強豪を含めずにイェール・ハーバードだけで全米の大学を代表するのは相応しくないという論拠だった。そこで七月初めに今度はイェールから、二つの選択肢――イェールが、①オックスフォード・ケンブリッジ選抜チームを相手とする、②オックスフォードとケンブリッジの対校戦の勝者と戦う――をイギリス側へ打診した。イギリスの両大学はともに後者を希望し、直後の七月三日開催の対校戦でケンブリッジが勝利を収めたので、イェール大学とケンブリッジ大学の対校戦を、同年十月五日ニューヨーク市のマンハッタン・フィールド(Manhattan Field)競技場で開催することにようやく落ち着いた。

競技種目は、イェール対オックスフォード戦の時とは多少異なり、次の種目に両校が二名ずつ出場して競い合った――一〇〇ヤード走、三〇〇ヤード走、四四〇ヤード走、半マイル走、一マイル走、一二〇ヤードハードル走(芝に固定式障害と走路に可動式障害の二種)、走幅跳、走高跳、砲丸投、ハンマー投。

ケンブリッジ勢はロンドン・アスレティック・クラブ一行と航路をともにして大西洋を横断、同年九月四日に敵地ニューヨークに到着した。このうち、イェール戦に先立つ九月二十一日のクラブ対抗戦にもエントリーしている面々は、バークレー・オーヴァル(Berkeley Oval)競技場へロンドン・アスレティック・クラブ一行と向かい、イェール戦のみに出場する者はイェール大のトラックで練習を開始した。二十一日のクラブ対抗戦終了ののち、クラブ戦に出たケンブリッジの学生はイェール大のあるニューヘイヴン（New Haven）へ移動して月末の三十日に合流、以後ケンブリッジ一行はバークレー・オーヴァルで合同練習を開始し、時折、対校戦の会場となるマンハッタン・フィールド競技場へも足を延ばし調整を重ねた。

イェールとの対校戦に臨んだケンブリッジ一行
（*Outing* 誌　1895年11月号より）

この年九月のアメリカ東海岸は、稀にみる厳しい残暑に見舞われた。総計一四名のケンブリッジ大のアスリートのうち、渡米後の二週間のうちに不慣れな酷暑がもとで睡眠不足により体調を崩す、あるいは練習で脚を痛める者が四名ほども出た。イェール戦へのエントリーを断念せざるを得ない者もいた。

　競技会当日十月五日には季節外れの暑さは収まり、澄み切った青空のもと時折肌寒ささえ感じられる涼しい秋の一日となった。周囲の建物の配置をも含めたこの競技場の立地から、走路の一部では風が強かったが、三〇〇ヤード走の時以外は、風は競技者に有利に働いたという。集った観客はおよそ七〇〇〇人、ニューヨークとロンドンのアスレティック・クラブ対抗戦に先立って開催されていたならば、その倍以上は集ったと予想された。メインスタンドの席はほぼ埋まった一方、それ以外には空席が目立った。観衆は敵勢にも惜しみなく歓声や拍手を送ったものの、熱気を帯びるというには程遠かった。その静けさは、田舎の教会で執り行なわれる毎週水曜夕べの講話を思わせた。醒めた雰囲気には理由があった、各競技種目の勝敗があらかじめ予想でき、そして対校戦としてはイェールが勝利を収めることが明白だったからである。

その中で、唯一会場を沸かせたのは四四〇ヤード走だった。ケンブリッジからはフィッツァーバート（**W. Fitzherbert**）とルウィン（**C. H. Lewin**）、イェールからはリチャーズ（**W. M. Richards**）とウェイド（**F. E. Wade**）が出て競った。***Outing*** 誌十一月号の描写を引く。当時の陸上競技をめぐる語り《ナラティヴ》を知る一助ともなろう。

四四〇ヤード走　一位　ルウィン（ケンブリッジ大）四九秒五分一（四九秒二）、二位　リチャーズ（イェール大）遅れること半ヤード、三位　フィッツァーバート（ケンブリッジ大）遅れること二ヤード、四位　ウェイド（イェール大）

午後実施の競技のなかで唯一興味惹かれるレースだった。ルウィンはこれまで五〇秒五分四（五〇秒八）止まりの選手だったが、ここアメリカの素晴らしき気候のもと驚異的に記録を伸ばし、スタート直後からゴールに至るまで終始トップという堂々とした走りを見せた。ケンブリッジ勢のうちフィッツァーバートのほうが侮れない存在だというのが一般の見方であり、リチャーズもそのように考え、ルウィンが先頭に立ってもフィッツァーバートのためイェール勢を欺く戦法なのだろうとみなした。だがゴールから八〇ヤード手前に至って「葦毛の雌馬のほうが良き馬」と気づき、先頭を奪おうと果敢に追い上げたものの不首尾に終わった。フィッツァーバートの自国での公式記録に間違いはなかろうが、ここアメリカでは一流の姿も速さも何ら見せることはなく、その走りは、競走馬《レースホース》というよりむしろ使役馬《ペルシュロン》だった。(6)

当時四四〇ヤード走はセパレートレーンではなく、スタート直後からオープンレーンで実施されていた。そのため対抗レースに付きものの駆け引きが、スプリント種目でも有効だったことが分かる。出走した走者たちのレース途中の位置関係もおおよそつかめる描写に仕上がっている。その一方、今日ならば当然付される技術的な「解説」――脚の動きの巧みさあるいは乱れ、力みすぎて揺れ動く上体等々への言及――が一切ないことは、陸上競技を語るための技術がまだ確立していなかったことの証であろう。ちなみに「葦毛の雌馬のほうが良き馬（The grey mare is the better horse.）」とは、今日的な視点からは男尊女卑を含意するが、本来は優れているはずの雄馬ではなく雌馬のほうが駿馬だ、という比喩表現である。持ち記録は劣っていたルウィンのほうが実は警戒すべき相手だった、と気づいたイェール側の動揺がこのことわざに巧みに集約されている。

フィッツァーバートは期待外れに終わったが、英国勢みなが不振に喘《あえ》いだのではなかった。ルウィンを含む四名は自己記録をさらに更新した。そのうえでのイェールの勝利、ケンブリッジの敗北だった。対校戦実現までの過程で、イェールがオックスフォード・ケンブリッジ選抜チームを相手とするという選択肢があったことは先述の通りだが、「この試合の諸種目の結果ならびにオックスフォード勢の公式ベストレコードを冷静に検討してみれば、両大学を相手にしていてもイェール大は勝っていたであろうという結論になる（A critical study of the results of this match, and of the best recorded performances by the athletes of Oxford, leads to the conclusion that Yale would have won against the two universities.)」と*Outing*誌十一月号記事は遠慮なく突きつけた。

一八九五年九月二十一日――実現した「オールアメリカvs.オールグレイトブリテン」

イェールとケンブリッジの一戦の二週間前に挙行されたニューヨーク・アスレティック・クラブとロンドン・アスレティック・クラブとの対抗戦は、陸上競技というスポーツの年代記にこれから長く記憶されることとなろう。当日は茹《う》だるような暑さだったが、一万二〇〇〇人を超える観客が、記録更新を目指す激しい競技を目にしようとマンハッタン・フィールド競技場につめかけた。それ以前にはまずなかった、そして爾後もこれに匹敵するレベルはないかもしれない、そういう競技会だった。(7)

ここでまたチャールズ・シェリルの「アメリカの陸上競技」を引くならば、そこにはレベルの高い競技会だったことを読み手に思わせる記述があった。その後シェリルも記すように、全一四種目(シェリルの勘違い、実際は一一種目)が実施され、三つの世界新記録(二二〇ヤード走、半マイル走、走高跳)、世界タイ記録も一つ(一〇〇ヤード走)誕生した十九世紀最高水準の陸上競技会となった。シェリルの予言通り、今なお陸上競技史に燦然《さんぜん》とその名をとどめている。また、先に見たハロルド・グラハムの著にも「今日の陸上競技の本当の起源は、一八九五年の暑い九月の午後に遡る。その日、世界を代表する二大陸上競技国の精鋭たちが史上初めて競技会で合見《あいまみ》え、その競技結果は記念すべき企画に相応しいものであった（[M]odern athletics really date from a hot September afternoon in the year 1895. On that afternoon the picked men of the two athletic nations of the world met for the first time, and the performances were worthy of the occasion.）」（九頁）との一文がある。

後世の者にとり幸運なことに、このクラブ対抗戦について大御所カーティスが大変詳細なレポートを草している。*Outing*誌一八九五年十一月号に載った"The International Athletic Match"と題するその記事は、八ページにも及ぶ。カーティスは対抗戦の一方であるニューヨーク・アスレティック・クラブの重鎮ではあるが、その筆致は公正で米英双方のクラブに十分目配りされている。開催に至るまでの経緯、全一一種目（プログラム順に、半マイル走、一〇〇ヤード走、走高跳、一マイル走、二二〇ヤード走、砲丸投、一二〇ヤードハードル走、ハンマー投、四四〇ヤード走、走幅跳、三マイル走）の競技概要と分析、というように、この世紀の一戦を知るためには不可欠な解説・観戦記となり得ている。

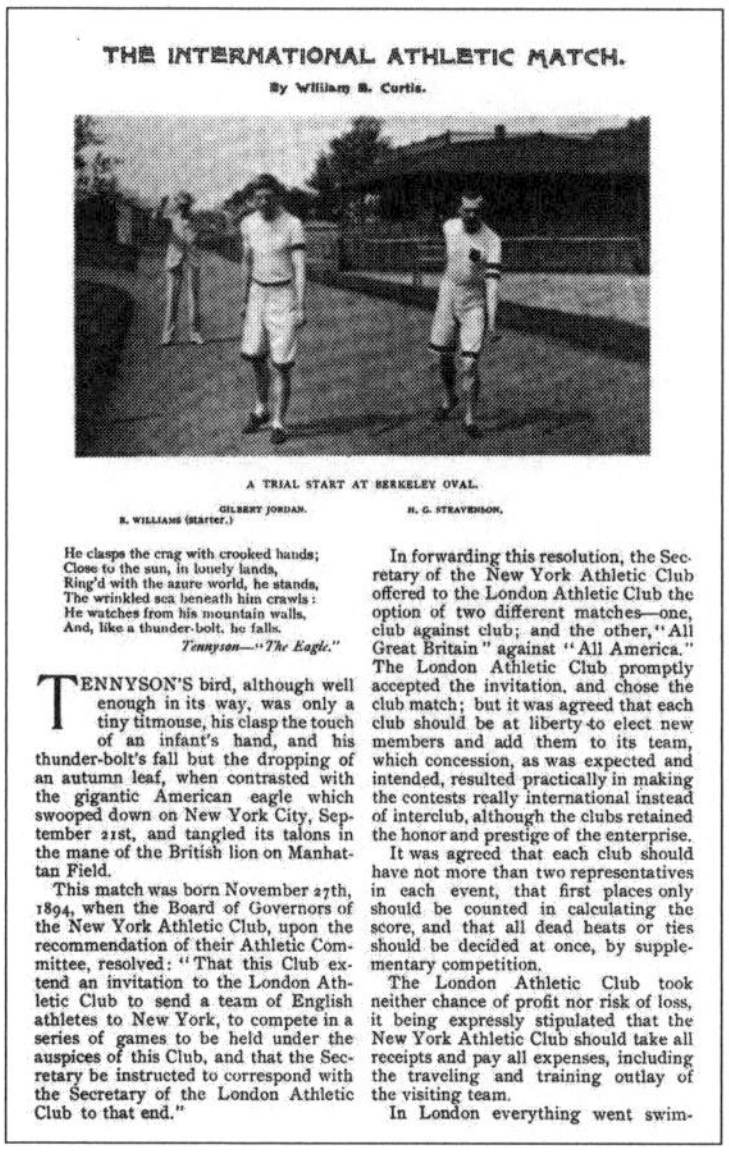
THE INTERNATIONAL ATHLETIC MATCH.

By William B. Curtis.

A TRIAL START AT BERKELEY OVAL.

GILBERT JORDAN. B. WILLIAMS (starter.) H. G. STRAVENSON.

He clasps the crag with crooked hands;
Close to the sun, in lonely lands,
Ring'd with the azure world, he stands,
The wrinkled sea beneath him crawls:
He watches from his mountain walls,
And, like a thunder-bolt, he falls.
Tennyson—"The Eagle."

TENNYSON'S bird, although well enough in its way, was only a tiny titmouse, his clasp the touch of an infant's hand, and his thunder-bolt's fall but the dropping of an autumn leaf, when contrasted with the gigantic American eagle which swooped down on New York City, September 21st, and tangled its talons in the mane of the British lion on Manhattan Field.

This match was born November 27th, 1894, when the Board of Governors of the New York Athletic Club, upon the recommendation of their Athletic Committee, resolved: "That this Club extend an invitation to the London Athletic Club to send a team of English athletes to New York, to compete in a series of games to be held under the auspices of this Club, and that the Secretary be instructed to correspond with the Secretary of the London Athletic Club to that end."

In forwarding this resolution, the Secretary of the New York Athletic Club offered to the London Athletic Club the option of two different matches—one, club against club; and the other, "All Great Britain" against "All America." The London Athletic Club promptly accepted the invitation, and chose the club match; but it was agreed that each club should be at liberty to elect new members and add them to its team, which concession, as was expected and intended, resulted practically in making the contests really international instead of interclub, although the clubs retained the honor and prestige of the enterprise.

It was agreed that each club should have not more than two representatives in each event, that first places only should be counted in calculating the score, and that all dead heats or ties should be decided at once, by supplementary competition.

The London Athletic Club took neither chance of profit nor risk of loss, it being expressly stipulated that the New York Athletic Club should take all receipts and pay all expenses, including the traveling and training outlay of the visiting team.

In London everything went swim-

カーティスの"The International Atheletic Match"（*Outing*誌 1895年11月号より）

両クラブの対抗戦は、イェールと

ケンブリッジの試合の前に設定され、両試合に出場したケンブリッジ勢も少なくなかった。カーティスの記述を参照して二つの競技会へのエントリーの様子を検討すると、イェールとケンブリッジ戦がより堪能できる。たとえば、前節で触れたように大学対校戦の四四〇ヤード走では伏兵ルウィンが終始先頭を奪って勝利を収めた。優勝者ルウィンはクラブ対抗戦では四四〇ヤード走ではなく半マイル走に出た（六〇〇ヤード付近で競技を断念している）と知れば、一〇〇ヤード走をも得意とするようなスプリンターではなく、中距離走者だったことが分かる。四四〇ヤード走でラストのスピード勝負となればスプリント系の走者に劣ることが必至のため、最初から飛ばして逃げ切る作戦をとったに違いないと推測できる。イェール側はクラブ対抗戦からルウィンの適性、そして戦術を察することができたはずなのに、とさえ思えてくる。

イェールとケンブリッジの対校戦開催に至るまでにも、いくつもの懸案事項が生じていた。一方、このクラブ対抗戦誕生の経緯は如何様《いかよう》だったのか。カーティスは次のように記している。一八九四年十一月二十七日、ニューヨーク・アスレティック・クラブでは以下の決議を行なった――ロンドン・アスレティック・クラブに向け、ニューヨークで競技会を行ないたいのでチームを送ってほしい、諸準備はニューヨーク側で全て担当する、という旨の招待だった。その際、クラブ対抗戦にとどめるかあるいは全英対全米戦とするかという二通りの開催方式をも付して訊ねた。ロンドン側は即答で招待を受諾し、クラブ対クラブ形式（それぞれ二名ずつ出場）を希望した。だが両クラブの間で、それぞれ新メンバーを自由に追加して試合に臨んでよいこととしたので、「企画開催の名誉と名声は両クラブのものとしつつも、この競技会が実質はクラブ対抗戦ではなく国家対抗戦となった（making the contests really international instead of interclub, although the clubs retained the honor and prestige of the enterprise.)」。ロンドン側は、入場料の収益は全てニューヨーク側が受け取る、その代わり船旅にかかる交通費を含む一切の諸費用の負担と現地での練習設備の用意とを求め、了承された。

その後開催へ向けての準備は万事順調だった。一八九五年七月には、ロンドンチームが編成され、そこには全英選手権で各種目一位を占めたアスリートが名を連ねていた。だが、直後から次々と問題が生じ、イギリス側の状況が一変した。遠征を辞退する者、休暇が取れず参加できない者が現れた。ブレディン（E. C. Bredin 中距離）、ベーコン（F. E. Bacon 中距離）、ムンロ（H. A. Munro 長距離）、ライアン（J. M. Ryan 走高跳）、ホーガン（D. Horgan 投擲）、フライ（C. B. Fry 走幅跳）をはじめとする米国でも名が知られていた面々だった。アメリカ側も問題に直面していた。アメリカのアスレティック・クラブは、国内をいくつかの地域に分割してその地域の居住者のみがその地区のクラブに加盟できるという規則の下にあった。たとえば、シカゴ地区にいかに優秀なハイジャンパーがいようとも、東海岸地区のニューヨーク・アスレティック・クラブがそのジャンパーを会員に迎え入れることはできなかった。ロンドンとの一戦にあたり新メンバーを自由に追加してよいとは言っても、地区ルールに抵触することは許されなかった。だが道が開けた。米国のアマチュアスポーツを統括するAAU（Amateur Athletic Union）が、今回限りという条件のもと地区制限条項を一時停止としたのである。これによりニューヨーク・アスレティック・クラブは、対ロンドン戦に予定されている一一種目のうち一〇種目で全米チャンピオン、残り一種目では全米選手権一位よりも優れたアスリートをチームに組み入れることができた。

先述のように、一八九五年九月のアメリカ東海岸は季節外れの厳しい残暑に襲われた。英国勢は九月四日に到着し酷暑のなか練習を開始した。競技開催日の二十一日になっても暑さが終息することはなかった。会場となったのはニューヨーク近郊のマンハッタン・フィールド競技場、ここでは毎年全米インカレのフットボール大会が開催され、二万五〇〇〇人ほどの観客を集めることも頻繁だった。しばらく陸上競技会に使われていなかったので、入念に競技場の設営が行なわれた。競走路はニューヨーク・アスレティック・クラブのトラック設営の専門家が担当し、これ以上ないほどの仕上がりを見せて当日を迎えた。

大西洋の両岸のクラブ対抗戦は二十一日午後に開催された。予定されていた一一種目が順次実施され、最初の種目半マイル走で早くも世界新記録が誕生した。アメリカのユニオンカレッジの学生、二十一歳のキルパトリック（C. H. Kilpatrick）が快挙を成し遂げた。キルパトリックは、四四〇ヤード走でも五〇秒ほどの公式記録を持つスプリントを誇る中距離走者だったが、前半をスローペースで走るため勝ちを逃すという悪癖があった。今回は、当時ニューヨーク・アスレティック・クラブのコーチだったマイケル・マーフィーの指示を受け、同走のライアンズ（H. S. Lyons）がペースメーカー役を買って出たため前半を五四秒少々で走ることを得、二位の英国のホーランに約一六ヤードもの差をつけてゴールを駆け抜けた。タイムは一分五三秒五分二（一分五三秒四）、アマチュアはもとよりプロも達成したことのない快記録だった。カーティスの筆致は、レース展開の紹介にとどまらなかった。スタートから二〇〇メートルほどの地点で、キルパトリックのユニフォームに乱れが生じたという。着衣の異変に気付いた観客はほとんどいなかったと書く以上、カーティスには分かっていたのだろう。苛立たしい気持ちがキルパトリックの走りを邪魔したかもしれない、と記すカーティスは、競技の水準に重きを置いてこう結んだ——「このきまりの悪い一件がなかったならば、半マイル走の世界記録は現在一分五三秒を越えるのではなく一分五三秒を切るものであろうに(But for this awkward accident, the world's record for running a half-mile might now be under instead of over 1m.53s.)」。

大方の予測を裏切る結果となったのが、続く一〇〇ヤード走だった。専門家は英国のブラッドリー(C. A. Bradley)の一位を確信していたが、スタートダッシュの定評にもかかわらず、本番ではアメリカのウェファーズ(J. B. Wefers)に遅れをとり、挽回することなく二位に甘んじた。優勝タイム九秒五分四(九秒八)は、ウェファーズにとり自己新記録であり世界タイ記録ともなった。

ここでシェリルの紹介記事へ目を転じれば以下の記述に目が留まる——「多くのレースでの懸命なゴールのさま、とりわけ四四〇ヤード走でバークが勇猛果敢なオックスフォードの学生ジョーダンに数インチの差で勝ったゴールは、ありきたりの熱狂以上のものを引き起こすに十分であった(The gallant finishes in many of the races, particularly in the quarter won by inches by Burke from Jordan, the plucky Oxonian, were sufficient to have aroused more than ordinary enthusiasm.)」。ふたたびカーティスの記事へ戻ってこの四四〇ヤード走への言及を探せば、大変白熱したレースだったことが確認できる。ロンドンチームは、オックスフォードの学生ジョーダン(G. Jordan)、ケンブリッジの学生フィツァーバート(W. Fitzherbert)、ニューヨーク側はバーク(T. J. Burke)、サンズ(G. M. Sands)をそれぞれ送り出した。
レースの半ばくらいまではサンズが引っ張り、バーク、ジョーダン、そしてフィツァーバートと続いた。ここでサンズが抜け落ちバークが先頭に立ったが、突如としてジョーダンが飛び出し数秒のうちに六、七ヤードほど先へ駆けて行った。ロンドンチームの仲間以外は、誰もがフィツァーバートのほうが速いとみていたので、バークもまたしばし逡巡し、ジョーダンのこの予期せぬ動きは自分に冷静な判断を失わせてスパートさせ、フィツァーバートがラストスパートをかけるころにはこちらを疲労困憊《こんぱい》にさせておくという策略なのではあるまいかと考えた。だが、ジョーダンのほうこそ実は侮れない相手だとただちに悟り、バークはゴールまであと八〇ヤードとなった所で最後の力を振り絞り一インチまた一インチとジョーダンを追い、ゴールテープからわずか二、三フィート手前の地点でジョーダンを捕らえ、六インチ未満という僅差で勝利を手中にした。四九秒を記録した。(8)

十月五日のイェールとケンブリッジの対校戦を思わせる四四〇ヤード走のレース展開が、先立つ九月二十一日にもマンハッタン・フィールド競技場でも見られたことが分かる。英米両クラブ対抗戦でも「葦毛の雌馬のほうが良き馬」が生じていた。ともに影の主役はフィツァーバート、ただしクラブ対抗戦ではアメリカ側が最後は制した。なぜイェールの選手たちはこのレースから学ばなかったのか、つまりフィツァーバートは調子を崩しているに違いなく恐れるに足らず、ルウィンのほうこそ警戒すべきという認識に至っていても良さそうだったのにという見方をすれば、それは後世の後知恵となるのか。

カーティスのナラティヴを何度も読み返して思うのは、カーティスほどの各種スポーツ競技に通じ、誰もが尊敬するような重鎮であっても、陸上競技の科学的分析に基づく解説を書き記すにはまだ遠かった、ということに他ならない。世紀の一戦に臨んだアスリートの心理にまで踏み込む語りには、実況中継の妙さえ十分に堪能できる。一二〇年以上の時空を超えて眼前にレースが出現する錯覚にとらわれる。だが忌憚なく言って、叙述は秀逸な実況放送にとどまり、技術解説にはなり得ていないだろう。広義のバイオメカニクスに依拠するような「解説」が現れるには、まだ数十年の時を閲する必要があった。

ニューヨーク・アスレティック・クラブとロンドン・アスレティック・クラブとの対抗戦は、全一一種目をアメリカ勢が制するという完勝で幕を閉じた。イギリスから学んだアメリカが世界一の陸上競技大国であることが証された暑い秋の日となった。ロンドン・アスレティック・クラブの面々は、ニューヨーク滞在中季節外れの酷暑に悩まされはしたが、ウェファーズと競ったブラッドリーを含む四名は競技会本番で自己記録を更新していた。長文の特集記事をビル・カーティスはこう結んだ――「英国勢は、戦いぶりは男らしく、負けるさまも紳士らしく堂々としていた。その振る舞いは、真の英国スポーツマンシップの見事な典型とみなさねばなるまい。他のどのスポーツ競技よりも陸上競技では、英国はアメリカにとり「母なる国」である。そしてその母なる英国は、今や米国という息子を誇りに思う十分な理由を得たのである(9)」。英国勢よ、気落ちするな、立派に戦ったではないか。敗戦は我が子アメリカが育った証として誇りに思ってほしい、という穏やかな結語だった。

実質的に全米陸上界と全英陸上界の一戦となった両アスレティック・クラブの対抗戦は、しかしながら、以後続きはしなかった。翌一八九六年に第一回大会がギリシャのアテネで開催され以後回を重ねていく近代オリンピックが、陸上競技の国際大会の役目を引き継いでいくこととなった。

本格的な国際競技会の嚆矢——第一回オリンピックアテネ大会

一〇〇メートル走

最初の種目の選手たちが地下通路を通って競技場へ入ってきた。フランネルのシャツと丈の短いズボンという軽装で、布地の靴を履いていた。それぞれ胸元には他と区別するためナンバーが付されていた。総勢二十一名であり一度に出走するのが難しいので、三組に分けるのが良いだろうと思われた……

第一組　いよいよレースが始まるとなると、観客の関心はますます高まった。スタートラインにみな揃い、出走の準備が整うと、号砲が鳴った。一斉に飛び出し、アメリカのレインが一番でゴールを駆け抜けた。タイムは一二秒五分一（一二秒二）、二着はハンガリーのソコイーで一二秒四分三（一二秒七五）。

第二組　この組にはアテネ・アスレティック・クラブ所属のギリシャ人ハルココンディリス(10)が

いた。ハルココンディリスが姿を見せると、スタディオンのいたる所から応援の声が鳴り響いた。だが、アメリカのカーティスに次いで二着に終わった。カーティスのタイムは一二秒五分一（一二秒二）だった。

第三組　この組でもアメリカ人が一二秒〇で一位となり、ドイツのホフマンが続いた。

それぞれのレースを制した者は、大きな歓声を送られたのはもちろんだった。今回はいずれも予選であり、決勝レースは次の金曜日に各組上位二名によって行なわれる。

一八九四年から翌九五年にかけて開催された先述の三つの競技会は、紹介する記事がたとえ International Match と銘打ってはいても、英米二か国間での対抗戦にとどまっていた。一八九六年に第一歩を踏み出す近代オリンピックは、名実ともに本格的な国際競技会の嚆矢となる責務を担っており、開会式直後に実施された一〇〇メートル走予選こそ、歴史に残る最初の競技だった。右に引いたのは公式報告書該当箇所の記載に他ならない。

近代オリンピックは公式報告集の刊行を重ねてきた。一八九六年アテネ大会については、独英両語併記の報告集が出版された（さきの引用は英語版）。推敲作業が不十分だったためだろうか、ドイツ語版には〈100 Meter-Lauf〉と記載がある一方、英語版では〈Race of 1000 metres〉というように距離が誤っているし、説明文中 race が rate と誤記されていたりする。また、第三組で一位となったアメリカ人選手名への言及もない（ドイツ語版にはある）。一組の二着の記録は、独英版ともに一二秒四分三（一二秒七五）とあるが、一着しかタイムを計測していなかったはずであるうえに、当時使われていた公式ストップウォッチは一秒を五分割するタイプだった。一二秒四分三の記載には謎が多い。非公式に計測した上で追記したのだろうか。
次いで第五日目に行なわれた同種目決勝の記録を引く。

一〇〇メートル走決勝
六名で競われ、そのうち一人にハルココンディリスがまたいた。アメリカのバークが一位を手にした。ドイツのホフマンが二着、ともに常人ならざる速さであり、バークは一二秒〇で駆け抜けた。

「常人ならざる速さ（with extraordinary rapidity）」という形容を添えてはいるが、史上初の一〇〇メートル決勝にもかかわらず、わずかにこの記載を見るに過ぎない。過去の決勝記録すべてを掲げるIOCのウェブサイト(11)を参照すると、三着は同着で二名（ハンガリーのソコイーとアメリカのレインン）、そして開催国ギリシャのハルココンディリスは最下位五位に甘んじたことが分かる。予選二組で一位だったカーティスは棄権していた（同日の直後に予定されていた一一〇メートルハードル走決勝に絞ったためと思われる）。
アテネ大会では、短距離種目として四〇〇メートル走も実施された。公式報告集を見てみたい。

予選

円盤投が終了ののち、観客の関心は目に見えて薄れていった。加えて日が沈み始め空気はすっかり冷たくなった。本競技の参加者も二組に分けられた。

第一組　アメリカのジェイムソンが五六秒五分四（五六秒八）で一位、ドイツのホフマンが二位と続いた。

第二組　アメリカのバークが一位、タイムは五八秒五分二（五八秒四）。

決勝

前日行なわれた予選での各組上位二名の計四名が参加した。アメリカのバークが競技場を一周して五四秒五分一（五四秒二）で一位、ジェイムソンが二位に続いた。

またもやアメリカ人が最上の姿を見せた。次から次へとこれほど多くの優勝となったので、アメリカ人の喜びが最高潮に達したであろうことは想像に難くない。

IOCのウェブサイト[12]をふたたび引くならば、二着はアメリカのジャミソン（Jamison であり、公式報告書のジェイムソン［Jameson］は誤記）三着はイギリスのグメリン、そして最下位の四着は一〇〇メール走二位のホフマンだった。

ナショナルチームではなかった米国勢

「オリンピックは大成功を収めたが、競技という観点からすると米英の水準にはるかに届かない競技会であった。それに、期限ぎりぎりのアメリカの選手たち数名の申し込みがなかったならば、目を覆うような大失敗となったことであろう（... the meeting was a grand success; but viewed from an athletic standpoint, it was far below the standard of America or England, and would have been a dismal failure but for the eleventh-hour entry of a few American amateurs.）」——こう忌憚なく記したのは、大御所ウィリアム・カーティスである。競技の水準に重きをおくカーティスにとり、なんとも物足りない競技の「成果」だった。終幕から間もなく *Outing* 誌一八九六年五月号に掲載された記事 "The New Olympian Games" は、米国選手一行参加に至るまでの諸経緯や背景を知るうえで貴重な一文になっている。もちろんカーティスはアテネでオリンピックを目の当たりにはしていない。現地から届く海底電信《ケーブルグラム》による報告のみを素材として執筆した。だが素材には限度があったのだろう、バークが一〇〇メートルを一二秒〇で制したという情報を得ると「おそらくレイン（Francis Lane）とカーティス（Thomas Curtis）は決勝を棄権したのだろう、出ていればこの遅いタイムを超えていないはずはない」と記している。カーティスの棄権は推測通りだが、先に見たようにレインは出走し同着三位に終わっていた。

開催国ギリシャが進めたアテネ大会へ向けての準備作業は、スタジアム建設が大幅に遅れなどしたものの手を抜くことなく進められた。ギリシャは著しい資金難だったが、自国出身の大富豪たちから多額の寄付を受け開催の目処が立ち、国内の機運は高まっていった。だが、諸準備にあたりIOCが大西洋の両岸の二国（つまり英米）のスポーツ界に接触を図らなかったこともあり、英米両国ではオリンピックへの関心はなきに等しかった。加えて、予定されている開会式は四月六日、大会参加のためにはまだ雪が残る三月に離米の必要があった。そのため今回アメリカは代表選手団を派遣しないだろうと長らく思われていた。

二月最終週に至り、マサチューセッツ州のボストン・アスレティック・アソシエーションの有志が同クラブから選手を派遣することを思い立ち――当時は各国のオリンピック委員会から選手を派遣するという形式ではなく、個人の資格でも参加が認められていた――派遣費用をクラブ資金から捻出するのは筋ではないので必要経費を募った。目標額の半額にも届かず派遣を断念したが、この失態にクラブのプライドが奮い立ちただちに必要額の調達がかなった。バークを含む五名のアスリート、それに別クラブの一選手も加わった。クラブ専属のトレーナーであるジョン・グラハムの同行も決まった。一方、クーベルタンと親しいプリンストン大学のスローン教授は、ボストンでの派遣計画が不首尾と知ると、アメリカが選手を送らないことへの責任を痛感し、勤務校プリンストンの学生四名を派遣する手はずを整えた。二チームは合流して母国を発ち東へと航路をとった。ジブラルタルで一時上陸、その後また船旅を続けナポリで離船、ポンペイを経て陸路アテネへと向かった。現地到着は大会二日前だったとカーティスは記した。

カーティスの記事は蒐集した情報から構成されている一方、直接体験としてのアテネ大会参加記を回顧して書き残したアスリートがいた。ボストン勢の一人で、オリンピックでは走高跳と走幅跳の二種目を制したエラリー・クラーク（Ellery H. Clark）、当時ハーバード大学に学ぶ四年生だった。全八章から成るその回想録『ある陸上競技者の追想』（*Reminiscences of An Athlete: Twenty Years on Track and Field* [Boston & New York, 1911]）の第六章“The Olympic Games of 1896”は、アテネ大会を知る上で貴重な一次資料になり得ている。まず事実関係を確認しておく。ボストンからニューヨークへ向かったのが、一八九六年三月二十日、翌二十一日、フルダ号（the *Fulda*）に乗船してニューヨークを発った。船長からスパイクシューズの使用は固く禁じられたため、シューズを履き下甲板で走や跳の練習をした。ジブラルタル到着は三月三十日、上陸してしばし競技場で練習することを得た。クラークの記述によると現地到着は開会式前日の四月五日（カーティスは二日前と書いていた）、ホテル到着後休息を取ろうと考えていたのだが、街は米国勢歓迎一色で待ち構えていた。立派な宿舎へ着けば歓迎式が用意されておりシャンパンも出た。一行がゆっくりできたのは翌日の開会式の午前だけだった。

REMINISCENCES OF AN ATHLETE
TWENTY YEARS ON TRACK AND FIELD
BY
ELLERY H. CLARK
All-around Athletic Champion of America, 1897, 1903
All-around Athletic Champion of New England, 1896, 1897, 1909, 1910
WITH ILLUSTRATIONS
BOSTON AND NEW YORK
HOUGHTON MIFFLIN COMPANY
The Riverside Press Cambridge
1911

クラークの回想録 *Reminiscences of An Athlete: Twenty Years on Track and Field* 表紙

開会式直後の一〇〇メートル予選にアメリカ勢三名が出たことはすでに記した通りだが、第一組でカーティスがトップでゴールすると観客席のボストン一行は思わず跳び上がり「ビーエーエー！ラ！ラ！ラ！ビーエーエー！ラ！ラ！ラ！ビーエーエー！ラ！ラ！ラ！カーティス！（B. A. A! rah! rah! rah! B. A. A.! rah! rah! rah! B. A. A.! rah! rah! rah! Curtis!）」という故国での流儀で声援――B. A. A. とはBoston Athletic Associationの略称――を送った。聞き慣れない声に驚いたギリシャの観客は、初めこそ戸惑ったが、やがて真似をして一緒に声援を送るようになったという。

なお、アテネ大会から十数年経ての記載であるためか、最初の組にカーティスが出て、は記憶違いだった。第一組をトップで制したのはプリンストン大のレインであり、ボストンのカーティスは第二組だった。興味深いのは、カーティスが青と金のユニコーンのボストン・アスレティック・アソシエーションのエンブレムのついたシャツを着て競技に臨んでいたという描写だろう。ナショナルチームではないこともあり、統一のユニフォームはなかった。

大会二日目の走幅跳が著者クラークの初陣であり、コノリー（初日に三段跳で優勝）、ギャレット（二日目の円盤投に僅差で優勝）とともに臨んだ。この種目を監督する地元ギリシャのジョージ親王から、「助走路に印をつけるのはプロがすることだ」と言って禁じられたため勝手を得ず、一跳目と二跳目はファールに終わり、残り一回の試技に追い込まれた。幸い無難にまとめて一位を手にした。クラークの回想は、競技最終日の四月十日開催のマラソンレースの詳細、閉会式後の歓待、そして帰国したのちの歓迎ぶりへと続いて締め括られる。「われら見しままに」のアメリカ側の記録として数少ない貴重な文献であることは間違いない。

凡庸なレコードの謎を解く

さきに見たように、記念すべきオリンピック第一回大会の短距離二種目は、ともにアメリカのバークが制した。もちろんバークとは、前年ロンドン・アスレティック・クラブとの対抗戦では四四〇ヤードに出走し、イギリスのジョーダンとの死闘を制して四九秒〇を記録した、あのトーマス・バークその人である。それが分かれば、大いなる疑問が湧いてくるのを禁じ得ない。四〇〇メートルはヤード換算で四三七ヤード少々となる。つまり前年の対抗戦よりも短い距離を走りながら、アテネでのタイムは五秒以上も遅い。また、バークは四四〇ヤードを最も得意としていたが、一〇〇ヤード走から半マイル走まで、そして三段跳でも公式記録を有しており、一八九六年の時点での一〇〇ヤードの自己ベストは一〇秒五分一（一〇秒二）だった。一〇〇メートル走ならば一一秒〇ほどのタイムが期待できたが、アテネでは一二秒〇に終わった。この凡庸と呼んでよい結末は、同一アスリートの記録とはにわかには信じがたい。

近代オリンピック開催が実現するまでの道程を紹介して論じる文献は少なくない一方、オリンピック初回大会で樹立されたレコードが、その時代のコンテクストにおいても一流とは形容できないレベルだったことについては、触れられることはほとんどなく、たとえ言及があっても文献等の具体的根拠が添えられてもいなかった。レコードの不振の背景にある事実の探求そして解明は、トーマス・バークをはじめとする先人たちの名誉のためにも必要な作業となろう。資料を探し、読み解くことに努めてみたい。

カーティスの解説、そしてクラークの回顧が示すように、母国出立はシーズンイン前、しかも練習もままならぬ船旅を終えた直後にオリンピック本番、そういう強行軍をアメリカ勢は強いられた。幸い、好敵手と目されたイギリスのアスリートをほとんど欠き、欧州他国の選手は劣っていたため、陸上競技の全一一種目中九種目でアメリカチームは一位という快挙を遂げることを得た。まともな練習もできずに海路遠征し、現地は夕刻には冷え込む、そういう状況下で肉離れなどの怪我に見舞われなかったのは奇跡に近い。しかしながら競技に臨む身体のコンディションが良いはずはなく、凡庸な記録の一因となったことは否めない。もちろん、気象状況、そして競技場スタディオンのグラウンドコンディションなどの外的諸要因も作用したに違いない。だがカーティスの一文は、天候には恵まれたことを伝える——陸上競技開催日は、いずれもよく晴れて暖かく風もほとんどなかった。唯一、八〇〇メートル走決勝当日は肌寒く、風もあったが、大雨による水浸しの走路や強風に悩まされたのでもないらしい。以上に鑑みると、記録不振の主たる原因は、古代オリンピック開催会場そのものを十九世紀末の現代に復活させたスタディオンにあるのではないか、という思いに行き着く。

ここで二葉の写真を見てみる（一三八頁参照）。一つは、よく知られている一〇〇メール走決勝のスタート直前を写したもの、もう一枚はスタディオンの全景を捉えている。二枚を見比べてみると、五名のアスリートの後方に位置する上部の丸い建物が全景写真では右手奥に位置することから、走競技はイギリス流に右回り（時計回り）に実施されたことが分かる。次いで全景写真に目を向ければ、曲走路部分のカーブがとてもきついことに気付く。スタディオンの走路は一周三三三メートルほどに設計されており、アメリカで一般的だった四四〇ヤードトラックよりもひとまわり小さい。小さいトラックで不慣れな時計回りを強いられた上にカーブがきつければ、一五〇〇メートル走はともかく、四〇〇メートル走の走りにくさは容易に想像できる。だが、カーブのきつさは、直走路で行なわれた一〇〇メール走の平凡な記録にはつながらない。そこでスタート直前を写す一葉をさらに観察してみるならば、走路にはスパイクシューズで駆けた際の足跡が見てとれる。一〇〇メートル走決勝当日、先立つトラック種目はなかった。この走路についた跡は一〇〇メートル走決勝に出たアスリートたちのレース直前の足合わせの際にできたのだろう。スタート練習程度で大きく残る跡は、サラサラとした柔らかい地表を思わせる。滑りやすくはないにしても、地面をしっかり捉えて前進するうえでは決して有利には働かないだろう。しかし、所詮これは推測の域にとどまる。

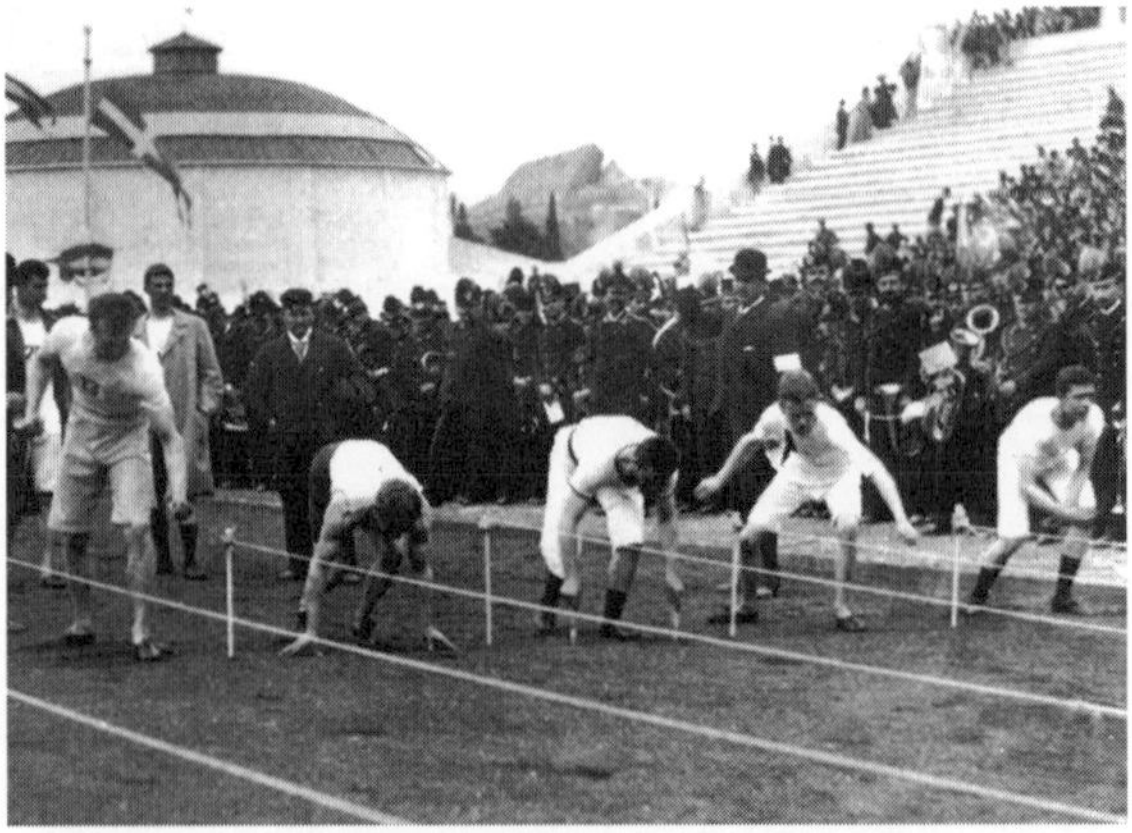

近代オリンピック第1回大会100メートル走決勝　スタートを切ろうとする5人の走者

アテネのスタディオン全景

実際にトラックを目のあたりにしたアスリートの感触や観察を記した資料はないのだろうか。

幸い、その証左となる記録を残したオリンピアンがいた。イギリスのジョージ・ロバートソン（George Stuart Robertson）である。イギリスはアテネ大会に代表チームは派遣しておらず、参加したイギリス人は個人の資格でエントリーした。その一人であるロバートソンは円盤投とテニスに出場、前者は最下位に終わったがテニスではダブルスで三位に入った。アテネオリンピック体験記 "The Olympic Games" はアテネ大会閉幕まもない同年初夏、*The Fortnightly Review* 誌六月号に掲載された。大会準備段階で英米両国が疎外されていたことへの批判、真剣なスポーツとは思えない競技も同一の扱いを受けることへの疑問など冷徹な眼差しを随所に看取できる。連日スタディオンは観客で溢れかえってはいたがそのほとんどがギリシャの人たちゆえ、オリンピックの意義は世界に伝播しないとも訴え、そしてこう結んだ――「この競技会は、アテネで開催すればオリンピックとなり得るが、残念ながらインターナショナルなものとはなり得ない。一方、ギリシャ以外の地で開くならば、インターナショナルではあるがオリンピックとはなるまい（These games, if held at Athens, would be Olympic but, we fear, not international; if held elsewhere than at Athens, international but not Olympic.）」。

この冷めた筆致のアテネ大会参加記に、競技場のコンディションへ言及する貴重な記載が含まれていた。四〇〇メートル走、八〇〇メートル走、そして一五〇〇メートル走、いずれも出て然るべき記録よりもタイムは遅かったと判断するロバートソンは、その理由として二点を挙げる。一つは走路が満足できるコンディションに仕上がっていなかったこと、もう一点は曲走路のカーブがきつかったことであり、一周あたり二秒の損失につながっているという持論をも添えた。ここでは、前者についての記載を引く。

走路は満足できる状態ではなかった。トラックの設営はイギリスから呼ばれた専門家が担当したのだが、アテネでトラック作りに必要な物資を調達するのは困難と判断したのは驚くにあたらない。その結果、地質が競技会本番に完璧な状態になるように時間をかけてトラックを作り上げることはできなかった。完成後にも諸問題に対処が迫られた。とりわけトラックへの散水が十分ではなかった。よってオリンピック本番では、トラックの底面はカチカチに硬い一方、上部は柔らかく、しっかり踏み込むことはできなかった。これはトラック設営係が責を負うものでは全くない。担当者は精魂尽くして、オリンピックが上首尾となるよう出来ることは全てこなしていたのである。[13]

当時のアメリカの主要競技場のトラックはシンダーであり、土の上に細かく砕いた石炭殻（コークス）を撒いて踏み固めて作られていた。降雨時の排水性は通常の土トラックよりも良かった。アテネのスタディオンのトラックの素材が何であったか、ロバートソンの記述からは不明だが、シンダートラックではなく粘土質の土の上に排水性の良い別種の砂混じりの土を敷き詰めていたのかもしれない、と思わせる説明である。イギリスから呼びよせたトラック作りの専門家がお手上げとなったほど、開催地ギリシャでは相応しい土が入手できなかったらしい。「トラックの底面はカチカチに硬い一方、上部は柔らかくしっかり踏み込むことはできなかった（... track seemed to be over-hard underneath, while it was loose and treacherous on the surface)」——さすがに疾走中に足をとられたり滑ったりはしなかったにしても、着地足を力点として前進スピードを得ようとする折にはやや踏ん張りがきかない、という感触を走者は得たのではないか。ロバートソンの記述は、後世の読み手にそういう思いを抱かせるに十分である。

なお、アテネのスタディオンのトラックは、一九〇六年に開催された所謂中間オリンピックでも再び競技会場となり、その際も四〇〇メートル走の記録は振るわなかった。五〇秒を切る記録を持つ選手たちが何人も集ったが、優勝タイムはアメリカのピルグリム（Paul Pilgrim）の五三秒五分一（五三秒二）にとどまった。カーブのきつい曲走路では好記録は望むべくもないと誰もが思いを新たにしたであろう。

註

（1）原文は以下の通り。Notwithstanding the opinion commonly prevalent in England, track athletics in the United States are in a very healthy condition. The interest in this particular branch of sport seems to be increasing each year, the contestants at the various games are being recruited from many more sources than heretofore, and in addition to this the number of athletic meetings is increasing, not only in the east and south, but also to a more remarkable extent in the middle west and on the Pacific coast.

Charles H. Sherrill, "Athletic Sports in America" in Montague Shearman, *Athletics* (London, 1898) p. 286.

（2）原文は以下の通り。Year after year the American sporting papers had published accounts of marvelous times and extraordinary jumps. Inch by inch the high-jump bar was there being raised higher and higher, even time for the hurdles was easily beaten. In this country these accounts were red with the greatest suspicion. Their tracks were shorter; the time keeping was faulty; the hurdles had loose top-bars, which after the race strewed the ground; the hurdles were placed upon the track instead of upon grass; and lastly, the climate was drier and more suited to training, so that the same men would be unable to do fast times in this country.

Harold Graham, *Athletics of To-day* (London, 1901) p. 9.

（3）原文は以下の通り。 Year by year we turn out men who excel at their own particular sport; they keep it up for several years and then retire. Here their connection with athletics generally ceases, except perhaps as a spectator or possibly an official at the more important meetings. The art of athletic teaching is never studied, and is practically unknown ... Take the case of a high jumper. It is no doubt of inestimable value for him to have some one who will see that he does not fall away from the paths of training virtue, and that he arises at a seasonable hour and takes the proper amount of exercise; but it is much more to the point if there is some authority on the ground who can point out the fault in style, which would prevent him from ever becoming a first-class jumper.

An excellent example of this occurred in the Cambridge high jumper (1901), Mr. Howard Smith. For some years he had been capable of clearing between 5 ft. and 5 ft. 6 in. His manner of jumping was not unlike the American style. One day an American spectator, happening to see him jump, remarked that if he approached the jump straight from the front instead of from the side he would greatly improve his jump. Howard Smith followed this advice, and immediately improved four inches, and ultimately, under very adverse circumstances, won the event at Queen's Club with the fine leap of 5 ft. 10 1/4in.

Graham, *Athletics of To-day*, pp. 11–12.

（4）原文は以下の通り。 It is done every day on the river, and there is never a dearth of competent coaches. The same system will have to be introduced if we are to have frequent matches with the Americans, and we wish to held our own in competitions that require something more than brute strength and endurance.

Graham, *Athletics of To-day*, p. 13.

（5）原文は以下の通り。The Yale Oxford match, then, was the first International track athletic match as well as the first International Inter-University match in athletic history, and even in the face of a very rainy cold bit of July weather the attendance and enthusiasm proved that the venture had been a wise one.

Sherrill, "Athletic Sports in America" p. 290.

（6）原文は以下の通り（レースの経過箇所のみを引く）。This was the only interesting race of the afternoon. Lewin, who had no record better than 50 4/5s., has improved wonderfully in America's glorious climate, and ran a grand race, leading from start to finish. Richards shared the general opinion that Fitzherbert was the more dangerous of the Cambridge pair, and felt no anxiety at Lewin's lead, supposing it to be a feint in the interest of Fitzherbert. Eighty yards from the finish Richards realized that "the gray mare was the better horse," and made a gallant attempt to gain the lead, but was unsuccessful. No doubt the published reports of Fitzherbert's English performances are true, but he has exhibited nothing like first-class form or speed in America, and runs more like a Percheron than a race-horse.

"International Interuniversity Match" in *Outing*, November 1895, p. 26.

（7）原文は以下の通り。The New York Athletic Club and London Athletic Club match, which took place in New York City two weeks before the Yale-Cambridge match, will long be remembered in the annals of the sport. Notwithstanding the broiling temperature of the day, over twelve thousand people went to Manhattan Field to see such an onslaught on records as one day has rarely seen before, and which may never have its equal in the future.

Sherrill, "Athletic Sports in America" p. 293.

（8）原文は以下の通り。Sands led for a little more than half way, followed by Burke, Jordan and Fitzherbert, in that order. Then Sands dropped back, leaving Burke in the lead, but Jordan suddenly sprang to the front and gained an advantage of six or seven feet in a few seconds. Every one but his associates supposed that Fitzherbert was the faster Englishman, and Burke was puzzled for a moment, fearing that Jordan's unexpected move was a ruse to draw Burke into an injudicious spurt, and thus tire him before Fitzherbert made his final effort. Quickly realizing that Jordan must be the dangerous man, Burke, with about 80 yards to go, began a grand struggle, overtook his man inch by inch, caught him only a few feet from the tape, and won by less than six inches in 49s.

Curtis, "International Athletic Match," in *Outing*, November 1895, p. 162.

（9）原文は以下の通り。The Englishmen competed like men and lost like gentlemen, and their behavior must be considered a magnificent specimen of genuine sportsmanship. In athletic sport, more than in any other art, England is the "mother country," and that British mother has, just now, good cause to be proud of her American sons.

Curtis, "The International Athletic Match," p. 164.

（10）ギリシャ人選手とハンガリー人選手の日本語への氏名表記は、小川仁博士（国際日本文化研究センター機関研究員、日欧交渉史）のご教示による。

（11）https://www.olympic.org/ athens-1896/athletics/100m-men.（二〇二一年三月二十日最終閲覧）

（12）https://www.olympic.org/ athens-1896/athletics/400m-men.（二〇二一年三月二十日最終閲覧）

（13）原文は以下の通り。[T]he track was not in a satisfactory condition. The English ground-man, who was responsible for it, naturally found it difficult to obtain the necessary material in Athens, and, as a result, the track was not laid down sufficiently long before the meeting to enable it to be brought to proper perfection. Even after it was completed difficulties still had to be faced, especially the insufficiency of the water supply. At the time of the games, therefore, the track seemed to be over-hard underneath, while it was loose and treacherous on the surface. The ground man is not to be blamed at all for this; his energy and devotion did all that it was possible to do for the success of the meeting.

George Stuart Robertson, "The Olympic Games" in *The Fortnightly Review* vol. 59 (1896, June) p. 951.

第四章　陸上競技という文明を移入する

「昨年のオリムピア競伎は文明的といふを得べし」――明治日本に伝わったアテネ大会

レコードは低調ながらも大過なく近代オリンピックの第一回大会は幕を閉じた。総計一四か国の参加だった。開会式でギリシャ皇太子が「ここパナシナイコス・スタディオンで開催されるこの高貴なる試合により、ギリシャは他の文明諸国と新たな共感の絆を結ぶこととなりましょう」と述べたように、限られた数の文明国によるスポーツの国際大会の第一歩を歴史に刻すこととなった。当時の日本は日清戦争が終結した翌年にあたる。果たしてこの文明国のスポーツの集いは、日本では雑誌記事等によって報じられていたのだろうか。

「昨年四月六日の払暁、アゼンの市は唯ならぬ盛観を呈しぬ」――一八九七（明治三十）年二月発売の『世界之日本』（第一二号）掲載の記事「昨年のオリムピア競伎」（一四六頁参照）は、この一文をもって始まる。アテネでの第一回オリンピックを扱う雑誌記事としては、前年夏の『少年世界』（二巻一六号、明治二十九年八月十五日）所収の「希臘オリムピヤ闘伎《ゲーム》の復興」が嚆矢だが、少年雑誌のためか総計一〇〇〇〇字ほどの分量にとどまる。前半は古代オリンピックの概略を記し、後半は大会会場や集った国王以下の様子の描写を旨とし、「闘技」の実際よりむしろ「復興」の輝きを報じることに専念していた。一方、風流覇客と号する筆者[1]が記す『世界之日本』の一文は、ページ数も三ページほどを占め、分量では圧倒している。題名に『センチュリ雑誌』と添えてあることから、同誌記事の翻訳に依拠してのアテネ大会の紹介らしいと分かる。

「昨年のオリムピア競技」は、オリンピック開催地アテネの活気、開会式の様子やいくつかの競技の進行具合、そしてつめかけた観衆の熱狂ぶりを活写する。なによりも、大会最終日のマラソンレースで地元ギリシャのルースが優勝した時の会場の興奮の様を詳細に記している。ここでは、実施された陸上競技種目にも言及しつつ競技を紹介している箇所を、明治期日本の読み手の心づもりで

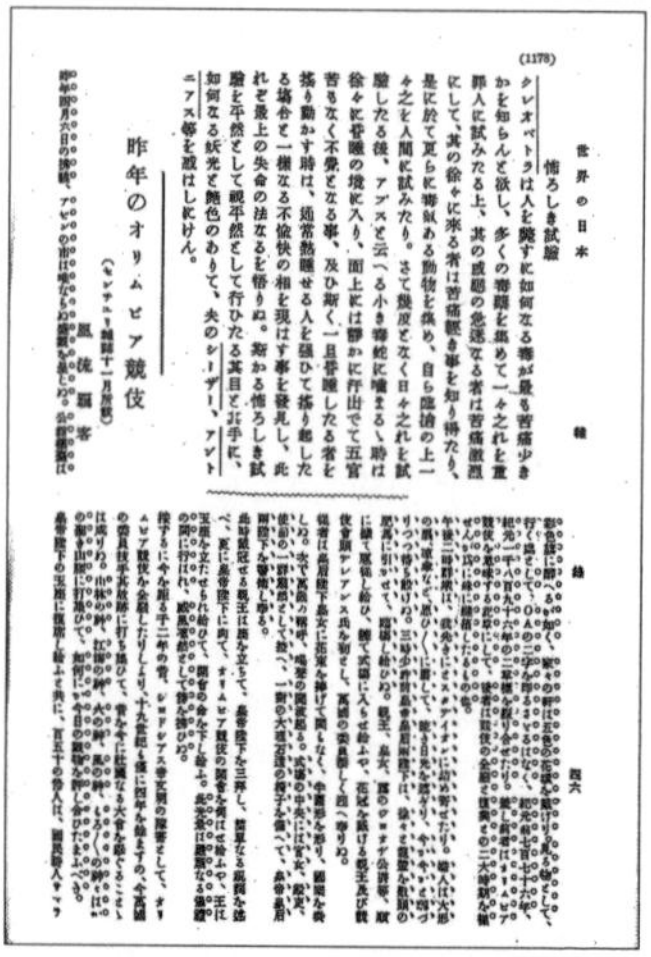

『世界之日本』(1897年2月)に掲載された記事「昨年のオリムピア競技」冒頭

見てみたい。

射的競争の第一日は、皇后陛下先ず自ら射的を試ろみ給ひ、撃剣会は宮中の円屋に執行せられ、競走、投環伎、高飛び、広飛び、球竿踏舞、体操競争会等はスタディオンに開かれぬ。プリンストン大学生にロバアト、ガレットなるもの、投環技に最高点を占め、月桂冠は殆んど皇標旗と、条文旗の独占なるかの観を為せり。競伎者が競争するを見るや、サンフランシスコの水夫等は、帽を振り、大地を踏み轟かして、本国の競伎者の為に喝采し、ボストン競伎会員等は、ボストン競伎会万歳万々歳と叫び、仏墺英曼、何れも我れ劣らずと怒鳴り合へり。(2)

射撃競技（射的競争）とフェンシング（撃剣会）はそれぞれ別会場で実施された一方、体操競技はスタディオンで、つまり屋外で実施されたことが分かる（ＩＯＣウェブサイトが掲げる写真で確認できる）。円盤投にわざわざ言及があるのは、円盤投こそ古代オリンピック復興の象徴であり、古代オリンピックでも行なわれていた由緒ある競技ゆえギリシャが制したい競技だったためだろう。だが勝ちを収めたのは、走幅跳にも出場したプリンストンのギャレットだったというから、ギリシャ人の落胆が推し量れよう。一方、その後の記述では不可解なことが目に留まる。「サンフランシスコの水夫等」とあるが、米国西海岸から水夫が応援に来ていたのか。疑問解決のためには『センチュリ雑誌』十一月号掲載の、基になっている記事を探るしか術はあるまい。

調べてみると原典は、*The Century: Illustrated Monthly Magazine* 一八九六年十一月号所収の"The

Olympic Games of 1896” とタイトルが付された三九頁から五三頁までに及ぶ長い記事と判明した。そしてその記事の書き手はと見れば、近代オリンピックの祖と呼ばれＩＯＣの会長であったクーベルタン（Pierre de Coubertin）その人であった。つまり念願の第一回オリンピックを終えて数か月ののちに、生みの親が寄せた報告記だった。『世界之日本』掲載箇所に相当するクーベルタンの原文を引き、試訳を付す。

Then the crowd made its way back to the Stadion for the foot-races, weight-putting, discus-throwing, high and long jumps, pole-vaulting, and gymnastic exhibitions. A Princeton student, Robert Garrett, scored highest in throwing the discus. His victory was unexpected. He had asked me the day before if I did not think that it would be ridiculous should he enter for an event for which he had trained so little! The stars and stripes seemed destined to carry off all the laurels. When they ran up the《victor's mast,》the sailors of the *San Francisco*, who stood in a group at the top of the Stadion, waved their caps, and the members of the Boston Athletic Association below broke out frantically,《B. A. A.! rah! rah! rah!》These cries greatly amused the Greeks. They applauded the triumph of the Americans, between whom and themselves there is a warm feeling of good-will.(3)

ここで、つめかけた観客はスタディオンへと戻り、競走、砲丸投、円盤投、走高跳、走幅跳、棒高跳、そして体操競技の観戦へと向かった。プリンストン大学の学生ロバート・ギャレットが、円盤投で一位を記録した。その優勝は予想外だった。競技前日、ギャレットは私に向かい「ほとんど練習もしていない競技種目に万一私が出場でもしたら、それは笑止千万だ、とお考えになりますか?」と尋ねてきていた。星条旗は月桂冠を全て母国へ持ち帰る運命にあるようだった。勝者を讃えるため掲揚台に星条旗が揚げられると、スタディオンの観客席の一番高いところでまとまって起立していたサンフランシスコ号の水兵たちは、被っていた帽子を手にとって振った。よりグラウンドに近い席に陣取っていたボストン・アスレティック・アソシエーション(B. A. A.)の面々は、「ビーエーエー、ラララ!」と気も狂わんばかりに叫んだ。響き渡るその喝采は、観戦するギリシャの人たちをひどく面白がらせた。観衆は米国人たちの勝利を拍手をもって讃え、双方のあいだには国際親善の温かい思いが通っているのが見て取れた。

「サンフランシスコの水夫等」は the sailors of the *San Francisco* ゆえ、「サンフランシスコ号の水兵たち」と解するのがよいだろう。サンフランシスコ号とは、当時ヨーロッパ戦隊(European Squadron)に配属されていたアメリカ海軍の防護巡洋艦である。その水兵たちまでスタディオンに応援に駆けつけていたことが分かる。また、the stars and stripes を訳出したと考えられる「皇標旗と、条文旗」の字句は、米国の国旗を「星条旗」の語で表現する慣例がまだなかったことを思わせる。前章に引いたエラリー・クラークの回想に描かれていたボストン・アスレティック・アソシエーションの面々による応援、そしてそれに好意をもって応えた土地の人たちの様子は、クーベルタンの記載が揺るぎなき傍証となっている。

一方、*The Century* の原文が記載するクーベルタンがギャレットから受けた問いの一件を、『世界之日本』は引いていない。円盤投の経験がほぼないギャレットが優勝をさらった、という興味深い舞台裏が判明する箇所にもかかわらず省略されているのは、筆者風流覇客が、*The Century* の原文の随所に登場する「私」を排し、主体のないレポートに仕上げようとしたためかと思われる。個人的な体験を削除すれば、日本語ではI《アイ》を一切書かずに済ませることができる。

こうしてこの短い引用箇所だけでも、クーベルタンの原文と突き合わせると様々な発見があり、他の文献との比較検討まで可能となる。消された箇所がある一方、紹介者風流覇客による創作箇所も見えてくる。引用末尾には「仏墺英曼、何れも我れ劣らずと怒鳴り合へり」とあるが、原文は「響き渡るその喝采は、観戦するギリシャの人たちをひどく面白がらせた。観衆は米国人たちの勝利を拍手をもって讃え、双方のあいだには国際親善の温かい思いが通っているのが見て取れた(These cries greatly amused the Greeks. They applauded the triumph of the Americans, between whom and themselves there is a warm feeling of good-will.)」であり、アメリカ側を暖かく包み込んで応援するギリシャ人観客の国民性へと読み手を誘う。他方『世界之日本』掲載記事は、フランス、オーストリア、イギリス、そしてドイツが対抗心を燃やしたと描写した。国威をかけた文明諸国による競技会という雰囲気を強調しようとしたのだろうか。

「昨年のオリムピア競伎」が最も多くの字数を割いて紹介するのはマラソン競走の件りである。ここでは、マラソン競走前夜までの記述について、クーベルタンの原文と並べて検討してみたい。

希臘人のみは、気の毒にも、新工夫の競伎には素人なるがために、月桂冠を占め得べくも見へざりき。唯一伎希臘人の勝利に帰すべしと思はれたるは、遠距離競走なり。ミチエル、プリール氏の提出案にかかるマラソンより、亜善《アテネ》までの長距離競走は、むかし亜善軍が使者を戦場より急派して、本国に勝利を報じたる歴史上の事実に因めるものにして、此競走のみは、希臘人が最も得意とする所なれば、勝利は手の中の物と思はれたり。

マラソンより亜善に至るの距離は、約十二キロメートル（一キロメートルは我が九町十間余）なり。道路は石交り岩がちにして嶮悪なり。希臘の青年等は此競争をば勝たんものをと、一年前より訓練を怠らざりしと云ふ。亜善府近傍の農民と雖も、此競伎人の資格を得んと申込みたる程にて、数名の青年は過度の訓練の為に生命をさへ失ひしとぞ。されば間もなく大会の開かるべしと人々擾ぎ合へる頃は、都下の婦女は、食を絶ち、祈念を凝らして、偏《ひとへ》に天の加護の、希臘競伎者の上にあらんことを願ひしとか聞き及びぬ。

此の願望は成就せられたりき。(4)

The Greeks are novices in the matter of athletic sports, and had not looked for much success for their own country. One event only seemed likely to be theirs from its very nature?the long-distance run from Marathon, a prize for which has been newly founded by M. Michel Br?al, a member of the French Institute, in commemoration of that soldier of antiquity who ran all the way to Athens to tell his fellow-citizens of the happy issue of the battle.

The distance from Marathon to Athens is 42 kilometers. The road is rough and stony. The Greeks had trained for this run for a year past. Even in the remote districts of Thessaly young peasants prepared to enter as contestants. In three cases it is said that the enthusiasm and the inexperience of these young fellows cost them their lives, so exaggerated were their preparatory efforts. As the great day approached, women offered up prayers and votive tapers in the churches, that the victor might be a Greek!

The wish was fulfilled.(5)

マラソン競走が、古代のマラトンの戦いでの戦捷《せんしょう》を伝えた故事に由来すること、実際のコースの紹介、ギリシャの人たちが捧げる情熱、等はほぼ不足なく日本語へと移し替えられている。冒頭の「希臘人のみは、気の毒にも、新工夫の競技には素人なる」の「のみ」という強調は、「仏墺英曼、何れも我れ劣らず」という先行する文があるゆえであろう。後半ではやや些細なことながら、「数名の青年は過度の訓練の為に生命をさへ失ひし」とある部分、原文では「気負いすぎと経験のなさが原因で」くらいの意味になっている。もう一点は、国の女たちが「食を絶ち、祈念を凝らして」とあるが、「教会で祈りを捧げたり祈禱のロウソクを供えたり」であって、断食しての願立てではさすがにない。総じて後半箇所は、講談を聞くかのような思いを抱かせ、日本の読者を念頭にしての翻案の努力が伝わって来もする。そして、クーベルタンの原文も、『世界之日本』の紹介文も、如上のギリシャの国を挙げての努力が報われたことを、短文一つで見事に結んでいる——

「The wish was fulfilled. ／此の願望は成就せられたりき」。

The Century 掲載のクーベルタンの記事は十数ページに及ぶ一方、それに基づく風流覇客が書き記した『世界之日本』の一文は掲載誌の三ページを占めるに過ぎない。すでに見たように、競技場に集った観客の熱狂ぶりなどについてはほぼ過不足なく日本の読者に伝えている。その一方で、大幅に削除されたのは、近代オリンピック復興への厳しい道のり、そして一旦開催して成功を収めたという感触が得られたのちの爾後への期待、こういったアテネ大会の前史と今後の展望についてである。そこには最重要な中心人物としてのピエール・ドゥ・クーベルタンという人物が見え隠れするのは不可避であり、主体を表に出さない叙述を旨とした筆者風流覇客には扱いにくかったのかもしれない。とはいえ、筆者にも結びの言葉は必要だった。

> 第一回則ち昨年のオリムピア競伎は、古代の競伎に比すれば、文明的といふを得べし。啻《ただ》に自転車競争等の新工夫を発明したるがためのみならず、実に世界的協同の競伎なるを以てなり。古代の競伎は、僅に希臘一国に限り、異邦人を排したるに、今は万国の協同を待つに至りぬ。これも又た今昔の変遷なるか。(6)

オリンピックが蘇ったと言っても古代のギリシャ一国開催の形態とは違う。世界各国が参加する協同の場ゆえ「文明的」と形容してよかろう、と風流覇客は、近代オリンピックをほとんど知る由もない日本の読者へ向けて説くことに努めた。そして大胆な希望を添えて結んだのだった。

第三回の競伎は、一千九百年に執行せらるべく、所は伯林なるべきか、ストックホルムなるべきか、はた又たニュヽヨーク《ママ》なるべきか、未だ決定せずと云へば、世界の日本を覚悟する我等は、他日東京に執行するの日あらんことを望まんのみ。(7)

もはや極東の、国を閉ざした小国ではない、世界の文明国の一員である日本がオリンピックを招致して開催することを希望する、と明記した。近代オリンピックさえ知らない同国人が圧倒的多数であるなか、初回大会の紹介をするにとどまらず、自国での開催を希望する旨を添えたのである。

武田千代三郎『理論実験 競技運動』が説く発走法

文明国によるスポーツ競技の集いの場とみなされたオリンピックについて、のちの第五回ストックホルム大会参加の折に外務省が残した記録(8)には「万国大体育競技会」との呼称があった。これは言い得て妙と思われる。そういう世界の文明国の集いに加わるためには、自国の競技力を高める必要があることは明らかだった。ただちにオリンピック参加までを企図しないにしても、陸上競技を紹介しての指導を念頭に置いた書籍の刊行が日本国内で始まったのは、二十世紀への変わり目あたりだったと思われる。

単行図書としては志岐守二『陸上競走』(博文館、一九〇〇年)が最も初期の一冊であろう。この書は博文館の「内外遊戯全書」と銘打つ全一五巻の一つであり、著者志岐は東京帝大農科大学学生だった。全書の一冊とは言っても一四〇ページほどの小判の和綴じ本であり、お祭り的要素の強い運動会開催のための諸準備ガイドブックといった趣が強い。もちろん競技の解説も含みはするが自己流の解説に終始し、なによりも本格的な競技への理解が欠けているように思える。たとえば、のちに引く明石和衛も以下のように指摘して批判を加えている――「十年計り前農科大学の某君の著した陸上競走といふ本を見ると『西郷、木下氏の如き六百米突を走るに何《いずれ》も一分を要せず』と書いてある。これでは世界の記録と雖《いえど》も遠く及ぶ所でない。今の選手では四百米突を丁度一分位に走るが普通、いや四百でも一分以内で走り得る人は極《ごく》少から う[9]」。

その三年後に刊行された晴光館編輯部編『競技運動体育読本』(晴光館、一九〇三年)は、父と息子の対話を通して年少読者に様々な運動競技を紹介する形式をとる。その中に「陸上競走」の項目があり、徒競走のスタートについて以下の記述を見てとれる――「合図をする者が用意の命を発すれば、指で一二となり、二といふ時に発足するがよい、発足の合図は三であるから、成るたけ他人より発足の早いのが利で、発足の際に勝つ時は大抵負けることはない」(同書一四〇頁)。「用意!」の号令がかかったら指折り数えて「一、二」ときたら走り出せ、号砲は「三」の時に来るからその前に発走すればおそらく勝利を手にできるぞ、ということなのだろう。他の競技者を出し抜くためのフライングの勧めと読めなくもない。日本での陸上競技普及揺籃期の試行錯誤の一例がここにはある。

著者が社会的に影響力ある人物で、それなりに流布した指導書としては、武田千代三郎[10]『理論実験 競技運動』(博文館、一九〇四年)が嚆矢となろう[11](一五六頁参照)。六五〇ページに垂んとする

武田『理論実験　競技運動』（1904）の扉

大部な書物であり、詳細な目次部分だけでも一七ページに及ぶ。「総論」「運動生理」「体勢訓練」「技術訓練」「運動会」「競技道」の六編から成り立ち、その各編がいくつもの章に分かれ、さらにその各章が複数の節に細分化されている。

陸上競技については第四編「技術訓練」の中で、第五章「競走」、第六章「飛躍技」、第七章「投擲技」として解説されている。巻頭に掲げられた「自序」にあるように、著者は「余は医学者にあらず、又教育学者にもあらず。故に所説の浅薄、用語の失当等、識者の笑を招くもの甚だ多かるべきを恐る」と書いた。こうして留保を付けつつも、諸文献調査の結果や自己の体験や指導をもとに本書を書き上げている。

本書第二章で徒競走のスタートについて時系列に沿ってその展開を顧みたので、そこでの流れを踏まえて『理論実験　競技運動』に記述された発走法に目を向けてみたい。

短距離競走の勝敗は、発走の巧拙に因りて定まることが多い。故に短距離の練習には最も発走の復習を勉めなければならぬ……発走のときは人に依りて色々な身構へがある。普通では左足を前にして爪尖を前方に真直に向け、膝を曲げ上体を前に傾けて体重を全く之に托し、右足は適度に後へ伸ばし、爪尖は左足の爪尖と直角になる様に開きて地に踏み着け、扨《さ》て用意の令にて充分全身の神経筋肉を緊張して同時に素早く息を深く吸ひ込み、銃声を聞くや否や、吐く息と共に矢が弦を離るゝ如くに飛び出すのである。(12)

「発走の巧拙」によってスプリントの勝敗が決する、という指摘は英語圏の諸ガイドブックと同様である。一読してクラウチングスタートではなくスタンディングスタート、それも前足から発走するダブスタートではなく、後ろ足から踏み出すスタイルだろうということは察しがつく。左足をスタートラインに接して置き、後ろ足となる右足は爪先を「左足の爪尖《つまさき》と直角になる様に開きて地に踏み着け」ることを勧めている。なぜ「直角になる様に開きて地に踏み着け」るのがよいのかについて、説明はない。後ろ足から蹴り出す場合、両足の爪尖を平行に近く置くほうが、ゴールを目指しての直線運動にとってより理に適っていよう。直角にすると得られる一番の利点は、安定性だろう。「(左の)膝を曲げ上体を前に傾けて体重を全く之に托し」ているポジションなので、右足の爪尖を直角に開けば、相撲の構えのようになって前後左右のぐらつきは回避され安定した構えとはなる。しかし、ダブスタートではなく後ろ足から蹴り出す場合、身体が多少左右に揺られての発走となるに違いなく前進運動にとり有利ではない。いかに「銃声を聞くや否や、吐く息と共に矢が弦を離るる如くに飛び出す」と文飾を施してみても、右足の爪尖を左足の爪尖と平行に近い設定にした時のほうが、飛び出しはより素早いだろう。ひょっとすると、武田もこの二者の相違には気づいていたのかもしれない。その上で、両爪尖を平行にし、かつ「上体を前に傾けて体重を全く之に托し」た時には、「用意！」の構えをとる際、前方へつい飛び出してしまいがちなことに気づき、克服のために爪先を直角に、という提言をしている可能性もある。

小学生にスタンディングスタートを説く――『心身鍛錬　少年競技運動』

大部な『理論実験　競技運動』だが、発走法についての記述・解説は右に引いた箇所に尽きている。補助のイラストや写真が添えられているのでもない。一方、同じ著者がイラストをも添えてより懇切に発走法を説いている書物が存在する。『理論実験　競技運動』の刊行は同書奥付によれば一九〇四（明治三十七）年六月二十五日だが、その二か月ほど前の同年四月十日、同様に博文館を版元として刊行された『心身鍛錬　少年競技運動』がその書である。『心身鍛錬　少年競技運動』は、当時の小学生を対象とした一書だった。そこで説かれている発走法を引いてみたい。

構へる時には前足（大概の人は左足を前にする。右足を前にする人は、十人に一人あるかなしです）は前図の如くに真直に向けて、此の足に体の重みを載せ、後足は一尺五寸か二尺程離して、図の様に爪尖きを横に向けて軽くふみつけ、イッでも直ぐ前へ出せる様にして置く。「用意」の令があつたら、体を充分前へ傾むけ、手足に力を入れ、直ぐと飛び出せる様にし、それから息を充分吸いい込む。「ズドン！」息を少し吐きながら、直ぐ飛び出す。此の発走の時の身構へは、中々六ヶ《むづか》しいから、不段から時々稽古して置かぬといけない。

西洋人は此の上の図の様な構をする人もある。此の絵の右から三番目の人は短い棒切れを杖にして、四つん這ひになつて居るのです。(13)

少年競技運動

ルをする様な卑怯なことを賤むからてす又此の時に、筋の處の地面に穴を明けて、そこへ指を引つかけ、踏み出しよい様にしよーとする様な卑しい事を考へる奴があるが、學校の生徒たる者は、そんな下等な眞似をしてはならぬ。

さて構へる時には前足(大概の人は左足を前にする。右足を前にする人は、十人に一人あるかなしてす)は前圖の如くに眞直に向けて、此の足に體の重みを載せ、後足は一尺五寸か二尺程離して、圖の様に爪尖きを横に向けて輕くふみつけ、イッても直ぐ前へ出せ

五四

競走

る様にして置く。

「用意」の令があつたら、體を充分前へ傾むけ、手足に力を入れ、直ぐと飛び出せる様にし、それから息を充分吸い込む。

第六図

第七図

五五

少年競技運動

第八図

「ズドンー」息を少し吐きながら、直ぐ飛び出す。此の發走の時の身構へは、中々六ヶしいから、不段から時々稽古して置かぬといけない。又中學生や、モット年の上の人のするのを能く見て眞似るが宜い。

此に二つ三つ畫を描こー。

西洋人は此の上の圖の様な構をする人もある。此の畫の

五六

競走

第九図

第十図

五七

武田『心身鍛錬　少年競技運動』(1904) より「発走法」

一読して『理論実験　競技運動』で展開された大人向けの説明が、より詳しく分かりやすく書かれていることに気づく。イラストも数枚添えられている。両足の間隔を「一尺五寸か二尺」とするような具体的指摘も加わっている。注目すべきは、右の引用の最後の箇所であろう。この部分は、同書の五六ページに添えられた「第八図」を念頭にして書かれている。一見して分かるように、アテネ大会の一〇〇メートル走決勝時のスタート直前の様子に他ならない。写真を基にしたイラストということは、あの決勝を写した一葉が日本にも伝わっていた証なのだろう。武田が書くように、棒を持って構えている走者に確かに注意が向くが、バークのクラウチングスタートについては「西洋人は此の上の図の様な構をする人もある」の一人として扱われているに過ぎない。「西洋人」は、「前足は真直に向て、此の足に体の重みを載せ、後足は一尺五寸か二尺程離して、爪尖きを横に向けて軽くふみつけ、イツでも直ぐ前へ出せる様にして」おくという武田が勧める姿勢ではなく、なぜこういう屈む姿勢を採っているのかについての著者の見解をどこかに書き残してくれていたならば、陸上競技移入史のうえでとても貴重な記録となったであろうに、とも思う。

もう一点、この小学生向けの『心身鍛錬　少年競技運動』の発走法説明箇所で指摘しておきたいのは以下の件りである。

競技者は図の様に其の前足の爪尖きを、白筋の手前に揃へて列ぶのである。少しても爪尖きを此の白筋の上へかけてはならない。これは公明正大を尊び、毛一筋だけでも、ズルをする様な卑怯なことを賤《いやし》むからです。又此の時に、筋の処の地面に穴を明《ママ》けて、そこへ指を引つかけ、踏み出しよい様にしよーとする様な卑しい事を考へるやつがあるが、学校の生徒たる者は、そんな下等な真似をしてはならぬ(14)。

前半は、スタートラインから前足を出すようなことはするな、という不正出発の戒めであり、これは本場の英米でも同様に強調されていた。興味を引かれるのは「筋の処の地面に穴を明けて、そこへ指を引つかけ、踏み出しよい様にしよーとする様な卑しい事を考へるやつがある」という記述である。スタートラインのすぐ後ろに穴を掘り足の指をかけて出走時の支えにしようと試みる者が、当時の日本にはいたという証左となろう。英米では穴を掘ることは許されており、とりわけクラウチングスタートの姿勢をとる場合、発走にあたっての支えはむしろ必要だった。「卑しい事」ではなかった。しかし、武田千代三郎のスポーツマンシップには相容れない手法だったのだろう。旧師ストレンジが忌むべきことと指導したのではなく、ストレンジを通して導入された際にはなかったがゆえに、武田は否定したのだろうと思われる。なお「穴を明けて、そこへ指を引つかけ」の箇所からは、シューズを履かずに素足で徒競走に臨んでいた様子が

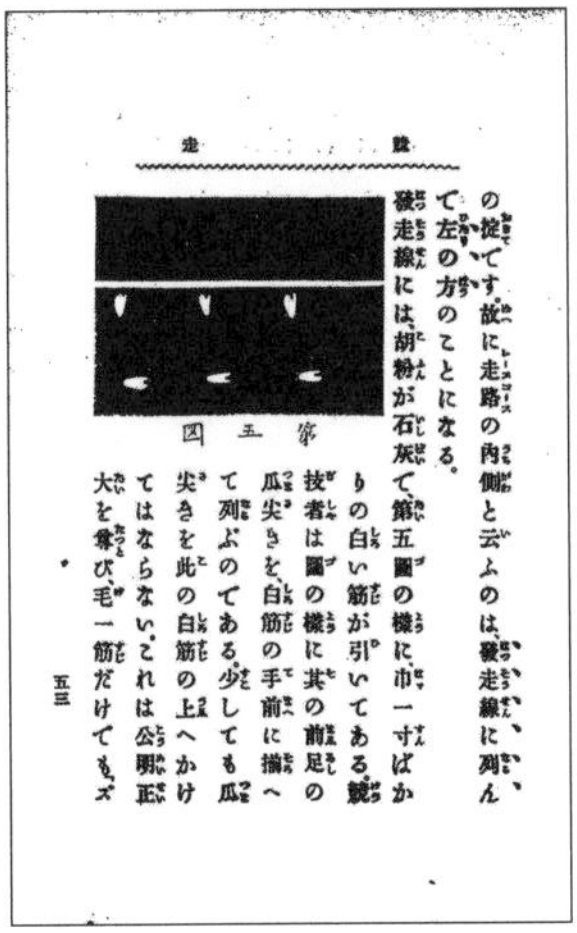
競走

の掟てです。故に走路の内側と云ふのは、發走線に列んで左の方のことになる。

第五図

發走線には、胡粉が石灰で、第五圖の様に巾一寸ばかりの白い筋が引いてある。競技者は圖の様に其の前足の爪尖きを、白筋の手前に揃へて列ぶのである。少しても爪尖きを此の白筋の上へかけてはならない。これは公明正大を尊び、毛一筋だけでもズ

五三

武田『心身鍛錬　少年競技運動』(1904) より「発走線の図」

読み取れる、そういう資料にもなり得ている。

「武田式油抜き訓練法」とは

陸上競技史のうえで武田千代三郎といえば、競技会に備えて行なう「油抜き」の訓練法の提唱者として知られている。提唱にとどまらず兵庫県書記官時代、御影《みかげ》師範学校生徒を率いてこれを実践させ、同校生徒を一八九九（明治三十二）年、京都帝国大学で開催された第一回運動会の招待レースでの一位へと導いた。この勝利は「油抜き」の実効性が証明されたかたちとなった。他校へも呼ばれて指導をしたほか、実効性のあるトレーニング法ということで多くの若者が競技会参加を前に試みる定番となった。

具体的内容は、『理論実験　競技運動』の第三編「体勢訓練」第二章「疲労の軽減」内の第一節「体重の軽減」に六ページを費やして記載されている。発想の基本は「競技運動中歩走技、飛躍技、競漕等には、競技者の体重を減じ成るべく軽い体にすることが極めて必要である」[15]にあった。今日の視点からは、競漕や体重別階級の設定がある競技以外、体重の少なさから来る利点を強調することはないだろうが、短距離競走の競技者の体重は軽いにこしたことはない、という共通認識は広く存在していたらしい。

たとえばやや時代が下るが一九一一年十一月のオリンピック出場選手選考会の観察記には「三島〔彌彦〕はあの大きな体で走れそうでないが而も最も強く、明石〔和衛〕は実際早そうでそして実際早い」[16]という記述がある。「実際早そう」と書かれた明石は、当日の新聞には「痩せこけた明石」

（『読売新聞』一九一二年十一月十九日）と書かれていた。筋骨逞しい三島は徒競走には不利、一方痩身の明石は有利、という見方がされていたことが分かる。こういう身体への眼差しは十九世紀末のアメリカでも一般的だったらしい。第二章で言及したハリー・ジュウェットは「多くの人は、競技者はほとんど餓えるくらいでなければいけない、激しい練習を積んで体重を最小限度に減らさなければいけない、となんとなく考えている（They [A great many people] imagine that he [the athlete] has to nearly starve himself, and take severe exercise to reduce his weight to the lowest possible limit.）(17)」と書いていた。体重は極力抑えるのがよいという見解が大勢だったらしいことが分かる。

だが、むやみに体重を減らせと提唱したのではなかった。「茲《ここ》に軽くすると云ふことは、彼の競馬の騎手の如くに只だ体重さへ軽くしさへすれば宜いのとは違つて、筋力に対する自己体軀の重量の比を成るべく少なくすると云ふ意味である」と続けて記し、減らすべきは体内の脂肪分と水分だと強調した。通常の練習でも脂肪や水分の排出はあるが「特別の手段」を用いてさらに行なうことが肝要と説く。その手段は「随分競技者泣かせの非常に苦しき鍛錬法」であり「極度の意力を要する」が、耐えることができれば「見事己れに克ち得たる人であつて、競技場裡己れよりも優つたるものに出会ふて敗を取るとも毫《ごう》も憾《うら》むる所はない」のだと強調する。具体的な訓練の手段に触れる前に、「非常に苦しき鍛錬法」と書いて読み手に心の準備をさせるが如き精神論を展開した。次に引くのがその手段である。

水抜き油抜きの手段は色々あるが、其の最も普通に行はれて居るのは、襯衣《シャツ》や着物や外套を重ね着して、数里の道を疾歩するのである……厚着して歩くのが誰にも行ひ易いことである。御影師範生が実行して居るやり方は、大概襯衣二三着を重ね、夫《それ》より上衣二着を重ね更に其の上に外套を着して数里の道を殆んど休憩することなく往復するを常として居る……体内に余分の水分や脂肪が尚ほ残留して居るや否やは、苦熱、発汗、息切れ等の併発的疲労の度如何に依りて、自らこれを推断することが出来る。[18]

「苦熱、発汗、息切れ等の併発的疲労の度」を参照して「余分の水分や脂肪」が残っているかを自己判断せよ、というのである。発汗が著しく減っていれば水抜きの目的達成はほぼ完了、ということなのだろう。これが命を落とす危険と隣り合わせの「訓練法」だったことは言うまでもない。著作に明記されてはないが、体内から水分を抜くということは、水分の補充をしてはいけないことでもあった。「水抜き油抜き」に苦しんだ者たちの一番の理由は喉の渇きを覚えても水分を摂れないという点にあった。たとえば大阪毎日新聞社が主催した一九〇九年三月の日本初のマラソン競走[19]に出場し、五着となった菅野新七は「武田式脂肪抜の練習」を採ることとし「冬襯衣二枚に、洋服二枚、外套二枚を着て、毎日六里」を走った。「此の間は殆んど液体は口にしないので、その苦しさ辛さと言つたらない[20]」と報告している。

「油抜き訓練法」の原典はあるのか

自分は「医学者」ではない、と「自序」ではっきり記したにもかかわらず、武田は大胆に人体の生理にまで踏み込んで解釈を施し、水抜き油抜きの有効性を強く説いた。訓練法の書きぶりからは揺るぎなき自信さえ伝わってくる。閃いた思いつきを師範学校生に試してみたところ首尾良い結果が得られたから、というような単純な理由だけでの提唱ではなさそうに思える。何か依拠した外国の文献があったのだろうか。

ここでふたたび著作に目を通せば「御影師範生に就いて五個年実査したる所」と併記して「英米実験家又は仏独諸大家」の語句があった。西洋の文献を参照したらしい。では何を参照したのか。陸上競技を含めてスポーツ種目の指導書については十九世紀の八〇年代半ばくらいまではイギリスの独壇場だったと言ってよい。アメリカのスポルディング社が **American Sports Publishing Company** を立ち上げて多種目スポーツの入門書・技術解説書を次々と刊行し始めるまでは先進国はイギリスだった。また武田の場合、師と仰ぐストレンジが英国紳士であったこともあり、イギリスへ目を向けたとすればそれは自然な成り行きと思われる。

刊行された指導書の類はそれほど多くはない。そのなかで武田が依拠した一書は、一八一三年にロンドンで刊行された ***Pedestrianism; or An Account of The Performances of Celebrated Pedestrians during the Last and Present Century*** ではなかったかと思われる（一六六頁参照）。表紙には **By the author of the History of Aberdeen** の字句がある。***The History of Aberdeen*** の著者はウォルター・トム（Walter Thom）なので、***Pedestrianism*** の著者もまた同人であろうことはすでに判明している。この ***Pedestrianism***[21] は、ランニングとウォーキングに特化した書物の嚆矢と言われている。[22] 総計二八六ページから成る本書は全七章の構成をとり、第六章は **"On Training"** と題され三〇ページほどにわ

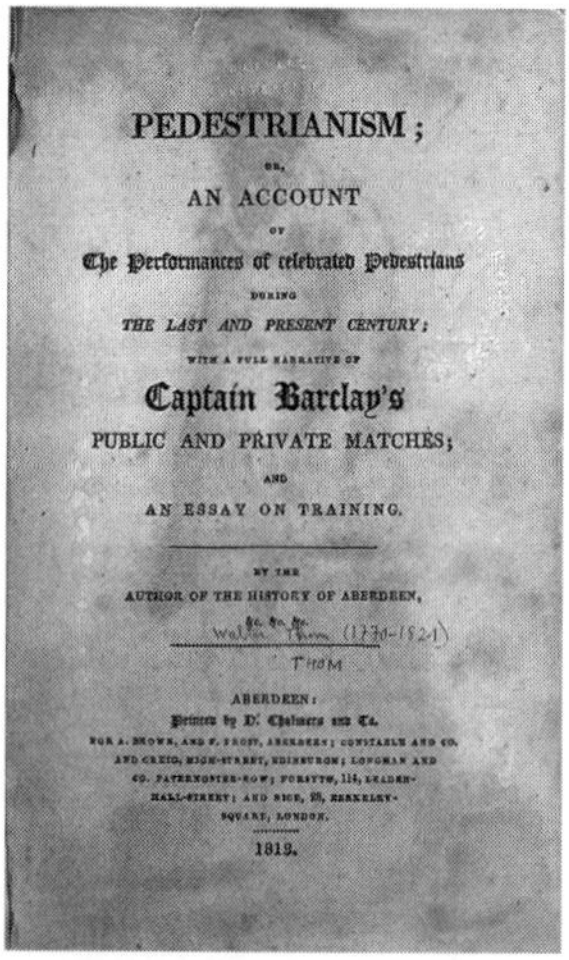

***Pedestrianism*（1818）の表紙**

たって競技者に対して採るべき具体的な食事内容、トレーニング内容が詳細に書かれている。

ただしこの章の内容は著者の見解ではなく、十八世紀から十九世紀にかけて活躍したスコットランド出身の著名な競走競技者（pedestrian）だったロバート・バークレー（Robert Barclay）、通称キャプテン・バークレー（Captain Barclay）のトレーニング論を中心にして成り立っている。記された提言は、往々にして過激ですらある。今日の視点からすると常軌を逸している部分が多々あるが、自らの身体を実験台にして試行錯誤の結果たどり着いた見解を開陳したのだろう。競技者として功成り名遂げた人物の経験を知ることから、後進のトレーニングが始まった時代だった。以下バークレーの具体的提言を概観したうえで、武田が「油抜き水抜き訓練」の着想を得たと思える箇所を引いてみたい。

練習に耐えうる競技者にバークレーは以下の手順を勧めている。競走競技が目的の場合、起床は午前五時、起伏ある場所を半マイル全力疾走し、それから六マイルをゆっくり歩き、七時に戻って朝食をとる。メニューはビーフステーキまたは軽く火を通した羊肉の厚切り、それに出来たてではないパンと炭酸が抜けたビール。食後はまた六マイルゆっくり歩き、正午には全て脱衣してベッドに三〇分横になる。ベッドを出て四マイル歩き午後四時には戻って夕食をとる。内容は朝食と同じ。

夕食後直ちに練習を再開、全速力で半マイルを疾走し、そしてゆっくり六マイル歩く。これ以上の練習はせず帰宅して八時には床に就く。これを三〜四週間にわたり毎日行なう、という内容[23]だった。次に続くのが、武田が言うところの「水抜き」訓練に相当する箇所であろう。

この定期的練習を三〜四週間実施したのち、競走競技者は四マイルの発汗訓練をする必要がある。フランネルの衣類を身につけ全力疾走で四マイル走る。帰宅するやただちに発汗を促すために熱くしたアルコール類を摂取する、量は一パイントとする……それからフランネルの服を身につけ六〜八枚の毛布を掛け羽布団も載せてベッドに二五分から三〇分入る。ベッドから出たらすっかり汗を拭き取って乾かす。そして外套をしっかり着込んでゆったり二マイル歩く。それから朝食をとる。こういう時の朝食はローストした鶏肉である。その後いつもの練習へと移行する。この発汗訓練は、競技会が数日以内となるまで毎週一回、すなわち三〜四回実施することになる。胃に不調を感じるならば、〔競技会へ向けての〕トレーニングを終える一週間ほど前に嘔吐剤を一〜二錠摂取する。こうして競技者は最良のコンディションになっていることだろう。[24]

バークレーの提言内容もかなり危険ではあるが、連日ではなく一週間に一度である。しかし一回あたりの負担はこちらのほうが重いであろうことは想像がつく。「水抜き」をしたのち通常の練習をもこなすことになっているからである。週一回から一週間連続へ武田は手法を変えた。通常はこれといった練習を積んでいないのに一か月後ほどのちの競技会に急遽参加することとなる、そういう日本の若者を念頭に置いたための変更かもしれない。なお、バークレーの提言中に「油抜き」にあたる文言は見当たらない。これは人目を引きやすいように武田が加えた工夫なのだろう。また、バークレーは右の引用で見たように水分摂取を禁止しているのではない、「水だけで飲むことはするな（Water is never given alone.）[25]」と書いているに過ぎない。「味噌汁の汁も飲むな」ふうに武田の「教え」は伝播していくのだが、肉体的試練を克服する精神論を説くうえで有用と思えたためなのだろうか。

この発汗法訓練以外にもバークレーから武田が着想を得た箇所はあるように思える。たとえばさきに引いた「茲に軽くすると云ふことは、彼の競馬の騎手の如くに只だ体重さへ軽くしさへすれば宜いのとは違つて」は、おそらく「騎手の訓練法は競歩競技者やボクサーに適応される訓練とは異なる。騎手の場合は、訓練の主眼は体重を減らし痩せさせることにある。そのためには下剤、嘔吐剤、発汗促進、そして食事量を極度に減らすことである。騎手の体力は何ら重要ではない、競走馬の手綱をうまく操ることさえできれば良く、馬が速く駆けられるかは載せている重さ次第なのである。騎手の筋力は競馬レースには全く重要ではない[26]」を下敷きにしているのだろう。これを念頭に置いて武田の主張の全体を読み直してみれば、下剤や嘔吐剤の服用などは削ぎ落とされ、精神論中心の訓練法へと姿を変えていることが分かる。

陸上競技史家の山本邦夫によれば、「油抜き水抜き」訓練法が武田千代三郎当人の指導のもと採用された東京の青山師範学校では、一九一七（大正六）年まで用いられたという。取り止めるに至ったのは「非教育的であり犠牲者が出で学業に落つかない」という理由によるとのことだった[27]。

「油抜き水抜き」訓練法の主旨は、「練習中は水を飲むな！」どころではなく「練習を終えても飲むな！」ということである。これを現代の視点から振り返って批判を加える、あるいは一笑に付すことは容易い。しかしながら、陸上競技という文明国起源の洋学を受容し、普及させようとした一人の先人の苦闘の様子をうかがい知れる一例をここにも見出せることをも記しておきたく思う。

「決して新時代の人の行ふべき方法ではない」

練習の始めたてに、冬シャツ二三枚の上に外套を着るか何かして、一二里の路を徐《ゆるや》かに駈るというふような事を一週間も続けると、体内にある余分の水分脂肪分が除き去られて大変走りよくなるといふのが、脂肪抜き水抜きなる方法の主意である。

余分の脂肪並びに水分は走るのには確かに無用否有害である。然し乍《なが》ら之は自然と漸々に除き去るべきもので、急激な方法で除き去る様な事をするのは却て身体に無理を与へて悪い……多くの場合に此方法は後に至つて元気の消耗を来たす、決して新時代の人の行ふべき方法ではない。(28)

武田千代三郎が唱えた「油抜き水抜き」訓練法は、成果を挙げることもあった一方、体調を損ね学業に支障をきたす生徒も出たため疑義が生じたことは先に確認した通りであるが、文字として批判の言辞を呈したのは、ここに引いたこの一節が最初ではないだろうか。練習を積めば体内の脂肪も水も除かれていく、それを急激な手段をもって除こうとするのは「身体に無理を与へて悪い」と

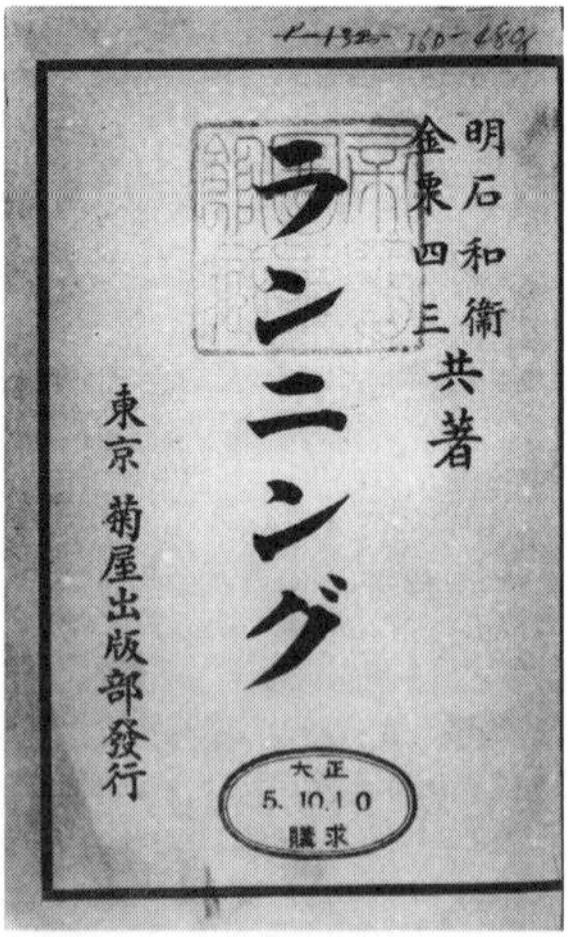

明石、金栗共著『ランニング』（1916）の扉

はっきり書いた。そして「決して新時代の人の行ふべき方法ではない」と結んだのである。筆者は明石和衛、当年二十八歳の東京帝大出身の工学士だった。帝大の大先輩であり大日本体育協会副会長の要職にある武田に向けて、物怖じせず理詰めで批判を書き記した。先達に阿《おもね》ることなどない勇気ある発言であった。発表の舞台となったのは金栗四三との共著『ランニング』（菊屋出版部、一九一六年）。一九一二年のストックホルムオリンピックにマラソンランナーとして出場した金栗が「長距離走」を、旧制一高、東京帝大とスプリンターとして活躍し、卒業後は混成競技（五種競技）でも日本選手権者となっていた明石が「短距離中距離走」を、それぞれ担当して出来上がった一書だった。二人の著者の名声もあり、広く読まれた本になった[29]という。

明石はそれ以前にも、高等学校を卒業し東京帝大へ入学する頃『中学世界』誌に寄せた「長距離競走の速成練習法」という一文の中で、長距離競走に備える中学生に向けて以下のように「油抜き」に触れていた。

最初の一週間は、専ら身体を長距離のランニングに適する様に拵《こしら》へる事に費す。これには、所謂脂肪抜き法を行ふ。此方法は、急激過ぎて実際は余り望ましくないのであるが、今迄練習をやつて居なかつた人が、急に練習を始めんとして、時日に余裕がないといふ時にはどうも止むを得ぬ……此方法を一週間も行へば、運動に必要なき脂肪及び水分は大部分除かれてしまひ、身体は非常に軽くなつた感じがする。(30)

言葉を選び、抑制して書いてはいるが、「此方法は、急激過ぎて実際は余り望ましくない」が「時日に余裕がないといふ時にはどうも止むを得ぬ」に込められた気持ちは見逃してはならないだろう。後年の理詰めの批判の萌芽をここに見る思いがする。「此方法を一週間も行へば……身体は非常に軽くなつた感じがする」の箇所から、どうやら明石自身も「脂抜き法」を試みたことがあるように察せられる。そして実際そうであった。この記事が掲載された『中学世界』に先立って刊行の同誌同年七月号に「一選手」の肩書きで寄稿された「ランニングの研究」という一文がある。のちに検証するように筆者はまず間違いなく明石和衛その人だった。そこには以下の一節があった。

脂肪抜きをやれば、成程身体は軽くなり心臓は確かに疲労しなくなる。然し乍ら、生理的にいへば、非常に無理を与へてゐるのであるから、斯くの如き状態にある事永き時は、必ず元気を失ひ神経は過敏になる。而して肝腎競走といふ時には、身体が衰弱し切つてゐて、意外の失敗に終るといふ事はよくある事である……僕も脂肪抜きをやつた経験はある。其結果は成程一寸はいゝが、後から段々身体が衰弱して、いざレースといふ時には更に駄目で、練習の始め程も駆けられなかつた。(31)

一九一〇年は明石にとり旧制高校を終えた年にあたる。「いざレースといふ時には更に駄目で、練習の始め程も駆けられなかつた」と後悔する競技会のレースとは、一体いつのことだったのか、興味を引かれる。というのも旧制一高生時代の明石はほぼ連戦連勝で、本人が書くところ[32]では入学した一九〇七年十月東京高等師範学校で開催された運動会に出て三位だったことくらいが不首尾のレースだったからである。なお『ランニング』の共著者である金栗が「油抜き」に苦しんだことはよく知られている。一九一一年のオリンピック選手選考会に備えての練習のなかで試みたものの、あまりの辛さで手にした砂糖水で元気を回復したというエピソードは、『ランニング』所収の金栗執筆箇所に体験談として明記されている。

扨《さ》て、八日頃であつた……いくら疲れて居ても走る時は、元気で走れるが、あとは疲れて言葉も云ひたくない、この疲れ殊に水分の不足は到底堪ふべからざる苦痛である。今晩は到底我慢もしきれなくなり一人で町から砂糖を求め帰り、コップに砂糖水三ばい、たつた三ばいの水、此のウマかつた事は……一週間転々として熟睡の出来なかつたのが三ばいの水でよく睡つた、翌朝は生れ変つた様に元気がでた、それから練習後は少しづゝ水分を取つたのである。[33]

金栗が選考会出場にあたり長距離走者の先達として出向いて教えを乞うたのが、さきに引いた一九〇九年の大阪毎日新聞社主催のマラソン大会入賞者である東京高等師範卒業生の菅野新七であり、

「油抜き」もまた菅野先輩からの教えであった。(34)

明石和衛という前衛《アヴァンギャルド》

わが国初の本格的な陸上競技の教本・解説書の登場は、ストックホルム大会に監督として同行した大森兵蔵の『オリンピック式　陸上運動競技法』（一九一二年六月刊）である。この書については章を改めて取り上げてみるが、この大森著に先立ち走競技のみに焦点を当てた見事な解説が活字となっていた。それは『中学世界』明治四十三（一九一〇）年七月号、九月号の二度にわたって掲載された総計一七ページに及ぶ「ランニングの研究」という寄稿文である。七月号は「研究を怠りし英国選手の失敗」「日本競走界現時の情勢」「トレーニング及び練習法」「一週日の練習順序」「食物用心」、そして「次号は、稿を進めて、スタート、コーナーの曲《ママ》の方、走る時のスタイル、競走のやり方等の最も重要にして興味ある研究に入ります」と七月号に「予告」が付された九月号は、「スタート」「コーナーの曲り方」「走る時のスタイル」「競走のやり方」の小見出しが、それぞれ付された内容だった。いずれの号でも筆者は「一選手」と記されていた。

ここではまず「一選手」の特定を試みてみたい。先に少々引用したように、同じ一九一〇年に『中学世界』誌に「長距離競走の速成練習法」（十月号）、「五哩競走者当日の重要心得」（十一月号）という実践的なアドヴァイスが掲載された。両号とも筆者は明石和衛とあった。その二つの寄稿文と「一選手」名の二つの寄稿文の内容に他の記事に見かけない共通の特徴がある。併記してみたい。

明石和衛「長距離競走の速成練習法」「五哩競走者当日の重要心得」

- 長距離では、一度苦しくなつた時我慢してしまふと、又後は存外楽になるものである。(35)
- 夜は空気の流通よき静かな室に、軽くて温なものを掛けて一人で寝る。(36)
- 競走当日は、競走の前までは足の方を少し高くして、静かに寝んでゐるがいゝ。(37)
- 足は常に冷さぬ様に注意し、走る前後には必ず揉革の手嚢か、或は只両手で充分に摩擦する。(38)

一選手「ランニングの研究」

- 練習さへ積んで居れば、へたばつてから又暫くは中々続くものである。(39)
- 夜は学校の課程がすんだら、成るべく早く、出来るならば空気の流通のいゝ広い室に一人でねる。(40)
- 競走の前夜は足の方を少し高くして眠るがいゝ。(41)
- 走る前後には滑皮の手袋で以て脚部を擦るといゝ。(42)

ここに掲げた類似箇所をもとに、「一選手」はまず間違いなく明石和衛その人と考えてよいだろう。一八八八（明治二十一）年生まれの明石は、東京神田の錦城中学を出て旧制第一高等学校に一九〇七年入学、一九一〇年卒業し東京帝大工科へと進んだ。一高、帝大ともに在学中は短距離走を中心に活躍し、帝大二年生だった一九一一年十一月のオリンピック選手選考会では一〇〇メートル走二位、二〇〇メートル走一位、四〇〇メートル走二位、走幅跳一位の成績を残した。学業も優秀で一九一三（大正二）年の東京帝大工科卒業にあたっては恩賜の銀時計を受け、大学院特選給費生に選ばれた。三年の課程を終えた後は研究者の道を選ばず、一九一六（大正五）年五月明石製作所を創業し、実業人の道を歩み始めた。また陸上競技連盟にも関わり、同連盟理事長（昭和十二〜十三年度）を務めた。大学院在学当時、日本選手権では混成競技（五種競技）で優勝したこともあり、一九一六年に開催が予定されていたベルリンでの第六回オリンピックを目標にしていたのではないかと察せられるが、第一次大戦でベルリン大会は中止となり、明石に挑戦する機会は失われてしまったのが悔やまれる。

以下「一選手」は明石和衛という前提で「ランニングの研究」を検討してみたい。明石の主張の根底にあるのは科学的研究の重要さを説くことだった。

ランニングの練習程つらくて面白味のないものはなからう。然し、これは研究といふ事が未だ足らぬからである。ランニングは只滅茶苦茶に駆つてゐたからとて上達するものではなく、野球等と同じく科学的研究といふ事が甚だ必要で、極く些細の事まで研究するといふ様にした

「明治42年駒場帝大全勝選手」として紹介される明石（中）（『向陵誌』「陸上運動部部史」〔1913〕より）

らば、上達の速かなるは勿論、ランニングの味も其中から湧き来つて、苦しい内にえもいはれぬ愉快が伴つて来るのである。(43)

科学的研究とは称しても運動生理学や力学を応用しての研究ではなかった。「滅茶苦茶に駆」けるのではなく、頭を使って考えよ、換言するならば合理的な思考をランニングにも適応せよ、という勧めである。裏面から言うならば、闇雲に力任せの疾走が当たり前だったということの証左となろう。明石はそういう競技者より時代を超えて先へ行っていたのである。科学的研究の具体例として明石は曲走路《コーナー》の走り方を取り上げる。直線走路で実施される一〇〇メートル走を除けば、二〇〇メートル以上の距離のレースはすべてオープンレーンで実施されていた前提で読む必要がある。

欧米の一流の選手競走になると、四分の一哩位までの競走では、ほんの只一つコーナーの曲り工合の巧拙で、勝負が定まる事があつて、研究の勝つたものが競走でも勝つといふ様になるのだ相である。(44)

一般論をこうして示したうえで、実践的なアドヴァイスは二回目の記事に掲載された。

大体の要領丈《だ》け云へば、体を少し低い様な気味にして、股は小股にして、足は余り上へ上げず、体は左の方へ傾け、手は少しコースの内側に向けて、たぐる様な気持に振る。コーナーでは、股を思ひ切り広げる事は非常に損であるから、これ丈けは余程注意しなければならぬ。又非常にコーナーが急な時は、左の足を一歩少し当り前より右のほうへ踏み出すと、よく曲れるが、これをやると、左足に急に非常な力を与へるので、疲れる心配がある。

それから、コーナーを曲がる時は、コーナーを曲り始める時に少し力を弛める様にして、半分許り曲つてから、段々力を出した方が、外曲りをしなくてよい様である。

手の振り方で重心をうまい具合に取つて行くのだらう、これは余程研究して貰ひ度い。[45]

前半は効果的な足運び、そして後半は「スローイン、ファストアウト」の勧めとなろうか。数多くのレース経験を重ねる一方で合理的思考を積み重ねてきた明石にしてはじめて書けたアドヴァィスであろう。明石は旧制一高きっての理論家だった。その研究対象は海外の書物にまで及んだという。一高陸上運動部の部史には以下の記載がある——「明石などは偏《ママ》く欧米各国の陸上運動に関する書を渉猟して参考し斟酌《しんしゃく》して以て吾が練習法に応用しければ、我国運動界に於て常に最新式の練習法によれるは第一高等学校なりき」[46]。これを踏まえて陸上競技史家の山本邦夫は「『欧米各国の陸上運動に関する書』の中で、明石和衛がどんな書物を参考にしたか見当もつかない」[47]と書いているが、少なくとも一冊は指摘することができる。「ランニングの研究」第一回目の記事の最初の節は「研究を怠りし英国選手の失敗」と題され、以下のように書き始められた。

十九世紀に至つて、アメリカの諸新聞は盛に自国諸競技の驚くべき年々の進歩を書き立て、新レコードを諸国に報道に及んだ。さうすると、英国の競技家はこれを見て大に疑ひを挟み、それは距離が実際よりも縮まつてゐるのであるとか、時間の計り方に誤りがあるのだとか、又気候が乾燥してゐてトレイニングに適してゐるからだとか云つて、英国では別に新しき研究もせずに今迄通りやつてゐた。(48)

この箇所が第三章で引いたハロルド・グラハムの ***Athletics of To-Day*** の一節を踏まえているのは一読して明らかである。今一度、グラハム著の該当箇所の試訳を引いておく。

来る年も来る年もアメリカのスポーツ紙誌は、素晴らしいタイムや常人離れした跳躍記録を活字にして報じた。アメリカでは走高跳のバーは一インチずつ高くなっていった。〔一二〇ヤード〕ハードル競走では、簡単に一六秒の壁が破られた。だがここイギリスでは、こういう報道はこの上ない猜疑心を持って読まれたのである。彼の地の走路は距離が短いのだろう、タイムの測定が誤っているのだろう、ハードルの上部は構造がゆるく、一旦競技が終わると走路に崩れ落ちるくらいなのだろう、ハードルは芝ではなく走路に設置されているのだろう、それにアメリカの気候はイギリスよりも湿度が低く練習を積むのに適しているから、同じ走者がイギリスで走れば速いタイムは出せないだろう。(49)

明石はグラハム著を入手して読んでいたのだろう。実際グラハムの名への言及もある——「疲労した後等では、酒類さへ差支ないのみか、疲労を癒するにはシャンペンに限ると、ハロルドグラハムといふ人等は唱へてゐる」[50]——旧制高校生として英国の書物を取り寄せ読破し、練習に活かそうとしただけでなく、年少の読者の啓蒙をも企図していたことが分かる。時代の最先端を行く学生アスリートだった。そして時代の先端といえば、第二章で取り上げたクラウチングスタートを日本で初めて文章として紹介したのも明石和衛だったことはまず間違いない。

「彼の地に這ひつくばる形のスタート」

クラウチングスタートが日本へいつ伝わったのかは明らかにされてはいない。小学生に向けて書かれた『心身鍛錬　少年競技運動』にクラウチングスタートのイラストが含まれていたことはすでに見たが、著者の武田は何も言及してはいなかった。

『中学世界』一九〇三年四月号には「米国大学生の運動」と題して写真が三枚紹介され（一八〇頁参照）、そのなかには体育館でクラウチングスタートの「用意」の姿勢をとる数名の学生の姿もあった。写真に呼応する記事は「米国大学の体育運動」のタイトルをとり、筆者は呑洋軒とあった。興味深い写真であったが、記事中に「全速力疾走も此の運動室内に於て行ふものであるが此れは口絵に示したるが如く四人一組となりえて腰を屈《かが》め両手を床上に置きて突進の用意をなし傍らに立てる教師の号令を待ち駈けだす〔の〕である。唯普通の徒歩競走と異る所は其距離の短くして極力の疾走をなすにありて多くは雨天の時など運動室内に於て行ふを常とす。随分学生に愉快を与ふる運動である」[51]とあるにとどまり、「腰を屈め両手を床上に置きて突進の用意」となっていることの理由などへの言及はなかった。見慣れないポーズよりも「距離の短くして極力の疾走をなす」ことのほうに関心が向いたのであろうか。

明石和衛によるクラウチングスタートの紹介は、二回目の記事の冒頭にあった。

普通のスタートは、諸君もすでに御承知の事と思ふからこゝには、只此頃欧米でも盛に行はれてゐる、彼の地に這ひつくばる形のスタートに就いて述べやう。

室内でクラウチングスタートの練習をする米国大学生（中央） 後方で見守るのはマイケル・マーフィーと思われる（『中学世界』1903年4月号）

スタートライン（scratch といふ）の上に手の指がつく様にして、身体を前方に曲げ、左足を前に（ラインより一尺許り後方に）それから、右足は前の足より一尺足らず離して、其後方に置き、両足共に爪先きで立ち体の重みは前の足に託する。そして、銃声と共に後足で身体を蹴出し、同時に両手の指で地を押し、左足でふんばつて右足を第一に前へ出す。発走して直ちに身体を起すと、速力を止める様になるから、身体は始め十五メートル許りの間に、次第に垂直にする様に企てるのが必要である。[52]

核心を押さえた紹介だろう。前足はスタートラインから一尺後方に置き、後ろ足はそこから離して一尺弱というのなら、第二章で確認したチャールズ・シェリルよりもよほど安定した「用意」の姿勢が取れそうである。もっとも、後ろ足がそれでもまだ前過ぎるきらいがあるため、スタート時にしっかり前傾しようとすると躓く恐れは残るのだが。なお、吋《インチ》や呎《フィート》ではなく、尺を用いて距離を表現している。何かの書物の翻訳ではなく内容を咀嚼したうえでの自分の言葉での説明とみていいだろう。

明石は続けて以下のように記した。

この形を All-four's attitude といふが、この外に Dap start といふのがある。これは最近の方法であつて、今述べたのと異る処は、只両足の間を九吋位にするのと、今の方法では、右の足で蹴つて右の足を第一に前へ出したのであるが、この方法では右の足で蹴つて、第一に出すのは左の足なのである。しかも、その最初に踏み出す左足一歩は余り広げず余程短い位に稍々左の方へ落す。その次の右の足からはいくら広げても構はぬ。(53)

スタンディングスタートでのダブスタートならぬクラウチングスタートでの「ダップスタート」というのがあると紹介する。こちらは吋《インチ》を用いてあることからして「原典」の翻訳なのだろう。ハロルド・グラハムの著に記載があるのではないか。

短距離競走ではスタートが極めて肝要である。ダップスタート（"Dap" start）として広く知られていて今では普通に用いられている。かなりの練習量を必要とするが、一旦習熟するならば、四つんばい姿勢のスタートが登場した時に用いられていたそれ以前のスタートよりも確実に素早くスタートを切れる。方法は以下の通りだ。スタートライン後方に構え、両手あるいは手にしたコルクがスタートラインに着くように身体を屈める。大抵は左足を前にして出走する。左右の足の間は約九インチ離し、一直線上には置かない。号砲が鳴るや後ろ足を蹴って体重を前方に投げ出す。時同じくして両手を走路から離し、左足は前方へ短く素早く弾むようにして、やや左側へ出す。次に踏み出す右足は十分な長さのある一歩としてよい。(54)

やはりグラハムはダップスタートを説明していた。奇妙なことに、グラハムはクラウチングスタート、つまり「四つんばい姿勢のスタート」について何も解説してはいない。解説不要なほど普及していた証なのか。ダップスタートを勧めるのは、クラウチングスタート以前のスタンディングスタートより素早い発走が可能だからという。クラウチングスタートと比較しているのではない。ちなみにdapとは何かを「軽く弾ませる」ほどの意味である。何回か読み直してみてもグラハムが伝える手順が判然としない。後ろ足で蹴ったのち支点のはずの前足を軽く踏み出せ、というのである。しかもそのとき両手は地面から離すことになっている。身体がかなり左右に揺れることが予想され、果たしてそれが前進運動にとり有利なのか疑問に思う。予想される左右の揺れを少しでも回避するため、両足を一直線上に置くな、と提言しているのだろう。なお、クラウチングスタートの場合でも、後ろ足ではなく前足から踏み出せと主張する走者もいたらしい。察するに、ダブスタートのクラウチング版を考えたのだろう。バランスを崩すという理由で反対する者が大半だったというが[55]。

帝大生となる直前に書き上げたと思われる「ランニングの研究」は、『中学世界』という雑誌媒体だったためおそらく紙幅に制限があったのではないか。その限られた字数の中で自らの体験と洋書を読み込むという手法とを併用して、明石和衛はクラウチングスタートという文明国の一要素を見事に言葉で説明した。もう一度、明石がクラウチングスタートを説いたのは、その六年後のこと、金栗との共著『ランニング』のなかであった。理論家明石の完成度を堪能してみたい。

出発の用意の時前に出してゐる足は、左足だらうが右足だらうが構はない。然し大概の人がさうだから、此処には左足を前に出すと仮定して話をする。先づ出発線の五六寸後方に左足の爪先きの入る様な極浅い穴を掘る、それから右足の膝が左足の踵の直ぐ右に来る位にして蹲踞《しゃが》む、そして右足の爪先きの地に付いた所に穴を掘る、此穴は二寸位の深さに、後方を垂直の壁の如く、前方は足を踏出す時の邪魔にならぬ様斜の坂にして置く（此穴を掘る事は許されてゐるが、競走が済んだら競走者は元の通り埋めて置く義務がある）。穴殊に右足の入る穴の後方の壁は充分固くして、力を入れて蹴ても滑らぬかどうかを検《けみ》して置く……出発線の上に置く両手の指は如何にすべきかと言ふに、親指を開いて内側へ向け、他の四指は一緒に閉ぢて外側に向けるのが普通だが、比較的腕の短い人などは親指を浮かして、手の甲を前へ向けて人差指中指無名指の三本で支へてもよい……左足は出発線の五六寸後方置くと言ふたが、初心者は此五六寸後に足を置くと言ふ事を大変損でもする様に思つて、成るべく出発線の近くに足を置きたがる。然しさうすると、体の釣合が取り難く、非常に窮屈を感ずる様になる。それで五六寸は距離に於て損をしても、後方へ置いた方が、楽に出易いといふ方面で以上の利益を得るから、結局は決して損にはならないのだ[56]。

「ランニングの研究」で展開された要旨がより詳細に分かりやすく書かれている。提言は、地に接する両手の指の配置にまで及ぶ。武田千代三郎は「筋の処の地面に穴を明けて、そこへ指を引つかけ、踏み出しよい様にしよーとする様な卑しい事」を禁じたが、それから十数年後明石は堂々と「左足の爪先きの入る様な極浅い穴を掘る……此穴を掘る事は許されてゐる」と書いた。油抜き訓練法への批判と合わせて見れば、武田時代の指導の終焉を思わせるに十分であろう。また、前足をスタートラインに接することが実は不利であるということをも説得力ある叙述で紹介する。おそらく一高や帝大での練習仲間から投げかけられた疑問の一つが「なぜスタートラインに前足を接するように置いてはいけないのか?」だったのではないか、とさえ思わせる。理詰めの叙述の展開がいたるところに見られる。

明石は「科学的研究」をせよ、と自分よりもさらに年若い読者に訴えた。ここに引いた一節から浮かび上がる明石の姿勢こそ、明治末期大正初期の日本のコンテクストでの典型的な科学的研究の事例であることは言うまでもない。

日本の競走界の発展のために

時系列のうえでは数年遡行するが、明石が帝大在学中に寄稿した「競走界に対する希望」という一文をも見ておきたい（一八六頁参照）。日本陸上界の現状を踏まえての提言であるため、そのころの様子を伝える貴重な資料となり得ているからである。藤井實の棒高跳三メートル九〇の大記録が世界記録として認められなかったのは「我方法の彼の規則に適はざるものありしとの故」だと記事を始めた。日本の競技規則が世界のそれと異なるにとどまらず、東京府内でさえ学校によってルールが異なる現状を紹介し、それは「実に我競走界の一大恥辱と云はなければならぬ」と書いた。競技規則の確立は「目下我競走界第一の急務」であると訴えた。

バラバラな規則の例をいくつか挙げている。一つ目は「トラックの測り方」だった。イギリスでは内側から一フィートの箇所を、アメリカでは一フィート半の箇所をそれぞれ測って一周の距離と

競走界に對する希望

東京帝國大學　明石和衛

明石「競走界に対する希望」
（『運動世界』1911年秋季号）

している。明石の東京帝大のグラウンドはイギリス流で一フィートの箇所を基準としていた。ところが学校によっては三尺、あるいはもっと離して競走路の中央を基準として計測しているという。その結果、六〇〇メートル走といっても実際ははるかに短い距離しか走らないことになる。六〇〇メートルの持ち記録は一分二五秒だ、と豪語する地方出身者がいるが「そんな人を東京の大学の運動場にでも来て走らして見るがよい。恐らく一分四十秒ででも走り得るものはなからう」と明石は突き放した。また、トラックの形について楕円形が一番理想と思う者がいるようだが、招待レースに呼ばれて走ってみると「こんなのは走り難《にく》い事一通り出ない」と指摘する。さらに、フライングを避けようとして「用意！」の掛け声をかけずに号砲を撃つ出走係も中にはいるが「之れ其競走者を苦しめるのみで、競走に於て最も趣味あるスタートの意義を、没却したる所の処置とはいはざるを得ない」と書いた。[57]

明石がさらに言い及んだのは、ゴールでの判定は身体のどの部分をもってするか、という点だった。旧制第一高等学校でもかつては足が決勝線に到達する順で着順を決めたことがあった。一八九九（明治三十二）年春のこと、山口県の山口高等学校が一一マイルの競走を行なったと伝え聞いた一高生たちは、それを上回る一三マイル競走を東京上野の不忍《しのばず》池畔で実施することに決めた。決行は五月十三日となり、参加者三十有八名により午前九時出走で開始された。「陸上運動部部史」から競走の大詰め部分を引く。

遂に最終の回は来りぬ。先頭に立ちて足並乱れず悠々群伍を抜くもの二人、一は木下東作、一は今村次吉となす。何れか一着の栄誉を荷ふものぞと観る者をして等しく熱狂せしめしが……両者同時に決勝線上に在り。木下氏勝てるか、今村氏敗れざりしか、時の審判官藤井國弘氏の採決により、今村氏の足一歩早く線上に在りしを認めて、茲に一着の光輝ある月桂冠は、今村次吉氏の頭上に燦然として其光りを放ちぬ。時を費すこと、一時三十五分四十九秒なりき。(58)

決勝線上に今村の足のほうが先に到達したのでこのデッドヒートは今村一位と決定、としたという。長距離競走はともかくスプリントの着順判定に足の到着順というのは判定が困難であることは想像がつく。「足で見別けるといふ事は非常に困難な事」と指摘した明石は「胸或は腹の最初に触れたものを以て先着者と定むる方が、理屈から云つても至当であり、又且つ見別けも遥かに付き易い」(59)と正論を記した。こういう諸例を紹介しつつ明石が強調したかったのは、先に記したように、競技規則の策定が「目下競走界第一の急務」であるということに尽きた。競技種目こそ同じであってもルールが異なれば「世界の記録を通過するに十分な条件を供へて置くこと」にはならないという主張を展開したのである。

そして最後に以前からの持論をさらに展開した。

最後に競走者諸君に一言望む事がある。といふのは大に研究的態度を以てランニングの練習をせられん事之である。どういふものか我国では未だランニングは簡単なものだといふ考へが、人々の頭に浸み込んでゐる。之は一般の人々のみならず競走家其人々にまで及んで居る……今迄とても特に秀でゝ居た様な人は皆特別の苦心を重ねた人である。然し折角自分で研究して得た事も一般の人に伝ふる事なくして終つた人が多い為めに我競走界は猶ほ現今の五里霧中に在るのであると思ふ。それで僕は諸君が研究して良いと思れた事は惜しむ事なく世に伝へて貰ひ度いというふ事を切に望んで置く。之れ我競走界の進歩発展を促す上に最も効果ある事と思ふ。(60)

競技者一般に向けては合理的な練習を勧め、傑出した競技者には自己が会得したことを後進のために伝授してほしい、と訴えたのである。トップアスリートの明石自身は、常に「研究的態度を以てランニングの練習」を積み重ね、その一方、『中学世界』や『運動世界』といった媒体を通して競技技術の啓蒙に努めた。その集大成が金栗との共著『ランニング』に書き記された記録なのだろう。明石のアプローチは理性的で合理的であるが、もちろん精神論と無縁というのではない。たとえば「ランニングの研究」の中でも「総じて、競走には胆力と勇気とがすこぶる必要である事を忘れてはならぬ(61)」と説いていた。しかし、良識の範囲内のごく当たり前の助言である。

最後に書いておきたいことがある。「外国にはランニングの教師があつて……何にかとなくよく教へて呉れるのださうだ(62)」と書いた明石が、そういう「教師」を切望したであろうことはコンテクストから容易に想像がつく。また、一九一二年のストックホルム大会にもう一人の派遣選手として加わっていたならば、書物を通してではなく、本場の陸上競技を自らの目で見、皮膚で感じることを得たのに、とも思う。仮に選出されていたとしても派遣費用は原則自己負担だった当時、北欧へ出向くことは難しかったかもしれないが、参加が実現していたならばその後の日本陸上界の発展への明石の寄与は計り知れない大きなものとなっただろう。こういう仮定法過去完了風の思いをどうしても抑えられないのである。

註

（1）文化史家の木村毅は、風流覇客は『世界之日本』同人だった佐久間秀雄ではないか、という情報を記している――「当時この雑誌によく寄稿していた陸奥宗光のペンネームではないかなどの意見もあったが、この雑誌を主宰していた竹越与三郎の息子の熊三郎氏にただしてみたところ、当時の雑誌同人だった佐久間秀雄という人ではなかろうかということであった。この人は訳書もあった英語通だったという」（木村『日本スポーツ文化史』ベースボール・マガジン社、一九七八年、四六頁）。

（2）風流覇客「昨年のオリムピア競伎」『世界之日本』第一二号、一八九七年、四七頁。

（3）Pierre de Coubertin, "The Olympic Games of 1896" in *The Century: Illustrated Monthly Magazine*, November, 1896, p. 45.

（4）風流覇客前掲「昨年のオリムピア競伎」四七頁。

（5）Coubertin, "The Olympic Games of 1896," pp. 45-46.

（6）風流覇客前掲「昨年のオリムピア競伎」四八頁。

（7）風流覇客前掲「昨年のオリムピア競伎」四八〜四九頁。

（8）『近代日本 オリンピック 競技大会資料集成』（紫峰図書、一九九七年）目次。

(9) 明石和衛「競走界に対する希望」『運動世界』一九一一年秋季号、五頁。
(10) 武田(一八六七―一九三二)は旧制第一高等学校、東京帝大法科出身の官僚、教育者。学生時代にはボートや陸上競技で活躍、のちに嘉納治五郎会長のもとで大日本体育協会初代副会長をも務めた。フレデリック・W・ストレンジの教えを受けた一人でもある。『理論実験 競技運動』巻頭にはストレンジの写真を掲げ、ストレンジの日本のスポーツ界への貢献を特記している。
(11) 前年一九〇三年十月、自由英学出版部より同名タイトルのもと第三編「体勢訓練」までが、上巻として刊行された。それを含めて一冊としたのが一九〇四年の著作である。
(12) 武田千代三郎『理論実験 競技運動』(博文館、一九〇四年)三七五～三七六頁。
(13) 武田千代三郎『心身鍛錬 少年競技運動』(博文館、一九〇四年)五四～五八頁。傍点は原文ママ。
(14) 武田前掲『心身鍛錬 少年競技運動』五三～五四頁。
(15) 武田前掲『理論実験 競技運動』一四七頁。
(16) 柏木村人「国際競技予選会記」『運動世界』一九一一年十二月号、九四頁。
(17) Harry M. Jewett, "Sprinting or Short Distance Running" in *Athletes' Guide* (New York, 1893) p. 23.
(18) 武田前掲『理論実験 競技運動』一四九～一五〇頁。
(19) 正式名称は「マラソン大競走 阪神間二〇哩長距離競走」だった。「マラソン」と称されたが、「二〇哩長距離競走」とあるように距離は四二・一九五キロではなかった。
(20) 菅野新七「マルソン競走出演苦心談」『中学世界』一九〇九年五月号、九三頁。
(21) 歩行者を英語では pedestrian と表現することから、pedestrianism に「歩くこと」という意味を連想するが、歩行にとどまらずランニングをも包含する広い意味で用いられていた。「徒歩」と「疾走」とを併せ持つ用法だった。ちなみに、東京高等師範学校に置かれた、今日ならば「陸上競技部」と呼称されるであろう運動部は、「徒歩部」の名を冠していたことも、同様の発想に基づくものかと思われる。
(22) Edward S. Sears, *Running through the Ages* (2nd edition) (Jefferson, 2015) p. 53.

(23) Walter Thom, *Pedestrianism; or An Account of The Performances of Celebrated Pedestrians during the Last and Present Century* (London, 1813) pp. 229–230.

(24) 原文は以下の通り。 After having gone on in this regular course for three or four weeks, the pedestrian must take a four-mile SWEAT, which is produced by running four miles, in flannel, at the top of his speed. Immediately on returning, a hot liquor is prescribed, in order to promote the perspiration, of which he must drink one English pint ... . He is then put to bed in his flannels, and being covered with six or eight pairs of blankets, and a feather-bed, must remain in this state from twenty-five to thirty minutes, when he is taken out and rubbed perfectly dry. Being then well wrapped in his great coat, he walks out gently for two miles, and returns to breakfast, which, on such occasions, should consist of a roasted fowl. He afterward proceeds with his usual exercise. These sweats are continued WEEKLY, till within a few days of the performance of the match, or, in other words, he must undergo three or four operations. If the stomach of the pedestrian be foul, an emetic or two must be given, about a week before the conclusion of the training, and he is now supposed to be in the highest condition.

Thom, *Pedestrianism*, pp. 230–231.

(25) Thom, *Pedestrianism*, p.234.

(26) 原文は以下の通り。 The manner of training jockies is different from that which is applicable to pedestrians and pugilists. In regard to jockies, it is generally wasting, with the view to reduce [sic.] their weight. This is produced by purgatives, emetics, seats, and starvation. Their bodily strength is of no importance, as they have only to manage the reins of the courser, whose fleetness depends upon the weight he carries; and the muscular power of the rider is of no consequence to the race ...

Thom, *Pedestrianism*, pp. 243–244.

(27) 山本邦夫『近代陸上競技史』上巻（道和書院、一九七四年）一四六頁。

(28) 明石和衛「短距離中距離　競走練習法」（明石和衛、金栗四三共著『ランニング』菊屋出版部、一九一六年）

一四頁。『ランニング』は、前半「長距離 競走練習法」(総ページ数一三二)を金栗が、後半「短距離中距離 競走練習法」(総ページ数一五一)を明石が、それぞれ担当する共著の形をとった。題字は、金栗の学んだ東京高等師範学校長であり大日本体育協会会長でもある嘉納治五郎が書いた。明石が担当した後半部は全部で一八章からなり、「百米突競走」「二百米突競走」「四百米突競走」「六百米突競走」「八百米突競走」「千五百米突競走」「団体競走」という種目別解説の計七章に「理想的体格」「練習の方則」「食物其他健康上の注意」「競走靴と服装」の四章が先立ち、そして「競走に就ての心得」「発走法」「競技場の設計」「出発合図法」「時間測定法」「競走に関する規則」「レコードの比較」の七章が後置されるという構成を取る。

(29)「本書は陸上競技の啓蒙期ともいふべきときに際して、著者自身の体験を織り込んで書かれたもの、嚆矢である。今日から見れば幾分不備の点も少くないが、多くの競技練習者に読まれた好著である」(真行寺朗生、吉原藤助共著『近代日本体育史』日本体育学会、一九二八年、二七六頁)。

(30)明石和衛「長距離競走の速成練習法」『中学世界』一九一〇年十月号、九四～九五頁。

(31)一選手「ランニングの研究」『中学世界』一九一〇年七月号、四八頁。

(32)明石和衛「一高撰手」『中学世界』一九一〇年八月号、五八頁。

(33)金栗四三「長距離 競走練習法」(明石、金栗前掲『ランニング』)一一三～一一四頁。

(34)豊福一喜、長谷川孝道『走れ二五万キロ マラソンの父金栗四三伝』(講談社、一九六一年)七一頁。

(35)明石前掲「長距離競走の速成練習法」九八頁。

(36)同右、一〇〇頁。

(37)明石和衛「五哩競走者当日の重要心得」『中学世界』一九一〇年十一月号、九四頁。

(38)明石前掲「長距離競走の速成練習法」一〇〇頁。

(39)一選手「ランニングの研究」『中学世界』一九一〇年九月号、八五頁。

(40)一選手前掲「ランニングの研究」七月号、五〇頁。

(41)同右、五一頁。

(42) 同右、五一頁。
(43) 同右、四六頁。
(44) 同右、四六頁。
(45) 一選手前掲「ランニングの研究」九月号、七九〜八〇頁。
(46)「陸上運動部部史」『向陵誌』第一高等学校寄宿寮、一九一三年、四一五〜四一六頁。
(47) 山本前掲『近代陸上競技史』上巻、二二七頁。
(48) 一選手前掲「ランニングの研究」七月号、四四頁。
(49) 原文は以下の通り。Year after year the American sporting papers had published accounts of marvelous times and extraordinary jumps. Inch by inch the high-jump bar was there being raised higher and higher, even time for the hurdles was easily beaten. In this country these accounts were red with the greatest suspicion. Their tracks were shorter; the time keeping was faulty; the hurdles had loose top-bars, which after the race strewed the ground; the hurdles were placed upon the track instead of upon grass; and lastly, the climate was drier and more suited to training, so that the same men would be unable to do fast times in this country.

Harold Graham, *Athletics of To-day* (London, 1901) p. 9.

(50) 一選手前掲「ランニングの研究」七月号、五〇頁。
(51) 呑洋軒「米国大学の体育運動」『中学世界』一九〇三年四月号、一二四頁。
(52) 一選手前掲「ランニングの研究」九月号、七七〜七八頁。
(53) 同右、七八頁。
(54) 原文は以下の通り。In all "dashes" the start is of great importance, and that popularly known as the "Dap" start is now generally used. It requires a considerable amount of practice, but once proficient, a man is certainly faster off the mark than by the older method that was first used when the "all-fours" attitude was adopted. The method is this. Take up a position behind the line with body bent so that the hands or corks rest upon the "scratch." Most men start

with the left foot in front; there should be about nine inches between the feet and they should not be quite in the same direct line. At the report of the pistol the weight of the body is flung forward by the kick of the back foot, simultaneously the hands are lifted off the track and the left foot dapped forward with a short, sharp step, slightly to the left. The next step with the right foot is a good long one.

Graham, *Athletics of To-day*, pp. 28–29.

(55)「最初に少し前へ出すのは前足に限る、と言い張る者もいる。だが現代のスプリンターのほとんどはこれには反対している。ほぼ全体重を前足に置いて均衡を取っているのなら、この種の動きをするとバランスを崩すだろう、というのである（Some people aver that it is the front foot which should make a little forward step first; but most modern sprinters are against this. If nearly all the weight is poised on the front foot a forward movement of this kind would upset the balance.）」E. H. Ryle, *Athletics* (London, 1912) p. 93.

(56) 明石前掲「短距離中距離 競走練習法」一一三〜一一六頁。

(57) 明石前掲「競走界に対する希望」四〜六頁。

(58) 前掲「陸上運動部部史」三九八〜三九九頁。

(59) 明石前掲「競走界に対する希望」八頁。

(60) 同右、八〜九頁。

(61) 一選手前掲「ランニングの研究」九月号、八三頁。

(62) 同右、八〇頁。

第五章　「文明」から始まる陸上競技教本
――大森兵蔵『オリンピック式　陸上運動競技法』の周辺

陸上競技教本の誕生

　近世文明の特徴の一は都会の急激なる膨張である。而して諸般社会的活動の都会を中心として行はるゝに至ると共に、都会に於ける民衆の生活が自から激変を来し衛生上甚しく不利なる状態に置かるゝに至ることは、壮丁の健康が年と共に劣等に赴きつゝあるに徴しても既に一般に認められた事実である。

　又近世文明の特徴の他の一は物質文明発達の要求より生ずる智的教育の勃興であつて、智的教育過度の負担が学生の不健康を来しつゝあることは、之れ又明白なる事実である。

　一方都会生活を営みつゝ或は過度の智的教育を負担しつゝ、然も他方に或特種の方法を講ぜずして、是等人々の健康を保持増進することは不可能である。(1)

大森兵蔵　米国スプリングフィールドのYMCA留学時代

近代の都市生活への言及から始まる社会学の論考かと見紛うばかりのこの一節は、日本初の本格的な陸上競技教本として歴史に名を残す書[2]の冒頭部分に他ならない。著者は、大森兵蔵《ひょうぞう》（一八七六―一九一三）、日本が近代オリンピックに初参加した折（一九一二〔明治四十五〕年六月の第五回ストックホルム大会）には派遣選手団監督の任にあり、入場行進で国旗を持つ三島彌彦、NIPPONと記されたプラカードを掲げる金栗四三両選手の直後を、団長の嘉納治五郎とともに並んで歩いた。日本での学業を中退し[3]、一九〇一（明治三十四）年秋に渡米してまずスタンフォードで経済学を、その後スプリングフィールドのYMCAの体育指導者養成課程で体育学を修め、一九〇八年の帰国後はバスケットボールの移入をはじめ近代スポーツの日本での普及に尽力する傍ら、啓蒙を企図する体育論や陸上競技論を国内諸雑誌に少なからず寄稿した[4]。病を得てストックホルム大会の翌年一月、妻の母国アメリカにて三十代で没したため、単行著作はこの『オリンピック式 陸上運動競技法[5]』（一九一二年）一冊となったのが悔やまれるが、理論と実践両面の指導[6]で、近代スポーツ草創期の明治日本に果たした貢献は大なるものがある（なお、以下本章では、同書を『陸上運動競技法』と略記する）。

総計八五ページという簡にして要を得た本書は、最後の六ページほどを競技会のルール紹介に充

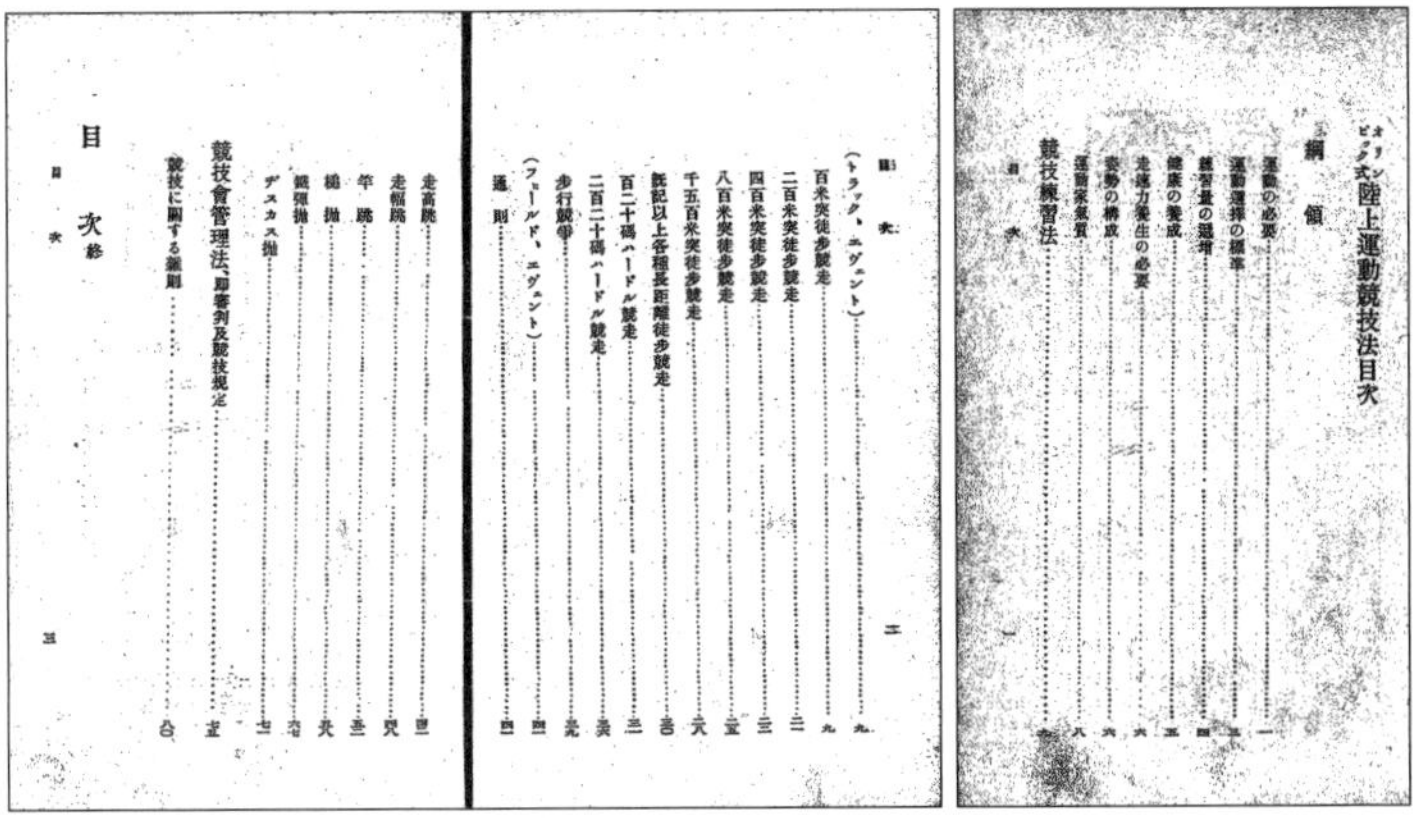
オリンピック式陸上運動競技法目次

大森『オリンピック式 陸上運動競技』（1912年）目次

てる。中核をなす「競技練習法」は九ページ目の途中から始まる。それに先立つ数ページは、「綱領」と題され、さらに、「運動の必要」「運動選択の標準」「練習量の逓増」「健康の養成」「走速力養成の必要」「姿勢の構成」「運動家気質」の順で小見出しが立てられている。すなわち、総ページ数の一割以上を費やして、都市生活に触れ、文明にも言い及ぶ序言を提示しようと努めている。

試みに、同様に日本陸上競技草創期の指導者の一人として令名高い野口源三郎[7]による『オリムピック競技の実際』（一九一八年）を参照すれば、全六〇六ページ中、「緒言」は四ページにとどまる。そして「近頃、競走や跳躍技や投擲技等の、所謂アスレチックゲームが国民的の競技運動として一般に普及され、従つて其の競技者の練習方法も、従来の旧套を脱して、余程組織的になつて来たのは、寔《まこと》に運動競技界の一進歩であります」[8]で始まるこの導入部分は、「翻つて我が国の状態を見ますのに、遺憾ながらその道の先進者と後進者との間に連絡が無く、従つて後進者はいつでも、其の基本から研究を始めねばならぬと云ふ有様であります、これでは何時迄たつても世界の檜舞台に立つて縦横に活躍するやうな進歩を見る事は困難であらうと思ひます。著者が不肖を顧みずして、此の著を公刊したと言ふ動機は、実にここに存するのであります[9]」というように、当該書執筆の意図を明示して結ばれている。大森著のように社会学の論考を思わせるような件りはない[10]。執筆時期の違いがわずか六年ということをも考えれば、『陸上運動競技法』の導入箇所にうかがえる、まず文明に言い及ぶという類のない特徴が一層際立ってくる。

戦争と文明と体育

『陸上運動競技法』が陸上競技の指導書として先駆的価値をもつ一書とするならば、同書の冒頭に敢えて掲げられた著者の文明論の意図をも検討してみなければなるまい。先に記したように、大森のこの著は遺著となった。つまり、少なからぬ数の体育論や競技論を諸誌に掲載してきた著者にとり、『陸上運動競技法』の「綱領」箇所は、期せずしてそれまでの諸論考の集大成にもなり得ている。

大森による文明への言及は、『陸上運動競技法』刊行に六年先立つ一九〇六（明治三十九）年に日本体育会の機関誌『体育』所収の論考にすでに見てとることができる。筆者の肩書きに「在米国」と記されていることから明らかなように、大森は一九〇八年の帰国前に、すでに私見を故国宛に発信していた。『体育』四月号掲載の論説「戦後の体育」は、その前年に勝ち戦で終わった対ロシア戦争後の日本へ向けた体育の重要性を説く啓蒙の一文である。対露戦の勝利が日本の国威を発揚する機会となったなか、「国民体質の強弱如何は、国家強弱貧富の因りて岐《わか》る、所なれば、体質強壮の基本たる体育の必要[11]」に皆が首肯するに至っているという現状をまず指摘する。対露戦は規模の大きな戦だったため、復興のための戦後経営において工業、商業、教育等が注目されるのと同様に、体育をも重視する必要があると指摘したうえで、論を展開していく。

生物の進化は、「優勝劣敗適者生存の理法」によると大森は書く。ダーウィンの進化論（『種の起源』原著刊行は一八五九年のこと）が発表からほぼ半世紀を経て日本でもすでに広く言説化していたことをうかがわせる一節でもある。「優勝劣敗適者生存の理法」とは言うものの、太古の種族的生存競争の時期でもない現代では、この理法は人類にはもはや当てはまることはない。「文明の進歩は社会組織の複雑なるを意味」するため、「個人間の競争」であっても「単に体力或は智力のみにて其の勝敗」を決するのではない。したがって、「体育法を研究奨励し積極的方法に依りて国民体質の改良」をはかる必要があると明記して説くのである[12]。

ここで問題となってくるのは戦争との関わりだった。というのも、戦争はその不可避的な成りゆきとして「体幹強大に精神健全にして生殖力に富める青壮年」という「第一流の国民」を犠牲にして、国家を「第二流の国民」の手に委ねることになるからだった。長引く戦争から蒙る損失は、商工業分野ならば比較的容易に挽回できるが、「第一流の国民」を失うことに起因する「国民体質上の損失」は早晩に修復するのは難事であると記す。大森のこの所論は、本人はまったく予期していなかったであろうが、その四〇年後の大東亜戦敗戦時の読者にはますます説得力をもって迫ってきたに違いない。

対露戦は兎も角も勝ち戦であった。それを踏まえて大森は戦勝国民の心構えを記した――「我が日本民族は戦勝国民として天与の大権を有すると共に其の任も亦重且つ大なるものなれば、此の大国民たるの資質を全ふせんか為めに、果た又た国家富強の基礎を強固ならしめんが為めに体育の必要を感ずる[13]」ことはいっそう強大である、と。戦争と体育との関わりを記しつつも、これは体育の必要性にとっては「消極的理由」にとどまると大森は書く。

では、「積極的理由」とは何か。ここにこそ『陸上運動競技法』の劈頭にうかがえる文明論が詳述されていくのである。「機械工業の発達、商業の発展、人口の市府集中的移動」こそが、近代文明の特徴である、とまず確認する。爾来農業を「国富の大本」としてきた日本では農業はもとより工業従事者であっても、分業未確立の時代には「労働は身体各部の筋肉の運動を助け」ることに寄与した。それを一変させたのが近代文明だった。「機械の発明、蒸気力電気力の使用、工場生活の必要等」が村落から都市への人口の流入を生み、健康に宜しからざる「市街的生活」を送らせることにつながった。この都市生活で行なわれる労働については、機械工業の分野では分業が進行し、一部の筋肉のみを用いることを余儀なくされるので「全身の発達は不均一」となる。また「精神的労働者」、つまり所謂ホワイトカラーは「其の神経に衝動を蒙ること殊に著しくて筋肉を使用する事は稀」となる、とも記す。以上をふまえて、大森は以下のように読み手に訴え、論を結んだ。

近時文明の進歩は人類を駆て不自然不衛生的なる境遇に生存せしむるものである……近世の文明が体育を要求する事は又甚だしいではないか。

帝国の国威を発揚し膨張的国民の発展を計らざる可からざる我が国民は、戦後に重大なる諸種の負担を有せり。而して其の大任を全ふするに先ち成就す可き国民の体育とは単に運動遊戯を意味するに非ずして、広義に解す可きである、吾人はこの体育なるものに就ては、さらに読者と共に研究せんと欲する所である。(14)

対外戦争は、いったん勝利を収めれば国威発揚の好機となる一方、体質のすぐれた有為の若者を戦地で失うことを不可避に伴う。その回復のために体育が必要なことを確認するにとどまらず、近代文明の宿命とも言える機械化工業化の分業が引き起こす不自然な生活を克服するためにも体育はさらに求められるのである、と太平洋の彼方から、戦勝国となった故国へ大森兵蔵は訴えたのであった。もっとも、その「体育」とは初等教育で実施されているような「運動遊戯」ではない、とも記し、自らが説く「体育」の内実については、稿を改めて説くという予告を付したのだった。

「瑞典式体操法」をこえて——高等教育にもとめられる体育

論説「戦後の体育」において、戦後の復興といえば工業力や経済力の回復を念頭に置きがちだが、戦争の結果失われた「体幹強大に精神健全」な「青壮年」を回復するために国民全体に体育がいっそう必要なことを説いた大森は、その数か月後「瑞典式体育法に就きて」と題する八〇〇〇字に垂んとするかなり長めの「学説」(15)を『体育』誌九月号に掲載した。四月号掲載「戦後の体育」の末尾で、「吾人はこの体育なるものに就ては、さらに読者と共に研究せんと欲する所である」と記したことを受けるような一文となった。

論考の前提となっているのは、普通教育の場での「体操遊戯」として「瑞典式体操」の採用が相応しいという体操遊戯取調委員たちの報告である。大森の「学説」は、この報告が発表されてほどなく草されたと解してよいだろう。近代日本の体育史を繙《ひもと》けば必ず目にするスウェーデン体操とは、スウェーデン人のリング（Pehr Henrik Ling 一七七六—一八三九）が考案した体操であり、日本へは二十世紀になって間もない頃、川瀬元九郎[16]、井口阿くりたちによって本格的な紹介をみた。内容は徒手体操が中心だったが、体育館等に設置の肋木を用いた姿勢の矯正を企図する体操も含まれていた。創始者のリングは同時代の生理学や解剖学に通じており、その学識に基づいた体育法と解された。この「瑞典式体操」採用が決まるや、日本国内では「リング式或は瑞典式等の文字を冠せる」新語の流行を見るに至っている、と大森は記す。これは「由来新奇を愛する我が国民特有の性情」であるゆえ致し方ないが、「軽挙を謹み、慎重の態度」をとって研究することが肝要と冒頭に明記している[17]。舶来の新しいものに飛びつくという、やや軽薄な国民性への揶揄《やゆ》を感じさせもする。

続く箇所では、大森自身によるスウェーデン体操の紹介、そして変遷や改良、さらにこの体操の利点欠点が詳細に記される。とりわけ目を引くのは、以下の所論であろう。すなわち、スウェーデン体操とかリング式体操として世の中はもてはやすが、創始者リング自身は十八世紀から十九世紀の人である。その後の改良の歴史に目を向けることなくスウェーデン体操を絶対視するような姿勢は再考の要がある、という見解である。リングは生理学や解剖学に基づいて体操を創始したものの、「近世の意味に於ける生理学が発達し始めたるは千八百六十乃至七十年以来」なので、「リング氏体操法に多少の誤謬あるは免かれない所である」と大森は躊躇なく書いた。[18] スプリングフィールドのYMCAの体育指導者養成課程に籍を置き、運動生理学等についても学んでいた大森の面目躍如たるさまを感じられる書きぶりであろう。なお創始者リングに対しては「体育史上最も顕著なる一偉人として尊敬を払」うが、「リング式とは氏に依りて編成されたる其儘のもの瑞典式とは現今世に行はるゝ所にして日進月歩改良を加へられ逓次完全の境に達しつゝあるものと認めて両者の相混同せざらんことを注意せば研究上大に便益ある」[19]と指摘している。学問の進歩を考慮せずに舶来の理論や知識を信奉する向きへの警鐘とも解しうる一節である。

大森の「瑞典式体育法に就きて」は、体育に通じた指導者がいてこそスウェーデン体操の効果が期待できようという真っ当な論をもって締め括られる。『陸上運動競技法』冒頭に記された文明への言及を考慮に入れるならば、ここで注目しておきたいのは「結論」と小見出しの付された論考最後の三五〇字ほどの部分である。

国民教育には普通教育、中等教育、高等教育の設備を要する如く、国民体育に於ても其三階級に適合せる設備を要す可きは明である。我国既に普通教育に於ける体操遊技の大体の方針を定たり。吾人は更に中等、高等の教育に於ける教育法の撰定を当局に望まざるを得ない。余は……単に普通教育に於けるのみならず高等教育に於ける体育法の特に急務なるを感ずる次第である。吾人は瑞典式体操法の採用せられたるを歓迎すると同時に、是に依りて我国民体育は解釈されたりとなす早計を警《いまし》め、将来の大成を希望せざるを得ない。[20]

「瑞典式体操法」が採用されたことを歓迎はするものの、その体操法は普通教育の場、つまり学童を対象とした初等教育の一環で実施されるにすぎない。したがって、中等・高等教育の場の体育法として相応しいのは何か、という疑問が当然生じてくる――「余は……単に普通教育に於けるのみならず高等教育に於ける体育法の特に急務なるを感ずる次第である」。その体育法の採用は「急務」であると大森は記して論を結んだのだった。

競技運動こそ講ずべき方策

日露戦争勝利の翌年に大森が寄稿した二つの論考に目を通すと、『陸上運動競技法』劈頭の問いかけ、すなわち近世文明は智的教育の勃興を生んだ一方、智的教育の及ぼす過度の負担が不健康を引き起こすこととなった、ではそれにどう対処すればよいのか、という問題意識へつながる背景が明瞭となってくる。二十世紀初めの合衆国で体育指導法や理論を学び修得した大森にとり、故国の体育教育の遅れは歴然としていた。ようやく初等教育の場で「瑞典式体操法」の正式採用が決まったものの、高等教育の場での対策は皆無と言ってよかった。第一章で引いたように、勉学のために上京してきた青年が脚気や結核になることもめずらしくなく、夏休みが明けると三〇人ほどの級友のなかで一～二人は姿を見せなくなることもあった時代だった[21]。

都市生活が与える負の側面については、『陸上運動競技法』刊行直前に活字となった「都市膨張の危害」が詳述する。「我東京市挽近の膨張は非常なる高潮を以て進んで居る、此事実は世界各国の文明の大勢から見ても、国運の発展上歓迎すべき事柄である」[22]で始まる大森の都市論は、産業革命以後の商工業の発達が都市への人口の大量流入を招いたという既成事実を確認したのち、都市の生活に及ぼす影響は「不健康である」と断言する。都市の死亡率は農村部を上回るという具体的数値を出したのち、「都市が不健康なる原因」をいくつか挙げる――室内での職業が多く、しかも室内の空気が不潔、座職が多く筋肉労働が少ない、工場などでの塵芥や化学品の毒素を吸入することが多い、睡眠や栄養の不足、情欲を挑発しやすい、郊外生活が少ない、等である。大森のこの論考は、しかしながら、都市論に終始しており対策としての運動に言及することはなかった。

「瑞典式体育法に就きて」で高等教育における体育の重要性について触れた大森は、文明が進んだ都市生活の中で学業に励む若者については、稿を改めて次のように記していた。これは一九〇九年、つまり帰国の翌年の観察・分析である。

高等の学校に入らんとせば先づ入学試験なるものありて学生の精神を刺激すること甚だしく、此試験に準備せんか為めに都下に集まれる学生に付て見よ彼等は日光の不足、空気の流通宜しからざる、又暗き灯火に更を徹し、粗食にして活動の余地を存せざる、実に不健全なる生活を営む者多し[23]。

かかる現状を目の当たりにして、高等教育の場での体育の導入は急務である、との思いはますます堅固なものとなったであろう。以上の諸論考をふまえて、『陸上運動競技法』に戻ることとしたい。そこでは「都会生活を営みつゝ或は過度の智的教育を負担しつゝ」ある者にとり、「競技運動が此他方に講ずべき特種の方法の一であることは既に世の定論である[24]」と大森は確信をもって書いた。高等教育の場で講ずべき方策は「競技運動」であると説いたものの、留保を付すことを忘れてはいなかった。

生来虚弱なる者は到底之れに堪え得られない。故に医師に問ふて健康の保証を確かめた上でないと危険で……競技を目的とせず単に運動として興味の中に其効果を収むべきである。身体の健康が普通であつて練習に堪え得る青年学生の、競技運動に依りて得る処の利益は心身上実に多大なるものであるから。是等運動の方法を以下本書に於て述べんとするのである。[25]

運動こそ不健康を克服するための方策ではあるが、虚弱体質の者は競技としての運動を実施すること、すなわち激しい運動は控えるようにと助言したのち、健康状態が普通の「練習に堪え得る青年学生」には競技運動がもたらす利益は計り知れない、と記した。ここに漸く「競技運動」の実際を紹介する準備が整ったことになる。

「運動選択の標準」――競技種目と身体への眼差し

以後『陸上運動競技法』叙述の力点は、「運動競技」から「運動競技」へと次第に移行していく。当該書が陸上競技の指導書であることを考えれば宜《むべ》なることであろう。「運動の必要」を力説し、練習に耐えられる若者に向けては「自己の体格が競技の要求に適応する、特別なる長所を備へてゐる種類のものを選択しなければならない[26]」と書いた。競技種目に相応しい体格かどうかを考慮して種目を選ぶという助言については、大森著よりのちの刊行ではあるが、明石和衛『ランニング』(一九一六年)の分析をすでに検討した。それをも踏まえて大森の身体へのまなざしを見てみることとしたい。大森もまた、「自己の体格」に相応しい競技種目を選ぶのが肝要と説いた。掲げるその「運動選択の標準」を抜粋すると、以下の通りである。

短距離走者	短軀肥満は不適当
長距離走者	短軀必ずしも不適当でないが肥満は不利
高跳び幅跳び	腓《ふくらはぎ》の大なる者は不適当
竿跳び	肩張り腕力強き者　身長はあまり関係しない
槌投げ鉄弾投げ	長軀肥満にして体量多く　肩と腕の発達した者
ハードル競走	長軀の者[27]

ちなみに竿跳びとは棒高跳、槌投げ鉄弾投げとはハンマー投、砲丸投に相当する。大森がここまで細かに種目ごとに理想的な体格を記すことができたのは、合衆国滞在中、陸上競技の練習に励む、あるいは競技会で活躍するアスリートたちを数多く観察してきたという経験があったからに相違ない。日本には本格的な陸上競技会はまだ存在しなかったし、帝大の運動会のようにレコードを重視

する陸上競技大会に近い場合でも一参加者が多種目にエントリーするのが普通だったため、アスリートの専門化、あるいは分業は進んでいなかった。

『陸上運動競技法』が掲げるこのカテゴリーは総じて納得いくものではあるが、そのなかで一寸不可思議に思えるのは、ハイジャンパーやロングジャンパーには「腓の大なる者は不適当」と記載がある点である。(28) 滞米中の観察が諸刃の剣となっているのではないか、と感じられる。西洋諸国のジャンパー、とりわけ走り高跳びを専門とする者は身長が二メートル近くあることは珍しくない。脚部が長くなると下腿の筋肉であるヒラメ筋は下腿の上半部に目立つようになり、アキレス腱に向かう下部はほっそりして見えるのが常である。すなわち、身長が高く脚が長い競技者の下腿では、ヒラメ筋はあまり目立たない。「腓の小なる者」に見える。そういう長身のジャンパーの多くを目の当たりにしていたからこそ、大森はジャンパーには「腓の大なる者は不適当」と自信を持って書き得たのだろう。

本書刊行の翌年客死した大森には知る由もなかったが、日本初の金メダリスト（一九二八年のアムステルダム大会・三段跳）となった織田幹雄は、身長一六七センチながらも跳躍三種目はもとより一一〇メートルハイハードルや十種競技も器用にこなす万能選手だった。今日に伝わる写真を見れば、見事な下腿の筋肉の持ち主なのが分かる。大森がジャンパーには不向きとした「腓の大なる者」の典型だった。加えて右に引いた大森のカテゴリーに疑義を呈するならば、今日では短距離走に身長の高低はさほど関係ないと言われている。スプリンターに求められるのは、何よりも瞬発力と前進運動を無駄なく生み出す動きの良さなのである。

総じて大森の提言は滞米中の観察に依拠していると思われるが、陸上競技種目の選択にあたっては、体格すなわち身体を考慮するのが成功への道につながるという助言と捉えるならば、斬新な提言と解することができる。西洋発祥の運動競技である陸上競技に目を向けることは、必然的に西洋のアスリートたちの身体を意識することになる。この身体へのまなざしが、西洋人アスリートを参考にしての種目への適性判断基準の検討にとどまらず、やがては日本人競技者が彼我の体格差、つまり身体の異同をも意識する段階へとつながるにはまだ時間を要した。というのも、国内で日本人同士競い合っているだけでは、その段階に達することは難しかったからである。

クラウチングスタートのナラトロジー

古代オリンピックに敬意を表してギリシャのアテネの地で一八九六年に開催された近代オリンピック第一回大会の一〇〇メートル走決勝レースにおいて、合衆国代表選手であるボストン大学学生トーマス・バーク（Thomas E. Burke）はただひとりクラウチングスタートで臨み、一位でゴールラインを駆け抜けたことはすでに引いたし、またクラウチングスタート自体はバークのお披露目よりも一〇年近く前に合衆国で試みられていたことも第二章で詳述した通りである。

一八九〇年代後半から短距離走のスタートはクラウチングスタートが主流に、そして当たり前となっていくが、日本での普及は遅かった。さきに見た野口の『オリムピック競技の実際』にもクラウチングスタートとスタンディングスタートとは「蹲踞《そんきょ》法と直立法の優劣論」の項目で扱われ、スタート時に「蹲踞法」、すなわちクラウチングスタートが脚にもたらす疲労に触れている。野口は「所詮は其の人々の体軀の大小、其の構造の如何によつて、何れの方法が良いかは異なる筈で、目下の処は実際には蹲踞法が広く流行つてをるが、直立法の復活によつて何れが良いかは問題となつてゐるのである[29]」と当たり障りなくまとめた。今では当たり前のクラウチングスタートが日本に根付くまでには、先人たちの試行錯誤があったことが分かる。

その一方で、短距離走のスタートはクラウチングスタートに限ると主張し、紹介に意を注いだのが大森兵蔵だった。二十世紀に変わってからの数年間の滞米時に、スプリント競技ではクラウチングスタートが当然という認識を得ていたに相違ない大森にとり、短距離競走でもスタンディングスタートがごく当たり前という日本の現状には苛立たしささえ感じたのではないだろうか。右の野口の所論に遡ること七年、一九一一年秋『運動世界』に寄稿した一文「オリンピックゲームに就て」のなかで「スタートを練習せよ」の小見出しのもと、以下のように書いた。

> 最後に練習者の為にスタートの事を説明しやう。四百米突以下の競走は勝敗の大部分、此スタートに依つて決せらるゝと云はれてる位だから、是非スタートに就て充分な研究をして置かねばならぬ。夫《それ》には是非共 Crouch と云ふスタートを必要とする。
>
> 之は始め出発線内に深さ三寸程の穴を掘り（之は許されて居る）、其処に左膝を突込み足を折つて爪先で支へ、右膝は左足の内踝《くるぶし》辺に軽く付け、宙に浮く位にし又右足の届く地面をVの形に堀り、右足を其垂直線に当てる。『用意』の令が懸つた時、両手を軽く地上に付け、体は少し前屈みに左膝を以て体重を支へ、目は同じ高さの正面を見る位にして心静かに出発（Go 或は

Off）の号令を待つ。号砲一発するや、右爪先を以て烈しく穴を蹴るやうにして前方に飛出すのである。此場合右足を余り早く出すと体が立過ぎる損があるし、又小さく出すと跌《つま》づく危険があるから、始めの四五歩は普通より稍小股に走り出して、後普通に復する方がいゝ[30]。

スポーツの解説書・教本は、そのテクストを読むことで場面が脳裏に過不足なく描かれなければなるまい。書き手には、ことばを介して、つまり語りで、読み手に技術を伝授することが求められている。大森が描出するクラウチングスタートは、わが国で最も初期の本格的な解説の一つ[31]だった。丹念にこれをたどれば、明治末年当時の先進的な陸上競技指導者がどういう「発走法」を理想と考えていたのかが分かってくる。また、読み手の立場に立った時、これをテクストとして読解するのは難事ではないことにも気づく。具体的な説明が付された巧みな解説と評してよい。

当時はスターティングブロックと呼称される用具はなく、走者は皆スタートライン後方に穴を掘って出走時の足の支えとしていた。この故事に通じていれば、大森の解説の巧みさを堪能できよう。もっとも、「其処に左膝を突込み足を折つて爪先で支へ」の箇所は、「其処に左足を突込み膝を折つて爪先で支へ」となるはずで、組み版時の誤植と思われる。今から百年ほど前のクラウチングスタートでは、「位置について（On your mark）」の際には、まだ両手を地面に着けなくてよく、「用意（Set）」の合図があってはじめて着ければよかったという事実も興味深い。その他のアドバイスについては、概ね現在と変わらないが「目は同じ高さの正面を見る位にして」の部分に関しては、無理に前方を見る必要はないはずだろう。前方に目を向けることは頸部に不必要な緊張を強いることになる。

クラウチングスタートについても詳述した大森の一文「オリンピックゲームに就て」は、時宜を得た論考となった。と言うのも、活字となった頃、東京羽田に設営された競技場を舞台に翌年のオリンピック派遣選手選考会が開かれたからである。一〇〇メートル走はセパレートトレーンで、それ以上の距離の種目はオープンレーンで実施された。一〇〇メートル走決勝では、全走者がクラウチングスタートを採用した[32]というが、選考会の場で大森が、参加選手に直接助言を与えた結果なのかもしれないという推測を禁じ得ない。

『陸上運動競技法』で再説されたクラウチングスタート

クラウチングスタートは『陸上運動競技法』で再説された。同書では「偉大なる速力をスタートに於て現はさうとする方法にして、現今欧米競走界に通則として採用されてゐるもの」が「クラウチ式」である、としたうえで、その「之をなすに要する有利であり且つ公認されてゐる施設及姿勢の要旨とするところ」が詳しく説かれた。

> 出発線の後方約四寸の地上に、滑走を防ぎ適当なる足掛りとするために大いさ《ママ》趾《つまさき》を容るゝに足るべき浅き孔を穿ちて踵を地に附けずに左の趾を之れに置く。右脚は膝を曲げて脛が左足土《つち》不踏《ふまず》の右側に来るやうに構へ、其趾の触れる地上に右足全長の約半部を縦に容れるに足る、深さ約四寸の図のやうな孔を穿ち後崖は之れを踏固めて抵抗力を強くしたものの孔底に右趾を触れ、

蹠《あしのうら》の前半を後崖に当てる（右足は出発のとき専ら後崖を蹶つて全身を前に突進させる用をする、決して体重を負担せしめない）両手は出発線に触れない範囲で近く内方の地上に肘を伸ばして突き、全身の重量を両手と左趾の三点で等分に支へ、腰を上げて背部を地面に平行即ち水平にし、頭を高く上げて眼を同高の正面前方に直射する。(33)

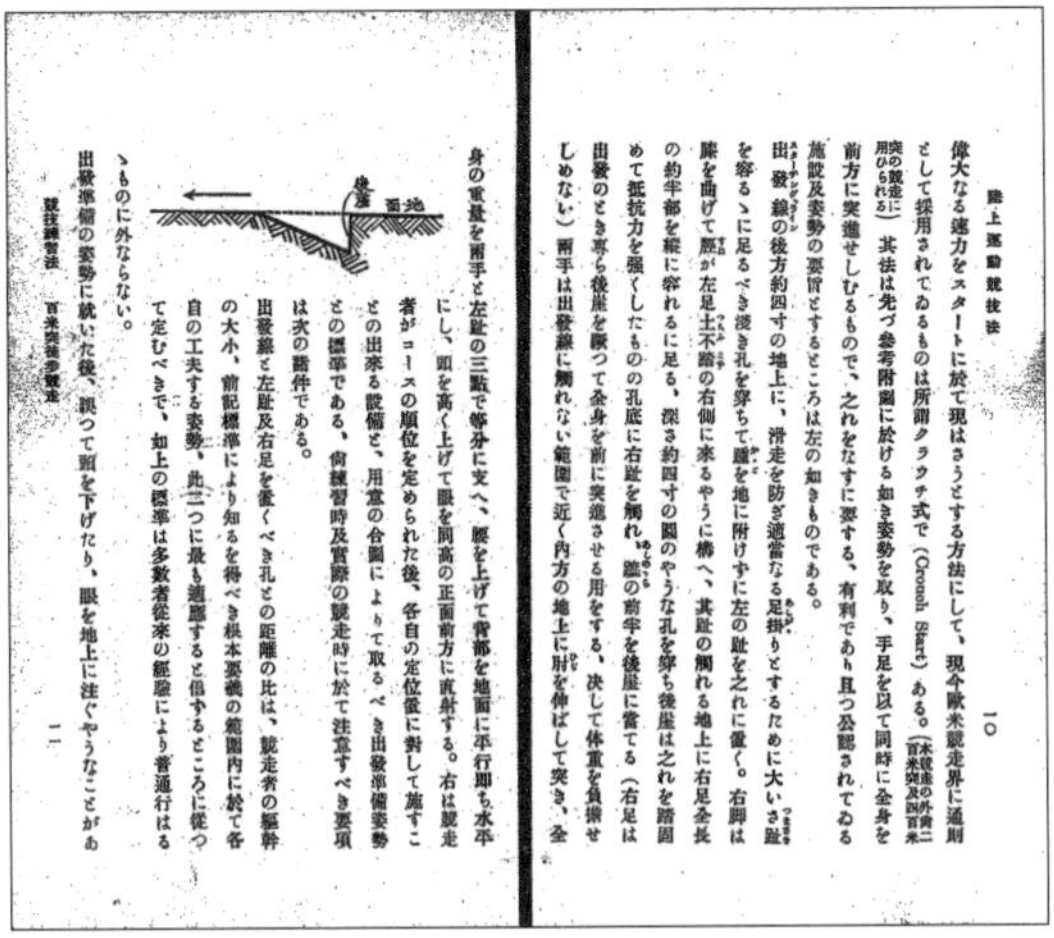

陸上運動競技法　一〇

偉大なる速力をスタートに於て現はさうとする方法にして、現今欧米競走界に通則として採用されてゐるものは所謂クラウチ式で（Crouch Start）ある。（本競走の外、専ら二百米突及四百米突の競走に用ひられる）其法は先づ参考附圖に於ける如き姿勢を取り、手足を以て同時に全身を前方に突進せしむるもので、之れをなすに要する、有利であり且つ公認されてゐる施設及姿勢の要旨とするところは左の如きものである。

出發線の後方約四寸の地上に、滑走を防ぎ適當なる足掛りとするために大いさ趾を容るゝに足るべき淺き孔を穿ちて踵を地に附けずに左の趾を之れに置く。右脚は膝を曲げて脛が左足土不踏の右側に來るやうに揃へ、其趾の觸れる地上に右足全長の約半部を縦に容れるに足る、深さ約四寸の圓のやうな孔を穿ち後崖は之れを踏固めて抵抗力を強くしたものの孔底に右趾を觸れ、蹠の前半を後崖に當てる（右足は出發のとき專ら後崖を蹶つて全身を前に突進させる用をする、決して体重を負擔せしめない）兩手は出發線に觸れない範圍で近く内方の地上に肘を伸ばして突き、全身の重量を兩手と左趾の三點で等分に支へ、腰を上げて背部を地面に平行即ち水平にし、頭を高く上げて眼を同高の正面前方に直射する。右は競走者がコースの順位を定められた後、各自の定位置に對して施すことの出來る設備と、用意の合圖によりて取るべき出發準備姿勢との標準である、尚練習時及實際の競走時に於て注意すべき要項は次の諸件である。

出發線と左趾及右足を置くべき孔との距離の比は、競走者の軀幹の大小、前記標準により知るを得べき根本要義の範圍内に於て各自の工夫する姿勢、此二つに最も適應すると信ずるところに從つて定むべきで、如上の標準は多數者從來の經驗により普通行はるゝものに外ならない。

出發準備の姿勢に就いた後、誤つて頭を下げたり、眼を地上に注ぐやうなことがあ

競技練習法　百米突徒歩競走　一一

クラウチングスタートを説く『オリンピック式 陸上運動競技』

これをさきに引いた一年前の『運動世界』掲載のテクストと比較してみると、語りがより詳細になっていることが判然とする。明らかな誤字誤植等を訂正したうえで、両足の扱いを記した箇所を並置して比較してみたい。

「出発線内に深さ三寸程の穴を掘り」（「スタートを練習せよ」）

「出発線の後方約四寸の地上に、滑走を防ぎ適当なる足掛りとするために大きさ趾を容るゝに足るべき浅き孔を穿ち」（『陸上運動競技法』）

「其処に左足を突込み膝を折つて爪先で支へ」(「スタートを練習せよ」)

「踵を地に付けずに左の趾を之れに置く」(『陸上運動競技法』)

「右膝は左足の内踝辺に軽く付け、宙に浮く位にし」(「スタートを練習せよ」)

「右脚は膝を曲げて脛が左足土不踏の右側に来るやうに構へ」(『陸上運動競技法』)

「右足の届く地面をVの形に堀り、右足を其垂直線に当てる」(「スタートを練習せよ」)

「其趾の触れる地上に右足全長の約半分を縦に容れるに足る、深さ約四寸の図のやうな孔を穿ち後崖は之れを踏固めて抵抗力を強くしたものの孔底に右趾を触れ、蹠の前半を後崖に当てる(右足は出発のとき専ら後崖を蹶つて全身を前に突進させる用をする、決して体重を負担せしめない)」(『陸上運動競技法』)

クラウチングスタートでは、通常利き脚を前に置く。大森の記述では、左が利き脚という前提になる。『陸上運動競技法』では、その前足をスタートラインからどのくらい後方に置けばよいのかという指示が新たに加わる。また、後ろに置くもう一方の足(右足)の扱いについての説明がかなり増していることも分かる。とりわけ、右足には「決して体重を負担せしめない」の記述は重要だろう。両足に均等に体重を配分していては、すばやくスタートを切ることはかなわない。察するに、選手選考会開催の直前『運動世界』誌でクラウチングスタートをテクストとして教示したのち、選考会の場で選手たちを実演で指導してみて得られた感触を、『陸上運動競技法』執筆に際して加えたのではないか。

語りはより詳しくなったものの、大森は、他説は認めないという姿勢ではない――「右は競走者がコースの順位を定められた後、各自の定位置に対して施すことの出来る設備と、用意の合図によりて採るべき出発準備姿勢との標準である[34]」。記載はないが、腕力に自信がある走者なら前足の位置を下げ両足の間隔をより狭めれば、所謂ロケットスタートとなるし、長身で痩身ならば両足の間隔を更に広げるほうがうまくスタートを切れる、という事実も心得ていたのかもしれない。陸上競技先進国である合衆国での豊かな見聞が記述の背後にうかがえる、柔軟性をもった追記といってよい。

クラウチングスタートでの発走時、スターターは「位置について（On your mark）」と声に出し全走者が両手両足を地面に付けて静止したのち、「用意（Set）」と口にする。そして全走者が腰を上げて静止したのを確認して号砲を鳴らす。その間、およそ一・三〜一・四秒ほどになる。つまり、全走者が腰を上げ静止しなければ、号砲へと移ることはない。これを前提にして以下の大森の記述を読むと、やや隔世の感を覚える――「凡そ出発準備姿勢なる者は、最短少時間に且つ出発合図の銃声を聞く直前の瞬間に之れを取り終るやうに習熟するときは、準備姿勢の完成に長時間を要したり、或は徒《いたず》らに長く準備姿勢を持続するために疲労したりして準備姿勢の真価を失ふやうになることを免れることが出来る……完全なる姿勢は実際上短少時間を以て実現せらるべきものなのである[35]」。

「用意（Set）」の姿勢を長く続けると疲労が出る、また腰を上げる時の動きがそのまま発走の動きへとつながるのが好ましい、という観点から、号砲の直前に腰を上げることを勧めている。右に記したように全走者が腰を上げ静止したのを確認してはじめてスターターは号砲を鳴らすのだから、ここに勧められているテクニックでは現在では必ず警告を受ける。もちろん、号砲が鳴る前に発走してはいけないことは今も昔も変わらないが、それ以外は容認されていたことをこの語りの行間から読み解くことは可能だろう。技術だけでなく競技種目のルールもまた進化――この場合は厳格化――することの実例を知り得る記載になっている。

動画《モーションピクチャー》はもとより写真さえ珍しかった明治末年、大森兵蔵は言葉をもって、つまりテクストを書くことで、陸上競技の諸技術を日本の競技者や指導者に伝授しようと努めた。幸い『陸上運動競技法』は、種目によっては多少の写真を挿入してはある。しかし、写真は動きの一瞬間を捉えているに過ぎず、写真を活かす前提として大森が展開するテクストを介しての語りが不可欠だった。刊行から一世紀以上を閲した今日、それを丹念に読みかえしてテクストの発することばに耳を傾けてみれば、大森の語りは成功を収めていると言えよう。

『オリンピック式　陸上運動競技法』の「原典」をさぐる

大森兵蔵の語りに感嘆しながらも、ここで疑問が生じてくるのをどうしても禁じ得ない。『オリンピック式　陸上運動競技法』はすべてが大森の独自の実践と研究の賜物なのか、換言するならば執筆に際して依拠あるいは参照した先行出版物があったのではないのか、という疑問に他ならない。

『陸上運動競技法』が解説している競技種目は、目次からそのまま転記するならば以下の一五種目にも上る――百米突徒歩競走、二百米突徒歩競走、四百米突徒歩競走、八百米突徒歩競走、千五百米突徒歩競走、既記以上各種長距離徒歩競走、百二十碼ハードル競走、二百二十碼ハードル競走、歩行競争、走高跳、走幅跳、竿跳、槌抛、鉄弾抛、デスカス抛。この中には明治末年の日本では馴染みのないハードル走や競歩、デスカス抛（円盤投）までも含まれていた。

大森は、明治の日本にバスケットボールとバレーボールとを伝えたことで知られている。巧拙は別にして球技ならば誰でもある程度は実践でき、要領を体得すれば指導も困難ではない一方、一五種目もの陸上競技種目を一手に引き受け、テクストの形式で教授することは至難の業ではないか。競走種目だけならまだしも、竿跳（棒高跳）や各種投擲種目の解説や指導を行なえるのは、それなりの競技の実体験が必要条件だろう。陸上競技の教本執筆に際しては、走跳投の各分野を専門とする指導者による共著がありがちなパターンであり、単独執筆となると、著者には混成競技のような多種目の競技経験が求められるだろう。こう考えると、『陸上運動競技法』は大森兵蔵が独力で書き上げた一書とは、忌憚なく言って考えにくい。経歴を調べてみても、在学中に陸上競技者として活躍したという情報は得られず、生来虚弱体質だったが故に体育へ強い関心を抱き、滞米中に本来の経済学から転じて体育指導へと向かった、ということらしい。

大森が依拠した先行刊行物があるとするならば、それは何だったのか。『陸上運動競技法』の刊行が一九一二年六月、その一部の先行出版とも言える「スタートを練習せよ」を含む「オリンピックゲームに就て」を所収する『運動世界』の当該号刊行は一九一一年秋だった。当然ながらそれ以前に刊行されていること、入手がしやすいこと、という観点から考えると、大森が滞米中の一九〇一年から一九〇八年の間にアメリカで出版された書籍が候補となってくる。また『陸上運動競技法』には多数の写真が掲載されており、クラウチングスタートを説く箇所にも三葉の掲載がある。その三葉は前年の『運動世界』にも口絵箇所に掲載があり、その際はさらに四枚を加えて計七枚掲げてあった。参考にした先行書籍からの写真の転載という可能性から探ることも、原典探究の一助となるのではないか。

以上の諸点を念頭に探ってみると、比較的簡単に「原典」候補と思われる一書を見つけることを得た。一九〇四年にニューヨークで出版された *Practical Track and Field Athletics* の書名を持つ一一〇ページほどの教本である。決め手となるのは大森が『運動世界』の口絵に掲げた七枚の写真全てが同書の **Sprinting** の箇所に掲載されていたことだった。*Practical Track and Field Athletics* はジョン・グラハム（John Graham）とエラリー・クラーク（Ellery H. Clark）共著の形をとる。第三章で触れたように、この二人は一八九六年アテネで開催された第一回オリンピックに参加したアメリカチームのメンバーだった。グラハムはボストン・アスレティック・アソシエーション専属のトレーナー（のちにハーバード大学のアスレティック・インストラクター）、クラークはアテネ大会当時はハーバード大学の学生であり同クラブの一員でもあった。アテネで走高跳と走幅跳の二種目を制したことは既述の通りである。跳躍種目のみならず走種目や投擲種目にも秀でたクラークは、その後混成競技で活躍し、二度全米選手権者となった（一八九七年、一九〇三年）。母国開催のセントルイス大会（一九〇四年）では同種目に出場したものの気管支炎がひどく途中棄権のやむなきに至った。多くの競技種目の経験を有するクラークとコーチ経験豊富なグラハムのコンビならば、多種目を掲げる教本類の共著者として最適任だったと思われる(36)。

Practical Track and Field Athletics の目次から、同書が扱う種目を転記してみる——短距離走

『運動世界』（1911年11月号）口絵より

(Sprinting)、四分の一マイル走、半マイル走、一マイル走、二マイル走、半マイル競歩、一二〇ヤードハイハードル走、二二〇ヤードローハードル走、走高跳、走幅跳、棒高跳、砲丸投（一六ポンド）、ハンマー投（一六ポンド）、鉄弾投（五六ポンド）、円盤投、混成競技[37]。大森はここから馴染みのない投擲種目と混成競技を省いたうえで、自著をまとめる参考にしたのではないか。収録されている写真の数はグラハム&クラークの著書のほうがはるかに多く、大森著はそのなかから半分ほどを選び出したうえで、そのほかに別の写真数葉、また一九〇八年のロンドンオリンピックを写す何枚かを加えていることが分かる。

PLATE I.

"ON YOUR MARKS!" T. F. KEANE, PROFESSIONAL CHAMPION SPRINTER OF AMERICA.

The skilled performer is not satisfied with making a few scratches in the cinders with his spikes, although the novice often seems to regard this as sufficient preparation. The cinders should be carefully dug up with a small trowel or hoe for a depth of several inches at right angles to the direction in which the sprinter is going to run. The position for the right foot is found by placing the right knee opposite the middle of the left foot, and the spot where the right toe

18

『陸上運動競技法』と *Practical Track and Field Athletics* とを読み比べる

ここでは短距離走を扱う箇所に限って両著を比較検討の俎上に載せてみたい。あらかじめ記しておくならば、大森著はグラハム&クラーク著の剽窃《ひょうせつ》などではない、これは先駆者大森の名誉のために記しておかねばならないだろう。何を参考にして採用し、何を捨て、そして何を新たに加えたのか、興味はそこへ向かう。それをざっと眺めて指摘してみたい。

PLATE 2.
"GET SET!"

rests while the right leg is in this position is the place to dig the hole for the right foot. Both hands are placed on the starting line, with the fingers as a rule extended and the arms perfectly straight. When ready to start the right knee is raised from the ground, the body is moved forward, and the athlete is ready for the signal. No definite rule can be laid down for the beginner as to the distance of the left foot from the mark and the right foot from the left. He

19

PLATE 3.
"GO!"

must practice different distances until he feels sure that he has got the best arrangement possible. A change of an inch and a half in the position of the left foot has been known to make a noted sprinter at least a yard faster in the first fifteen yards.

After the starter in a race has allowed the contestants a sufficient time to limber up and dig their holes he gives the order "Get on your marks," and the athlete assumes the position shown in plate No. 1. Next comes the command

20

***Practical Track and Field Athletics* 収録の写真より、「位置について」「用意」「スタート」**

既述の通り、大森のクラウチングスタートの解説は、地面に掘る穴の角度に至るまでかなり懇切丁寧だった。もちろんグラハム&クラーク著もクラチングスタートの効用を説くが、大森著ほど微に入り細を穿《うが》つという書きぶりではない。クラウチングスタートが知られるようになってすでに十数年を経ていたため、読み手に予備知識がそれなりにあることを前提にしたのではないか。叙述の力点は、スタンディングスタート（ダブスタート）がもたらす不安定さ（unsteadiness）を克服するために導入されたスタート様式ゆえ、クラウチングスタートで安定さを欠くことがないように、また出走係が引き金にかけている指の動きを観察してスタートを切る[38]ようなことはしないように、と戒めることにある。したがって、大森が「凡そ出発準備姿勢なる者は、最短少時間に且つ出発合図の銃声を聞く直前の瞬間に之れを取り終るやうに習熟する」ように、つまり号砲の直前に腰を上げるようにと勧めているのを知れば、グラハムたちは驚いたであろう。全走者が静止したのを確認して出走係は号砲を撃つ、というのがアメリカではすでにルールとされていたからである。

記載されている練習のスケジュール案についても、両著には違いがある。大森著は競技会前の五日間の練習内容の具体的提案である一方、グラハム&クラーク著のほうは平常の練習プランについて曜日ごとに――たとえば、月曜には二五ヤードのダッシュを六～八本行なう、間には短い休みを入れること、ダッシュを終えてもすぐ止まらず三〇ヤードほどかけて減速する、仕上げに七五ヤードを全力疾走で一本行なう――提案している。

こういう相違はあるものの、両著を読み比べてみると大森がグラハム&クラーク著を参考にして執筆したのではないか、と思える箇所が少なくとも三点ある。ゴシックとした箇所に注意を向けてみたい。

①スタート直後の姿勢（上体の角度）

（大森著）銃声一発、右足で孔の後崖を蹴つて体を前に突き進め、両手と左趾同時に地を圧して上体を斜前方に上げれば、二者の合成力によりて生ずる上体の傾斜の角度は即ちスタートに於ける疾走姿勢に最も適合するものである。第一歩は勿論右脚より踏出すを自然の順序とする。茲に注意すべきことは、最初の二三歩の各一歩の歩幅を最も適当にすることに工夫習熟するにある。**広過ぎると上体を直立させるやうになつて甚しく速力を減じ**、狭きに失すると自然に上体が過度に前に傾いて、寧ろ速力を加へる便益はないではないが、往々躓くことがある。故に**四乃至五歩の後に全コースを走る姿勢に入り得るやうに**最初の歩幅を適度にするを要する。(39)

（グラハム&クラーク著）スタート時にとてもよく目にする失敗は、上体を起こすのがあまりにも早すぎることである。三図や四図の写真のように、**徐々に上体を起こしていく**のがよく、**走者が四歩目にさしかかるくらいまでには大抵は正しい疾走フォームをとる**のである。**スタート直後から歩幅を広げ過ぎようとするのは賢明ではない。**

速度が増すに連れてストライドは広がっていく、そして最速に達するころにはストライドはすっかり広くなっているものだ。(40)

②疾走時にコルクを握りしめることの勧め

（大森著）両手の運動を助けるために必要で、又両手の運動が最も適当である場合には自然に必要となつて来ることは、両掌にコルク或は之れに類似の、軽くて若干の弾力性ある物質を握るのである、疾走中一定の力を以て五指を堅く握りしめてゐるといふことは、全身の力を込めて競走を専一とし、且つ其精神を茲に集注するに大に有功《ママ》である。(41)

（グラハム&クラーク著）手にコルクを持つのは賢明だ。たいていグリップと呼ばれており、ゴム紐が中に通してあるコルクからできている。スタート前に手の甲をゴム紐に通すのである。ゴール問際にはとても役に立つ。そして実際のところ、走者はみな、とりわけ短距離走者は、コルクを使うことから何かしら得るところがある。(42)

③**短距離疾走時の呼吸**

（大森著）……**出発直前の瞬間に於て最も新鮮なる空気を充分に吸入貯蔵して置く**のは、殊に確守す可き要件である。而して出発後に於ては、途中僅かに一回の呼吸を以て百米突全距離を走了し得るやうにならなければならない。**稀に一呼吸もしないものさへあるが**。一回は或は止むを得まい。最初の練習時に於ては先づ四回位の呼吸から始め、漸次数を減じて終に五十米突の中間距離附近に目標を設け、此地点で呼吸した儘決勝線に入り得るやうにしなければならない。出発用意のときや、途中再度の呼吸のときに充分に空気を吸入して胸を張ると、満身の全力を挙げて走力と化すことの幇助となるものである。(43)

（グラハム&クラーク著）適切な呼吸を行なうことから得られる利点は、一般には認識されていないもう一つのことである。「**用意！**」**の号令がかかった時に深く息を吸い込む**ようにし、二五ヤードかそこらまでそのままにして、そして息を吐き、六〇ヤードか七〇ヤード地点でまた吸い込み、最後のスパート時にもう一度息を吐いて吸うのが良かろう。肺に空気が入っていない時よりも空気で肺が満たされている時のほうが、身体の浮力が増すものである。この呼吸練習は、スタート時に吸った息のまま七五ヤードを疾走し、そして息を吐きまた吸って残りの二五ヤードを駆け抜けられるくらいにまで行なうことが可能である。**スタート時に吸った、たった一息で一〇〇ヤードをトップスピードで駆け抜けることができる**ということも知られている[44]。

一点目（①）の短距離競争発走直後にただちに上体を起こさないようにという助言はごく当たり前のことではある。大森の着想がオリジナルなものではなく、グラハム&クラーク著に依拠したうえでの記述であるとは断言はできないが、両著の趣旨が同一であることは確認できるだろう。二点目（②）のコルクを握りしめての疾走という異文化がいつ伝来したのかは不明だが、握ることの意図は正しく了解され、日本へ伝えられたことの証左となろう。もちろん今では手に何かを握りしめての疾走は認められていない。それに手を握りしめることは身体の不必要な緊張を招き、リラックスした走りを生み出すことにはつながらないため勧められることではないが、ラストスパート時の集中力を高める一助とするという発想については理解できよう。三点目（③）に挙げたスプリントレース中の呼吸については、具体的な地点の違いは多少あるものの、どちらの場合も読み手には著者による自信を持っての提案と思えたであろう。

なお、記述の順番は、大森の『陸上運動競技法』では、③（同著一三頁）→①（同著一四頁）→②（同著一七頁）であり、グラハム&クラークの *Practical Track and Field Athletics* では、①（同著二三〜二四頁）→③（同著二五頁）→②（同著二七頁）であって違いはある。

最後に、一方にはなくもう一方にはある、という記述を指摘しておく。*Practical Track and Field*

Athletics から伝わってくるのは、競技者が自らの身体を労わるようにというメッセージである。ウォーミングアップとクーリングダウンが強調される。スタートダッシュ練習時には合間の小休息のとき身体を動かし血流を保つように、また走り切ってもすぐに止まらず流せ、と説く。ここまで入念な身体へのまなざしは大森著にはない。一方、『陸上運動競技法』にある一番の提言は、おそらく以下の箇所だろう――「足を後に高く上げて走るのは不利である。之れは脚を運ぶに長時間を要するのみならず、各一歩の速度を減ずるからである。故に成るべく足を後に上げる程度を減じむしろ高く前に上げて躍進すべきである。此種短距離競走は或意味に於ては、走ると云はうよりは寧ろ一歩々々の幅跳の連続であると云ふべきものである[45]」。

走運動は、初速度ゼロから出走し二本の足のみを用いて地面にエネルギーを伝達し、それによりゴールに到達することを目指す。地面にエネルギーを伝える手段としては二本の足しかない。もし後方へ大きく蹴り流せば、そのひと蹴りで地面に伝達できるエネルギー量は多くなるにしても、その足を次に使えるようになるまでの時間（リカバリータイム）を長く要するため賢明ではない。蹴り流すのではなく、次に使えるようにと素早く戻す意識が肝要となる。初心者がしてしまいがちな「足を後ろに高く上げて走る」ことがなぜ不利なのかを簡潔に説いている件りだろう。しかしながら、足を前方に上げるという意識を体得するために「短距離競走は……走ると云はうよりは寧ろ一歩々々の幅跳の連続である」はやや言い過ぎだろう。不慣れな者は幅跳からの連想でピョンピョン跳ねるような上下動の強い疾走に陥りがちで、全体として見れば前進運動にブレーキがかかってしまうからである。イメージトレーニングの例として幅跳を持ち出した発想には斬新さを感じつつも、後世の短距離疾走トレーニングの視点から疑義を呈しておきたい。

オリンピックに参加してこそ文明国

「スタートを練習せよ」を含む大森の論考は、「オリンピックゲームに就て」と題されている。「スタートを練習せよ」の前に、「国際競技会の復活」「第一回競技会の状況」「費用七千余万円」「我国加盟の径路」「注意すべき競技規則」の見出しで始まる各節を置く。つまり「オリンピックゲームに就て」の主旨は、翌年スウェーデンで開催予定のオリンピックに日本が初参加するにあたり、その歴史から説き起こしての紹介にあった。近代オリンピックの祖であるクーベルタンがこの「国際競技会」を復活させるに至った経緯については、以下のように記した。

此人［クーベルタン］は、近年仏国の人口が漸々と減少し、国民の体格が虚弱になつて来る傾向のあるのを見て大に之を慨《なげ》き、何か救済の方法もがなと頻りに苦心して居た。処が丁度仏国に教育改革会が起り、男は其会を代表して米、独、英の社会教育視察に出かけたが、其行に於て最も深く感じた事は、是等の諸国が何れも体育の隆盛であつた事で、男は之ぞ仏国の社会が要求する所のものである、仏国を救ふは此運動を措いて外にないと、帰来盛んに自転車、乗馬の倶楽部を起し運動の振興に力を尽した……どうも思ふやうに発達しない。之ではいかんと更に思を廻らした末、一八九四年欧米の十数ヶ国に通牒して代表委員を招き、各国連合の運動大会を開かん事を諮つた……(46)

すでに見たように、大森は日露戦役直後、戦場で斃《たお》れて失われた「体幹強大に精神健全」な「青壮年」を回復するためには、国民全体に体育がますます必要なことを一九〇六年刊の「戦後の体育」のなかで強く訴えた。そう説く大森にとり、対プロシア戦争敗北ののち「国民の体格が虚弱になつて来る傾向」を見てとったフランスの教育者のクーベルタンが、他国を視察して得られた成果は興味深いものだったに相違ない。というのも、その外国視察の折、クーベルタンはいずれの国でも体育が隆盛であることを目の当たりにし「仏国を救ふは此運動を措いて外にない」と思い至り、ついには欧米の十数か国による「各国連合の運動大会」の開催を諮ることまで尽力したからだった。かかる経緯は、大森には大層心強く思えたことであろう。クーベルタンの苦心の軌跡を紹介する大森の筆致の行間からは、この先駆者への敬意が伝わってくる。

ちなみに、日本のオリンピック初参加が決定したのちに草された論考「オリンピックゲームに就て」とは対照的に、未だ参加が決まっていない時点で書かれた論考に目を通せば、そこには、当然ながらオリンピック参加の意義を強く訴える内容が含まれていた。

凡べて文明国相互の間には学術界に於ては殊に然りであるが、各国際的の協会は種々の方面に運動活躍して、医学にあれ、監獄にあれ、衛生にあれ各方面に発達し、文明国にして之れに参与せねば国辱の如くに心得られて居る。而して陸上運動が欧米のみならず世界一般に亘つて十数ヶ国の間に同盟が成立したのである。これに対して我国独り関与する所なきは、啻《ただ》に我運動界のみの恥辱では無からう。この事実たる豈《あに》唶然《しょうぜん》慨嘆に堪えぬ事ではあるまいか。而して今少し委細にこの国際的同盟に就て云はむに、抑も現今行はるゝ国際同盟とは即ちオリムピックゲームがこれである。(47)

文明国なら学術の世界において「国際的の協会」に参与（参加）しなければ「国辱」と解されるが、それは陸上運動においても当てはまる。もし日本が「欧米のみ鳴らず世界一般に亘つて十数ヶ国の間」に成立した同盟に関与しないならば、それは日本の運動界の恥辱にとどまらない。すなわち、文明国である日本全体の恥辱となろう、と指摘した上で「オリムピックゲーム」という国際的同盟に加わる意義を訴えた。幸い、大森の願いがまもなく現実のものとなるのは、歴史が証するところである。そして、常に「オリムピックゲーム」を意識し、またその「オリムピックゲーム」へ監督として赴くことが決まった大森が、日本初の本格的陸上競技指導書を上梓するとき、その題名に「オリンピック式」の字句を加えたのは宜なるかなと思う。

大森兵蔵にはさらに夢があった。それはまだ、故国がオリンピックに参加するのがいつのことか皆目見当も付かなかったころ書き綴った夢でもあった。

吾人は大に我が国の青年が、万国体力競争場裡に立て、優等の地歩を占め、月桂の冠を頂いて祝勝行列の先導をなし、旭日の旗章をして、空高く翻々たらしむるの日至るを鶴首して待つものである。(48)

日本の青年アスリートが「万国体力競争場」で一位を占め、旭日旗を競技場に翻すこととなるのは、大森が遠路赴いたストックホルム大会ではなく大森の早すぎる死から一五年後のこととなる。この夢の実現にはまだまだ時を要したのだった。だが、二人の日本人アスリートとともにオリンピックという「国際的同盟」の舞台で初めて入場行進を果たした初代監督として、大森兵蔵の名は近代日本の歴史に刻まれることとなった。大森は、常に文明を意識して体育の重要性を訴え、同国人の身体を語り、そして陸上競技についてはいくつもの論考や本格的な指導教本というテクストを書いて語ろうと努めた。病を得て三十半ばにして客死したことは悔やまれるが、先駆者としての稀有な業績は是非大切に覚えておきたいものと思う。

註

(1) 大森兵蔵『オリンピック式 陸上運動競技法』(運動世界社、一九一二年)一～二頁。

(2)「外国に於ける実況を知らしむるために、多くの写真版を挿入して在る点と、簡潔にして要を得た叙述振りとは、幼稚であつた当時の運動社会を、指導するに充分なる価値のあるものであつた」(真行寺朗生・吉原藤助共著『近代日本体育史』日本体育学会、一九二八年、一九〇頁)。

(3) 高等商業学校(現・一橋大学)に一八九七(明治三十)年九月に入学したものの一九〇一年九月に退学している。大森の略歴等については、水谷豊の先駆的業績「バスケットボールの歴史に関する一考察(Ⅷ)——大森兵蔵略伝」(『論集』第二三号、青山学院大学、一九八二年)に詳しい。本章はこれに依拠している。

(4) 日本体育会の機関誌である『体育』、基督教青年会の機関誌『開拓者』『都市教育』、そして『運動世界』が論考発表の場となった。
(5) 大森が夫人のアニーを伴い、三島、金栗両選手とともに東京新橋駅を発ってストックホルムを目指したのは、一九一二年五月十六日だった一方、同書の奥付には刊行日として同年六月(何日かは不鮮明で判読不可)とある。著者大森が刊行直後の同書を手にできたのかどうかは定かではない。
(6) 一九〇八(明治四十一)年三月の帰国後、東京YMCAの初代体育部主事として活動を始めるに加え、同年七月からは、日本女子大学校(現・日本女子大学)の体操講師をも務めた。
(7) 野口源三郎(一八八八―一九六七) 埼玉師範学校を経て東京高等師範学校へ進む。一九一一年十一月のストックホルムオリンピックのための国内選手選考会では、マラソンの部に出場。後にフィールド種目に転じ、一九二〇年のアントワープ大会では主将として参加、十種競技に出場した。第二次大戦後は東京教育大学で教鞭を執り、同大学陸上競技部の初代部長を務めた。日本初の金メダリストである織田幹雄(一九〇五―一九九八)が広島一中時代、野口の講習会に参加し、陸上競技の道へ本格的に進む決心をしたという逸話が残る(織田『21世紀への遺言』ベースボールマガジン社、一九七五年、一五頁)。
(8) 野口源三郎『オリムピック競技の実際』(大日本体育協会出版部、一九一八年)一頁。
(9) 同右、三~四頁。
(10) 一方、大森の著作になく野口著にある内容は、古代オリンピックに始まる歴史の紹介や競技者向けの栄養学初歩の類である。これは、六〇〇ページを越す分量ゆえ可能だったことでもあろう。
(11) 大森「戦後の体育」『体育』一九〇六年四月号、三頁。
(12) 同右、四~五頁。
(13) 同右、六頁。
(14) 同右、八頁。
(15) 前出の「戦後の体育」には「論説」、この「瑞典式体育法に就きて」には「学説」とそれぞれ冠してある。これは掲載誌の編集部が付した区分であろう。

(16) たとえば、川瀬元九郎、手島儀太郎編『瑞典式体操初歩』(大日本図書株式会社、一九〇六年)。
(17) 大森「瑞典式体育法に就きて」『体育』一九〇六年 九月号、二五頁。
(18) 同右、二六頁。
(19) 同右、二六～二七頁。
(20) 同右、三三頁。
(21) 武田千代三郎「本邦運動界の恩人 ストレエンヂ師を想ふ(一)」『アスレチックス』第二巻第二号、一九二三年、一〇頁。
(22) 大森「都市膨張の危害」『都市教育』一九一二年 四月号、一九頁。
(23) 大森「体育必要の根本的意義」『体育』一九〇九年 四月号、三頁。
(24) 大森前掲『オリンピック式 陸上運動競技法』二頁。
(25) 同右、二～三頁。
(26) 同右、三頁。
(27) 同右、三～四頁。
(28) 大森は「国際競技選手練習法」(『運動世界』一九一一年 十二月号)の中でも「腓の大なる者」に言及し「徒競走には足と腰の強い人を要するが、腓《こむら》の大きい人は息が切れ易くてどうもいかん」と書いていた。長距離走ならまだしも、なぜ跳躍競技に不利なのかは不明である。
(29) 野口前掲『オリムピック 競技の実際』一三四頁。
(30) 大森「オリンピックゲームに就て」『運動世界』一九一一年十一月号、八二～八三頁。
(31) 時系列で見るならば、おそらく日本で最初のクラウチングスタートの解説文は第四章で紹介した当時第一高等学校生の「一選手」(明石和衛)によるものだった――(「ランニングの研究」『中学世界』一九一〇年九月号)。大森の解説に一年以上先立つことになる。
(32) 山本邦夫「陸上競技の黎明期(明治時代)におけるトレーニングと技術の歴史」『新体育』一九七二年八月号、

三一頁。十一月十八日に行なわれた四〇〇メートル走の予選（計三組）を観戦した柏木村人によると、同種目については「スタートは例のクラウチをやつてる人も五六人見えた」とのことだった（柏木「国際競技予選会記『運動世界』一九一一年十二月号、九二頁）。

(33) 大森前掲『オリンピック式 陸上運動競技法』一〇～一一頁。

(34) 同右、一一頁。

(35) 同右、一二頁。

(36) 著名な競技者が執筆した教本の例としては、二十世紀への変わり目で最も注目されたスプリンター（一〇〇ヤード走九秒五分三）である米国のダフィー（Arthur F. Duffey）の *How to Sprint* (New York, 1905) がある。解説の対象種目はタイトル通り短距離走に限定されている。

(37) クラークはのちに一九二〇年、今度は単著の形で *Track Athletics Up To Date* (New York) という一五〇ページほどの指導書を刊行している。この書にも *Practical Track and Field Athletics* と同じ写真が多数収録されている。マラソン、四四〇ヤードハードル走、槍投が新たな競技種目として解説が加えられ増補されている。

(38) フライングをすることを、steal [beat] the gun [pistol] と言うが、発砲を盗み見て先回りするということを巧みに表現している。

(39) 大森前掲『オリンピック式 陸上運動競技法』一四頁。

(40) 原文は以下の通り。A very common error in starting is to allow the body to assume an upright position too rapidly. The body should come up gradually, as shown plate 3 and 4, and correct running position is usually reached by the time the runner has taken about four strides. It is not wise to try and take too long a stride at first. The strides should lengthen with the speed, until when the period of top speed is reached the athlete will be in full stride.

John Graham & Ellery H. Clark, *Practical Track and Field Athletics* (New York, 1904) pp. 23–24.

(41) 大森前掲『オリンピック式 陸上運動競技法』一七頁。

(42) 原文は以下の通り。It is wise to use corks in the hands. They are commonly called grips, and are made of cork

with rubber band running through them, which is passed over the back of the hand before going to the start. They are a great help when a man is finishing, and, in fact, all runners derive some benefit from using them, sprinters especially.

Graham & Clark, *Practical Track and Field Athletics*, p. 27.

(43) 大森前掲『オリンピック式 陸上運動競技法』一三～一四頁。

(44) 原文は以下の通り。The advantage which may be gained from breathing properly is another point which is not generally appreciated. It is a good plan to practice inhaling a long breath when the command is given to "set" and to hold it for twenty-five yards or more, then to exhale and take in another breath at fifty or sixty yards and exhale and inhale again for the final spurt. The body is more buoyant when the lungs are filled with air than it is with the lungs empty. This breathing practice can be carried to such an extent that men can sprint seventy-five yards on one breath inhaled at the start and then exhale and inhale for the last twenty-five yards, and men have been known to run one hundred yards at top speed on the one inhalation taken at the start.

Graham & Clark, *Practical Track and Field Athletics*, p. 25.

(45) 大森前掲『オリンピック式 陸上運動競技法』一五～一六頁。

(46) 大森前掲「オリンピツクゲームに就て」七八頁。

(47) 大森兵蔵「運動界に対する吾人の希望」『運動世界』一九一一年三月号、一四～一五頁。

(48) 大森兵蔵「希臘競技の復興」『体育』一九〇六年五月号、四七頁。

第六章　ストックホルムへの道

「運動界の覇王」は「鬼県令」の息子

帝大運動会の歴史に、そして日本の近代陸上競技史に名を連ねる学生アスリートのなかで藤井實に続くのは、三島彌彦だろう。陸上競技者としての資質は先輩の藤井がおそらく上だったが、世間の認知度は三島のほうが高かった。今風にいえばセレブな家柄（華族）の出であることに加えて、三島は明治後期の日本を代表する万能スポーツマンだったからである。

三島は「鬼県令」として知られる明治の官僚三島通庸の、下から二番目の子として一八八六（明治十九）年二月二十三日に生まれた。[1] 長兄は、銀行家の彌太郎だった。通庸五十過ぎの子であった彌彦は、二歳の年に父を失った。華族ではあったが、三島家の財政は一時逼迫し、それを立て直したのが家長の彌太郎だった。[2] 学習院から一九〇七年東京帝大法科へと進んだ[3]三島は、陸上はもとより水泳、柔道、相撲、野球、と各種スポーツに秀で、フィギュアスケートの心得もあった。日本の伝統的運動種目と文明国から移入された新しい西洋流スポーツとの双方に通じていたことになる。

投手としても活躍した三島彌彦
（学習院時代、三島家蔵）

学習院の野球（投手）での活躍を買われ、まだ高校生だった一九〇五年夏には千葉県の銚子中学野球部のコーチを務めることさえした。銚子へ投網に来た勝精《くわし》伯爵（海舟の養子）がその野球練習の幼稚なのを目の当たりにしたため、学習院後輩の三島を斡旋したという。「銚中選手は、その懇切丁寧な指導を受けて、メキメキと腕を磨き、技倆の向上進歩に目覚しいものがあった(4)」。野球に関しては、東京帝大に進んだのち早慶戦で主審を務めもした。一九一一年五月刊の少年向け雑誌『冒険世界』（第三巻第六号）は三島へのインタビューに基づく特集記事「運動界大立者　三島彌彦物語」を掲載した。内容はもっぱら野球談義だった。今日、サッカー好きの少年がワールドカップで活躍する選手に憧れるように、当時の少年たちにとり三島彌彦は憧れの存在だった。

大阪毎日新聞社が日本初のマラソン競走(5)を企画した一九〇九年三月、三島はその予選会に出場した。『読売新聞』（一九〇九年三月十八日）は「運動界の覇王三島彌彦　大阪のマラソン競走予選に敗る　十九貫の体量十哩《マイル》の長距離に絶《ママ》えざるを証する乎」と報じた。予選出場そして不通過(6)が大新聞の記事になった。帝大生一年目にもかかわらず「運動界の覇王」と形容されていたことから、三島が世間でどう見られていたかが分かろう。学習院から帝大法科へ進んだ年、つまり右記ロードレース失敗の二年前の帝大運動会（一九〇七年十一月九日）では、一年生ながら一〇〇、二〇〇、四〇〇、そして一〇〇〇メートル走の四種目を制した。

先輩藤井はその前年一九〇六年に大学を卒業し外交官となっていたため、本郷のグラウンドの同一レースで二人が相見えることはなかったが、交流はあった。三島の日記（一九〇八年）には以下の記載がある。

十二月十八日（金）
晴。平日の如し。五郎よりはがき。伊達より電話。
帰り藤氏《ママ》ハルピンより帰京せしかば、学生集会場にて柳谷〔午郎〕、春日〔弘〕、長浜〔哲三郎〕などとともに会談し、後江智勝にゆきて藤井氏の御馳走になる。七時帰宅。十時床に入る。(7)

外交官としてハルピンに赴任していた先輩の藤井が一時帰京したので陸上仲間で会いに行って歓談し、そののち東京湯島の牛鍋屋である江智勝で藤井にご馳走してもらったという内容である。春日、長浜は一高から帝大、三島と柳谷は学習院から帝大だったが、帝大の陸上運動部仲間として先輩を囲んでの親しい付き合いがあったのが分かる。青年外交官の藤井も一旦帰京すれば、陸上の後輩たちに会うのが楽しみだったことが察せられる。

いかにして「ランニング界の人」となりし乎

三島は新聞や少年雑誌で自身が記事になるだけでなく、少年雑誌や運動雑誌にも頻繁に稿を寄せた。おそらく明治末年、最も多くの記事を寄稿したアスリートではなかったかと思われる。一九一一年十一月のオリンピック選手選考会開催以前に活字となったものを、管見に入った限りで時系列に沿って掲げておく。

①「運動家は如何なるものを食し何をして一日を暮らすか」[8]（『運動世界』一九〇九年五月号、九七～九八頁）。
②「ランニングに於ける予の実験」（『運動世界』一九一〇年新年号、一一～一三頁）。
③「シカゴ撰手の実力」（『中学世界』一九一〇年十一月号、八七～九一頁）。
④「徒歩競走法」（『中学世界』一九一〇年五月号、六〇～六七頁）。
⑤「ランニング撰手実験談」[9]（『中学世界』一九一〇年六月増刊号、五二～五五頁）。
⑥「諏訪湖の氷滑り」（『運動世界』一九一一年二月号、四三～四六頁）。
⑦「聯合運動会をやりたい」（『運動世界』一九一一年新年号、一九～二〇頁）。
⑧「若年寄を排す」（『運動世界』一九一一年天狗号、五一～五三頁）。

ここでは、三島が陸上競技に触れ、そして本格的に取り組むこととなった契機、さらに当代一流のスプリンターとして展開する技術論に主眼を置いて探ってみる。さきに記したように和洋各種の運動種目に通じていた三島がなぜ陸上競技に絞り、日本初のオリンピック出場へとつながったのかに興味を引かれるからである。

僕がランニング界の人となつたのは明治卅六年からの事で、其の以前は身体が弱くて十五六歳迄は兎《と》ても運動など思ひも依らなかつた。処が余りに身体が弱くて仕様がないので、何んとか強壮にならうと考へた末、其頃学習院では今と違つて野球が盛んであつたので、始めは恐《おっか》な吃驚《びっくり》手を出して見ると中々面白い、夫《そ》れからと云ふものは球が見えなくなる迄グラウンドを馳せ廻つて、熱心に練習した結果が卅五年の春丁度十六歳の時選手となつて中堅を守る事になつた、即ち是れがランニング界に入るの始めで、其頃外野手の練習と云へば今と違つて、ポカンと一人グラウンドの隅に立つて五六十もノックを打つて貰つた、故に彼方へ駈け此方へ駈けして居る中に身体もよくなる足は勿論丈夫になつたから、同年の秋学習院の陸上で走つて見ると何の苦もなく勝つた。

（②―一一頁）

健康体を得ようと在学していた学習院で盛んだった野球に手を染め、外野でノックを受ける練習を重ねるうちに――最初は投手ではなく中堅手《センター》――それが短距離ダッシュの機能を果たし、野球の上達ばかりか走力向上にも効果があったと振り返っている。十代半ばを迎えて身体の成長があり加えて柔道にも励んでいた三島は、背部から腰部にかけての筋力が発達していたのであろう。帝大生時代、砲丸投で一二メートル近くを記録したり槌投で優勝したりしたことがその証左となる。虚弱

(10)

な体質を克服すればアスリートとして活躍できる素地は生来あったと思われる。学習院は他校に比して学校全体でも生徒数は五〇〇名ほどと少なかった上に運動を熱心に行なう者は四〇〜五〇名くらいだったため、各種試合には掛け持ちで出場する必要があった（⑤—五三頁）。一旦走力に注目された三島が対抗戦の常連選手となったのは当然の成り行きだった。

さァ傍の連中が黙つて居ない、高師の陸上に柳谷君と一緒に引張り出されたが是れも運良く一着を得た、此頃の競走界は今の様に一高が全盛時代で、帝大に行くと残念ながら一高の阿部君に一着を占められて僕は二着に落ちた、さァ残念で堪らない、目指す敵は一高と熱心に練習した上、いよ〳〵檜舞台の駒場へ海江田氏と共に行くと嬉れしや一着が海江田君で僕が二着、阿部君は三着になつた、此の時の嬉しさは兎ても筆や舌では尽し切れない、其の翌年から僕は本統の選手となつて駒場より外へは出ない事にした……

（②—一一頁）

三島がここで振り返る「帝大に行くと残念ながら一高の阿部君に一着を占められて僕は二着に落ちた、さァ残念で堪らない」というレースは、第一章で触れた一九〇二年十一月八日の帝大運動会、藤井實が一〇〇メートル走で一〇秒二四を記録した折の運動会だった。学習院生の三島は一〇秒二四の走りを目撃したのか、いっぽう帝大一年生の藤井は前年には自分が制した高校生の招待レースに目を留めたのか、ともに何も書き残していないが、想像を膨らませたくなる舞台である。

この高校招待レースについて再び旧制一高「陸上運動部部史」から引くならば「我撰手は即ち阿部、吉原、出浦の三氏なり。外敵は学習院の三島彌彦、柳谷午郎等にして、一周にして早くも阿部氏先頭を持し、三島悠々として後より之を追ひ以て吾が疲労するのを待ちて抜かんとせしも、何ぞ吾々は練習の功あり、遂に三島も抜く能はずして先づ我軍に凱歌揚る、出浦氏も次いで三着となる」[11]という展開だった。一高側文書に好敵手三島の心情を伝える文言がないのは当然だが、帝大生となった三島の回想からその折の「さァ残念で堪らない」を知ることができる。一週間ののち開催された農科大学の運動会（駒場の運動会）では学習院が雪辱を果たした――「一着が海江田君で僕が二着、阿部君は三着になつた、此の時の嬉しさは兎ても筆や舌では尽し切れない」。敗れた一高側の記録は以下の通りである。

……駒場戦の当日はめぐり来たり。出場撰手は阿部彦郎、吉原重時の両氏、外敵は宿年の仇たる海江田幸吉、三島彌彦、工業学校の久保等にして、我応援隊は皆白旗をかざして熱烈なる応援を与へり。あゝされど、海江田と三島の巧妙なる沮害《そがい》の術は、真面目なる我撰手をして苦境に立たしめ、醜劣なる詐術にも等しき技を弄して、遂に我をして何等脚を揮ふの余地を出さしめず、戦は脆くも再び彼等をして名を成さしむる結果を以て終りぬ。屍《しかばね》を戦場に曝《さ》らすとも還らじと誓ひし撰手が心根を想ひやり、堂々たる健闘をなすの暇だになく、無為にして敵の一蹴に逢ひし其心事を察するに、誰か天を仰先で三哭せざるものあらんや。[12]

大仰な文飾から敗戦を喫した一高側の無念が伝わってくるものの「海江田と三島の巧妙なる沮害の術は、真面目なる我撰手をして苦境に立たしめ」の記述は、いささか物騒であろう。なにやら不正を働いて勝利を手にしたかのようにも読める。もちろん不正というのでなく学習院側のレース展開をこのように批判したのである。帝大運動会や農科大学運動会での招待レースは純粋な記録会ではない。一位のレコードは記録表に残るものの勝敗のみを競う対抗戦だったことから作戦は必要だった。当初は短距離走と言ってよい四〇〇メートル走であったためペース配分を考慮する余地はあまりなかったものの、のちに中距離の六〇〇メートル走へと変更され作戦の重要度が高まった。

ところで、一高側に「醜劣なる詐術にも等しき技」と形容された三島の作戦は如何なるものだったのか。

先づ先方の駈方をスタートする時に見て置いて緩《ゆっ》くり駈る、夫れから二回の終り頃から少しづヽヘビーを掛けて一番仕舞の回には合手の中で一番早さうな人にピッタリと着付いて、決勝点より百メートル位も前になつてから抜くのである、これがランニングでは一番安全な駈方であらうと思ふ。

（②―一一頁）

スタート直後から先頭に立つことはせず後方から様子をうかがい、「一番早さうな人」を追走してラスト一〇〇メートルとなったらスパートをかけて抜き去る、という戦術だったらしいことが分かる。そしてそれを「一番安全な駈方」とも記している。「ヘビーを掛ける」とはスパートする意として使われていた。この三島の作戦を一高側では「醜劣なる詐術にも等しき技」として非難したのだったが、実のところ、当の一高側もその効果は認識していたと思われる。一高の「陸上運動部部史」にはこうある――「従来六百米突競走なるものは、出発に於ては成る可く人後に出て、余力を養ひ置き逸を以て敵の労に乗じて以て成功するが云はゞ秘訣なりしなり」[13]。これでは三島の説く戦略と大同小異ではないのか。先手を打たれた悔しさを晴らさんがために大仰な字句で非難しているとしか読めないであろう。

ここで一高側が「従来六百米突競走なるものは」という前提で記しているように、三島の戦略は六〇〇メートル走の場合は功を奏しても、四〇〇メートルしか距離がない場合は相手選手の走りを観察しつつこちらのペース配分を調整するのは難しい。一九〇二年の帝大運動会で「吾が疲労するのを待ちて抜かんとせしも、何ぞ吾々は練習の功あり、遂に三島も抜く能はず」となったのがその失敗例であろう。その後三島は「学習院に居た時代はズーッと一着ばかりであつた」という戦績を重ねることとなる。

「駛走の姿勢」の要点とは

対抗戦競走での作戦に関しては右に見た通りだが、ランニング一般についてはどういう意識を有してトラックを駆けていたのだろうか。ランニングのフォーム＝「駛走《しそう》の姿勢」について三島が教示する貴重な一節がある。

駛走の姿勢、是は到底筆舌で述べ得るものではない。怎《ど》うしても先輩の指導注意を俟たなければならぬ。

然し乍ら、今此処に其大体を云つて見ると、先づ第一に上体の位置である。徒歩競走は、決して脚ばかりで駛《はし》るものではない。上体の置き方如何に依つては、其速力に非常な関係を有するのである。故に、上体は少し前方に突き出す加減にするがいゝ。言葉を替ふれば、前のめりになるのだ。さうすると、恰度真直位になるのである。

次には腰部である。一体駛走中には其重心が皆腰部に集中するのであるから、此れは亦最も注意を要する個処である。練習した人かせぬ人か、腰部の運動を見れば、直ぐ解る位だから、此練習は肝心である。大概の人は先づ腰部を上下に動かして走る。然し其れは練習の足りない証で腰部は常に水平を保たねばならぬ。上下するのは、前進する力を余り支へ過ぎて、かくの如き結果を来すので有るから、非常に不利であることを思はねばならぬ。

手の位置は、常に腰の辺に置くが佳い。それは先にも云つた様に、重心を腰部に集中する為である。そして脚に連れて振り動かす。脚の開き方が大きければ、手の振り方も自然大きくなるがいゝ。

以上の注意に依つて、研究的に練習をつめば、やがて一人前の走者になる事が出来るのである。

（④―六五～六六頁）

発表の舞台は『中学世界』、つまり競技者を目指す少年たちへ向けての助言だった。「駛走の姿勢、是は到底筆舌で述べ得るものではない」、ゆえに指導者の助言を仰がなければいけないと留保を付しつつも、三点に絞ってその要点を提示している。それは「上体の姿勢」「腰部（の動き）」そして「手の位置」だった。短距離走を速く走ることを論じる際、今なおピッチ（脚の回転頻度）かストライド（歩幅）かという二元論的な論じ方を時折見聞きするが、これは現実的ではない。一〇〇メートル走を一〇秒台で駆け抜けるスプリンターも一五秒前後を要する中学生走者でも、一〇〇メートルを走る際の歩数にそう変わりはない。五〇歩前後から五五歩が普通だろう。つまりタイムに五秒ほども開きがあっても、ストライドに大きな違いはないのである。旧東ドイツの女性スプリンターのマルリース・ゲール（Marlies Göhr）のように一〇秒台の記録（自己ベスト一〇秒八一）を持ちながらも歩数が五七〜五八歩の場合もある。地面にエネルギーを伝えて前進する際、地面に接するのは二本の脚しかない。すなわち肝心なのは歩数で換算できるストライドではなく、いかに速く足を回転させてトラックにエネルギーを伝えていくかに直結するピッチに尽きるということになる。ピッチを高めるのは、鍛えられた筋力に支えられた効率良い動きである。ピッチかストライドかという論じ方は不毛な論争に陥りやすい。

これを思うとき、ピッチやストライドに何ら言及することなく、上体の姿勢、そして腰部の動きに注意を払うようにとの三島の指摘には先見の明を感じる。とりわけ「徒歩競走は、決して脚ばかりで駛るものではない」のだから、「上体は少し前方に突き出す加減にする……前のめり」がよい、という助言は実践的だろう。この一年ほどのち、三島は遥か北欧ストックホルムの地でアメリカのトップスプリンター、ラルフ・クレイグに出会い、一〇〇、二〇〇メートル走二冠を得たクレイグの走りを目の当たりにするのだが、奇しくもそのクレイグ自身、上体の使い方について、三島と同趣旨の助言を若い選手に向けて書くことになるのは全くの偶然とはいえ興味深い。クレイグの助言が活字となったのは一九一四年のことであるから、もちろん三島に参照の機会などないのだが、この偶然の一致を知ったならば一驚したに違いない。比較の素材として金メダリスト、クレイグの少年たちへ向けての助言を引く。

また別のよくある失敗は、疾走のさい上体を起こしすぎることである。身体をわずかに前方へ倒したままにしておくことで最良の結果が得られる。理由は簡単だ。

両足で立ち身体をわずかに前方へ倒す。倒すにつれてバランスを保つために一方の足が自然と前へ出ることに気づくだろう。身体を傾けたままにしておくと、もう一方の足も前方へと出ていつしか走り出している。こうして重力が疾走に手をかしてくれるのである。(14)

三島が掲げる二点目は腰の使い方に関わる。これこそ「到底筆舌で述べ得るものではない」だろう。いわゆる体幹がしっかりした走者でない場合は、三島が指摘するように腰部の上下運動が生じやすい。上体を揺らすことなく、足が地面をしっかり捉える走りをするためには下背部から腰部にかけての筋力が必要であるが、これは一朝一夕に身につくものではない。また走運動のみによって鍛えることは難しい。現代ならばウェイトトレーニングが効果をもたらすが、明治の昔には柔道や相撲などがこの部位の筋力の鍛錬には役立ったはずであり、三島が上下動の少ない動きができたというのであれば、それは様々な運動をこなすことによって鍛えられた肉体の持ち主だったためと思われる。腰部の使い方についての三島の説は正鵠を射ているものの、身体の出来上がっていない若年者に向けての助言としては、ややないものねだり風な印象を否定できない。しかしながら、走運動は前進運動ゆえ上下の動きは不利に働く、という趣旨は、ランニングを力学の観点から見た時極めて肝要な指摘であり、練習の折に留意しておくならば良き効果を生んだことと思われる。

第三点目は腕振りについてだった。「手の位置は、常に腰の辺に置くが佳い。それは先にも云った様に、重心を腰部に集中する為である」。大きく腕を振れ、あるいは身体の前で両腕を交差させるように振れ、というありがちな助言ではない。腰のあたりに置くのがよいという勧めである。腕振りを走運動に積極的に活かそうとする立場からは物足らない思いがするかもしれないが、大きく振らずに常に腰のあたりで前後に振るという動きは、前進運動にとりむしろ有利となる。肩を支点として手を顔の高さまで振り上げるような腕振りをすれば、身体の上下運動を誘発させ前進運動にとりマイナス要因となる。三島が説くように腰の周辺で振るならば、上下運動を引き起こすのではなくむしろ抑えることとなり、前進運動にはプラスとなる。一見消極的な腕振りと見えつつも、前へ進むことを旨とする走運動にとって効果が期待できるのである。

三島は自分の頭で思案したことを自分の身体を用いて実践して確認しつつ練習を積み重ねていったのではないか。そういう日々があったことを思わせる「駛走の姿勢」＝ランニングフォームへの助言であろう。

「一人で為るより、何人かに一緒に走つて貰ふ方がいい」

三項目を掲げての「駛走の姿勢」への教示はかなり論理的だが、それ以外の箇所に見られる三島のアドヴァイスはいたって常識的で、時におおらかささえ感じさせる。押川春浪《おしかわしゅんろう》が「三嶋《ママ》君は大の楽天家である。暢気な先生である。度量の大きい些事に無頓着な飽迄も鷹揚な人である」(15)と紹介するその性格をうかがい知れる助言に仕上がっている。当時は試合の一週間前になると入浴をやめるとよいという助言もあったらしいが、三島はそれを紹介はするものの勧めも強要もしない。もちろん「油抜き」の訓練を勧めることなどまったくない。睡眠時間はどのくらいが適切か、何を食べ、何を食べてはいけないかなどへの細々した注意などもない。注意を促しているのは、暴食して胃を痛めるな、胃が悪いと走練習などできはしないから、ということだった。ただし、練習を行なう時間帯への注意は掲げている。「夜間黄昏を避けて、日中或は日没後間もなく練習する」のがよい、と勧める。その理由は「黄昏夜間には水蒸気が地上に近く漂ふ故、其を烈しく呼吸して気管を傷める恐れがある。競走前気管でも傷めては大事である。それと足元が不明なので、往々石に躓き或は倒れて負傷する事がある」(④—六四頁)からという。夕方には水蒸気が云々ということについては、第四章で引いた明石和衛にも同じような指摘をしている。おそらく明治末期に流布して信じられていた科学的な見解なのだろう。

もう一点、三島が提言していることに注目しておきたい。この二年後のストックホルム大会での顚末を知る後世の者には、三島がさながら未来の自分へ言い聞かせているかのように思われるような一節である。

出発点の練習は怎うしても一人では出来ぬ。何人《だれ》か傍に居て貰つて、号砲を発《う》つか、或は不意に懸声をするかして貰はなくてはならぬ。是は怎うしても場所馴れると云ふ事が肝心である……練習の時は一人で為《す》るより、何人かに一緒に走つて貰ふ方がいい。其人も自分より速い人が、さも莫《な》くば、二三人の人々と二三回宛《ずつ》かはる〳〵で走つて貰ふのだ。

（④―六四～六五頁）

第七章でストックホルム大会を振り返る折、再度引いて検討することとしたい。もう一点三島のアドヴァイスに見られる特徴は、精神論に重きをおくことがなかったということである。ストックホルムへ同行する金栗四三がのちに長距離練習の教本(16)を書くにあたり、「精神一到何事か成らざらん、と古人は云つて居る」というように精神論から説き始めたのとは対照的でさえある。三島も「精神修養」の項を立てて精神面の重要性を説きはするものの、これもいたって常識的な助言だった。

殊に短距離の競走であつては、其勝敗は最後の数歩にある。此時に当つて奮然一歩でも抜けば、勝利は其人の上に落るのである。此間に於て必要なるは、勇気と忍耐であらう。之を通俗的に云へば、気で勝つのである。

（④—六二頁）

決勝線まで気を抜かずに走り抜け、ということに尽きよう。ランニングフォームの重要な三点を力説し、そしてゴール直前では「勇気と忍耐」を持て、と三島は少年たちに訴えた。いずれも至極納得できることであるのだが、すべてを読み直してみて一点言及されていないことがあるのに気づく。もの足らないという思いが残る。それは、発走法、つまりスタートダッシュについての教示がないことである。この点で後輩の明石和衛とは好個の対照をなす。右に見たように、スタートの練習時には傍にいる誰かに号砲を撃ってもらうか掛け声をかけてもらうことが必要、という助言は掲げてあるものの、三島流のスタートダッシュの心得の紹介が見当たらないのが惜しまれる。「練習には号砲か掛け声を」と勧める以上、スタートダッシュを蔑ろにしているはずはない。おそらくスタンディングスタートであったにしても、双方の足への荷重バランス等について自己に適した方法を見出していたに相違ない。それを書き残してほしかったという思いを禁じ得ない。

「運動は身心を鍛ふる手段である」

三島が寄せた記事には陸上競技の技術論から離れたものもある。ここでは「聯合運動会をやりたい」と「若年寄を排す」を取り上げ、その意義を見ておきたい。ともに明治末年の日本の運動界の状況を捉え、さらなる発展を願う具体的な提言をうかがい知ることができる稀有な記事と思われるからである。

すでに数名の学生アスリートとともに中学生に向けて「ランニング撰手実験談」を寄稿した折、「ランニングは、今日本ではベースボール程発達せないが、時々これを各学校聯合でやるやうにしたなら、大に発達を促すと思ふ。尤も聯合してやると云ふことは、随分困難ではあるが……」（⑤―五四頁）と三島は書いていた。野球のように陸上競技の対抗戦を開催したいという気持ちの吐露だった。六〇〇メートル走の招待レースに限定されていたとはいえ、中高校生には帝大や農科大学等の運動会で他校生徒と競う場は用意されていた。だが一旦大学生となると自校内の運動会しか機会はなかった。この「各学校聯合でやるやうにしたなら」という希望をさらに敷衍《ふえん》したのが「聯合運動会をやりたい」の一文だった。

……まァ外国にあるオリンピックゲームの様に、都下の各学校からチャンピオンを集めて、ランニングや幅飛、高飛、棒飛、砲丸抛、槌抛や歩きつこ〔競歩のこと〕などを遣つて、其のレコードを発表したら面白いだらう。即ち各学校の聯合運動会と云ふ様なものなのだ。若し遣るとすれば早稲田でも慶應でも何処の運動場でもいいから、レースコース一回が四百メートルか五百メートル位にして短距離のレースはコーナーなしの直線レースにしなくてはいかん。僕の考えは先づ此の位なものだね。（⑦―二五～二六頁）

具体的な種目を掲げての対抗戦の提案である。「外国にあるオリンピックゲームの様に」と書いた三島が知っていたかは不明だが、イギリスではオックスフォードとケンブリッジとの間での大学対校戦が、アメリカでもハーバードとイェール間の対校戦がすでに毎年開かれていたし、アメリカでは全米大学対校戦や全米選手権といった競技会が多数の観客を動員する年中行事にまで発展していた。他校の大学生としのぎを削る場が記録向上を目指す契機となるはずという三島の思いが伝わってくる。だが「各学校の聯合運動会と云ふ様なもの」を、という願いが日本で実現するのは、三島の現役引退ののちだった。後年日本選手権と正式に呼ばれる競技会の開始は一九一三（大正二）年、東京帝大と京都帝大との陸上競技の第一回対校戦は一九二四年、今日の日本学生陸上競技対校選手権大会につながる競技会の開始は一九二八（昭和三）年、をそれぞれ待たなければならなかった。実現を阻んだのは世間の関心具合に加え、三島が暗に記すように競技場を設置できるような環境整備が遅れていたことにもあったのは間違いない。

「若年寄を排す」もまた、明治日本の運動への関心の低さという背景のもとに書かれていた。運動に励むのは学生時代までよく、学窓を出た者が運動に精を出すのはむしろ忌むべきことという風潮の克服を訴えることを主旨とする。日清日露の戦役に勝利を収めたのは封建の世に発達した武士道があったからであり、武士道は体育と徳育とを兼ね備えた武術であったと三島は記す。これに代わるものが「所謂運動」であろうという前提から論を進めている。欧米列強が運動を奨励しているのは「文明の進歩に伴ふ惰弱の風を矯正し、剛健不抜なる精神を養成し、強壮なる体軀を作り、以て生存競争場裡に於て、優者の位置を占めんとする為め」だと記した。したがって「運動は目的ではない、運動は身心を鍛ふる手段である、徳育体育の手段である」という認識につながるのだが、進歩した文明は「(日本の)国人をして文弱に流れしむるの弊がある」ことが判明したため、漸く「運動奨励の必要」を認めるようになったと三島はまとめた。

心身の強壮のために運動を、という流れは生まれつつあるが、問題なのは「方今運動場裡に出入する人を観るに、多くは之れ丁年前後の青年で、しかも多くは学生の階級に限らるる如く、年長者の之に加はるもの」がないことだった。職を有する者は「かかる呑気な暇が無いと老爺」ぶって、「庭いぢり」などはするが野外運動をすることはない。日本には運動場と呼べるような施設がない一方で、大抵の家には庭があることがこういう現状の一因となっているとも三島は分析した。ゆえに「若年寄を排す」という主張となる。人口稠密《ちゅうみつ》な都会にこそ運動場の設備が必要と三島は説く。そして「一日の激務に労れし頭脳も、一度運動場に出でて適宜の運動を試みると忽ちに爽快となり、精気百倍、身体自から活発となるに相違ない」とも加えて運動を強く奨励した。運動場の設置には資金を要する。そのためには「徒らに美酒佳肴を求め贅沢三昧に要する莫大なる浪費の一部を割いて之に当てたならば、容易に大運動場を設置することが出来るのである」と提言を記して結んだ。公共事業としての運動施設の建設にとどまらず、民間からの寄付を募って施設の充実を図るように努めよ、というかなり大胆な提言だった。実現の可能性は決して高いものではなかったが、「運動界の覇王」と呼ばれた三島が、運動を一部の競技者の占有物とはせず、一般社会にもたらす好影響を認識して運動の普及に努めようとしていた心意気を、ここにはしっかり読み取ることができる。

ちなみに三島がどこまで情報を得ていたのかは不明だが、海外で刊行された陸上競技の手引き書などには、学生だけでなく職業人をも念頭に置いた記述は多々ある。たとえば第二章でダブスタートの簡明な説明例として引用したマルコム・フォードは「アマチュア競技者は日々様々な職種に従事しており、一日中立ち仕事をしている者は日々座業に従事する者と同じ練習をする気はしないであろう」[17]と言及し、社会人アスリートの存在を前提としていることは注目しておいてよいだろう。

東京帝大在学中、三島彌彦は毎年十一月の大学運動会では走種目はもとより時には投擲種目でも一位を得た。帝大生として運動会へ五回出場し、一位を占めた回数は一三回に上った。一九一〇（明治四十三）年、一高から明石和衛が入学してくると明石は三島の良きライバルとなった。帝大法科の学生として学問に励む一方、陸上競技をはじめさまざまなスポーツに打ち込んだ。右記寄稿記事中でオリンピックに言い及ぶこともあったが、やがて自らが日の丸を背負って世界最高峰の「聯合運動会」に出場することなど思いもよらなかっただろう。それは、先輩藤井にはたとえ企図していたとしても出場を果たせなかった場でもあったのだが、のちに見るように、「聯合運動会」を提唱した三島の与《あずか》り知らないところで明治日本のオリンピック参加への道はにわかに整い始めることとなった。

ロンドンオリンピックを伝えた日本人

一九〇七（明治四十）年五月、*New York Times* 紙が藤井實の快挙を伝えたのち「太平洋を渡ってカリフォルニアに行き、その後今秋の全米選手権の出場に間に合うようにアメリカ東部へ足を伸ばす。そしてイギリスや他の欧州諸国に出向き、恐らくは〔来年の〕オリンピックロンドン大会に参加することとなろう」と報じたことは第一章で引いた。外交官となった藤井はもとより、日本のアスリートがロンドンの地へ出向き文明国のアスリートとの「聯合運動会」で競うことはかなわなかったが、このロンドン大会を記事にした日本の記者が確認できる限り二人はいた。一人は後年運動記者としても歴史に名を残すこととなる橋戸頑鐵《がんてつ》（本名は信）である。早稲田大学在学中には野球部の主将を務め、一九〇五年四月のアメリカ遠征軍にも加わった。一九〇七年[18]に早稲田を卒業すると渡米し、現地のスポーツ事情に関わる記事を少年雑誌や運動雑誌に寄稿することもしばしばだった。また天狗倶楽部[19]の主要なメンバーの一人であり、三島彌彦とは親しい間柄だった。

早稲田大学野球部時代の橋戸頑鐵

　ロンドン大会（一九〇八年四月～十月）の主要競技が終わっていた同年秋、『冒険世界』九月号に頑鐵は「オリンピヤン大競技」と題する二ページほどの記事を寄せた（二五六頁参照）。執筆当時の情報として参加国二一、参加選手総数一二〇〇人、うちアメリカの派遣競技者は五一三名と書き、規模の大きさをまず訴えた。開会式にはイギリス国王をはじめ王室メンバーが臨席したこと、そしてオリンピック自体はアメリカの圧勝だったことをも続けて伝えた。頑鐵は「在米」と寄稿者肩書きにあるようにロンドンへ出向いたのではない。アメリカ国内で情報を得て寄稿記事を仕立てたのである。おそらく記事中に一箇所言及がある『ハーパーズ週報』*Harper's Weekly* などが情報源だったのだろう。次いで記事は次回の第五回大会へと話題が移る。

第五回のオリンピヤン競技は何国で開催せらるゝであらうか未定の問題ではあるが、新進気鋭の日本国民が之の盛典に参加して、天晴日東男子の技量を世界に示すの時機は決して遠い将来ではあるまい、現に四十五年の大博覧会などに此種の大競技を結び付けて、世界の人気を惹くのは頗《すこぶ》る当を得た計画ではあるまいか。併し世界のオリンピヤン競技には重《おも》に如何なる種類の運動が挙行せられ、優勝選手は什麽《どんな》記録を残したかと云ふことが知れて居らねば、世界の選手を招待するにも薄気味が悪るからう……(20)

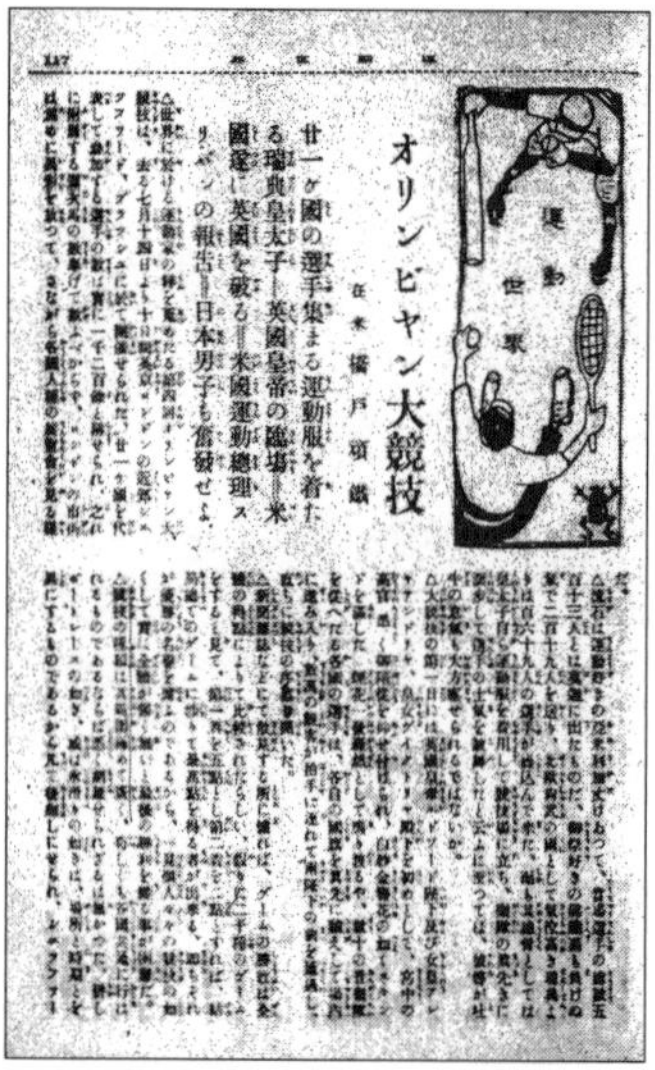
運動世界

オリンピヤン大競技

在米　橋戸頑鐵

廿一ヶ國の選手集まる運動服を着たる瑞典皇太子—英國皇帝の臨場—米國遂に英國を破る—米國運動總理スリバンの報告—日本男子も奮發せよ。

橋戸頑鐵の記事「オリンピヤン大競技」

ロンドン大会に続く一九一二年の第五回大会については、スウェーデンかドイツか、という候補があったが、一九一六年大会はドイツとすることを前提条件にしてスウェーデン開催が決定したのは一九〇九年五月のIOC会合の場だった。すなわちこの記事が書かれた頃、四年後の開催国は未定だったのである。そのなかで頑鐵は、日本が初参加するよう促すにとどまらず開催国となることさえ提言した。なんとも大胆な発想であるが、初参加は可能としても開催国に名乗りを上げることは不可能だった。競技場の整備も運営にあたる競技を熟知した役員候補者も皆無に等しかった。開催国が各種競技の審判を務めるのがオリンピックだったのである。

第四回オリンピックでは、これに関わる一大事件が生じてもいた、頑鐵の記事の最後にはアメリカ勢は大勝利を収めたものの「一行の総理スリバン《ママ》は甚だ不快の文字を以て大統領ルーブベルト《ママ》に勝報を伝えた」とあった。アメリカスポーツ界の重鎮でありロンドンへの派遣選手団の実質的なトップだったサリバンは「英国人が米人に対する感情は頗る偏執なり」とも伝えた[21]という。頑鐵は触れてはいないが、両国間に生じた揉めごとの中で最たるものは陸上競技の四〇〇メートル走決勝に見られた。七月二十三日の決勝レースはアメリカ人三名、そして地元イギリス人一名で競われた。今日のようなセパレートレーンではなくオープンレーンで行なわれたレースでは、最後の直線で先頭を行くアメリカ選手を右手から抜こうとするイギリス選手に対し、そのアメリカ人が右へ右へと進路を移していきイギリス人選手を肘で押すような形となった。これはアメリカの競技規則では許容範囲内だったがオリンピックを司る現地イギリスの規則では失格となる事例だった[22]ため、審判団は協議の結果、一位でテープを切ったアメリカの選手を失格とし、残りの三名で日を改め同月二十五日に再レースを実施するという裁定を下した。二人のアメリカ人走者も抗議の意を込めて棄権したため、再レースはイギリス人のハルスウェル（**Wyndham Halswelle**）一人がトラックを一周するという幕切れとなった（二五八頁参照）。第四回オリンピックを紹介する場では **the saddest** あるいは **the notorious** などという形容が付されてこのレースは言及されることが多い[23]。

自国でオリンピックを開催することに伴う様々な責務を頑鐵が知ったならば、軽々に次回は日本

1908年第4回オリンピック（ロンドン大会）**時の400メートル走決勝再レース**

で開催を、とは書けなかったであろう。しかしながら、ここに紹介した初参加と誘致を提唱した先覚者としての意義は大きい。これについては、文化史家の木村毅が以下の言及を残している――「日本スポーツマンのオリンピック競技参加と、この盛典の日本招致の希望を、具体的に呼びかけた先覚は橋戸頑鉄であったに違いない[24]」。

木村はこう書いたものの、実際は頑鐵に先んじてオリンピックへの日本の参加を呼びかけた日本人新聞記者がいた。しかも新聞や雑誌で情報を収集したうえでの提言ではなく、自らの目でオリンピックを見て故国へ向けて初参加を強く勧めたのである。それは大阪毎日新聞社の相島勘次郎だった。一九〇八年のロンドン大会は、のちに日本スポーツ界の重鎮となる岸清一がたまたま彼の地にいたため観戦する機会を得ていたが、相島記者は報道の意図を持ってロンドンに滞在していた。その数年前、大阪毎日新聞社は自社記者を海外に派遣して見聞を広める機会を設けており、通信部長だった相島は欧米に送られていた。

相島レポートは「在倫敦　虚吼生」（虚吼は相島の号）名で『大阪毎日新聞』一九〇八年九月七日から十二日まで連載された。初回は、マラソン競走の由来が古代ギリシャの故事にあることを説いた。相島がどの程度観戦したのかは詳らかではない。しかし、マラソン競技についてはスタジアムでゴールの模様を目の当たりにしていた。オリンピックのマラソンは予期せぬドラマを生むことが多い。この大会でもアクシデントが起こった。先頭で競技場に戻ったイタリアのドランド選手がトラックで倒れ、見かねた役員が躊躇したのち手を貸してしまった。当然失格となり、二番手の米国選手ヘースが月桂冠を手にする顚末となった。その一部始終を観た相島記者は記事に仕立てて本社へ打電した。

そして最終回（九月十二日）の締めでは、故国日本にも触れた――「兎に角世界一等国の伍伴に列せんとするには軍艦の数ばかりではいかぬ。此の次には日本も彼の運動同盟に加はり選手を送る様にしたいものである」。「世界一等国」の仲間入りをするためには軍事力だけでは不十分、「かの運動同盟」すなわちオリンピックへの参加も「一等国」の重要な条件だ、という主張をここに見る。「一等国」とは「文明国」のこと、つまり相島記者は文明の視点からスポーツの持つ意義を説いたと読める。スポーツを通して「文明国」へ参加せよ、という主張は、ナショナリズム論でもあるが、若い国だった明治日本に相応しいさわやかな視座さえ感じさせる。後年のコマーシャリズムなど入る余地はなく、オリンピックがまだ若かった頃、という時代を思わせる。

執筆にあたり相島は「虚吼生」と名乗った。だが、虚しく吼えると卑下したその思いは、期せずしてただちにかなうこととなる。日本の「かの運動同盟」への参加は、次のストックホルム大会で実現する運びとなったのだった。

明治四十四年十一月——国際競技選手予選会

一九〇九（明治四十二）年春、東京高等師範学校校長の嘉納治五郎は駐日フランス大使ジェラールから会見を申し込まれた。ジェラール大使は、旧友でもあるＩＯＣ会長のクーベルタンからの「委員に東洋の代表を推挙してほしい」という依頼を受け、嘉納に就任を頼みに訪れた(25)。嘉納は依頼を受諾し、東洋初の国際オリンピック委員に就任した。翌年には、二年後のストックホルム大会への日本選手団派遣の勧誘が届いた。アジアに位置する国として初めて受けた参加勧誘でもあった。青少年教育を天職と心得ていた嘉納は、参加により「世界の若人と深い友情で結ばれたり国際的な視野に立って日本の興隆をはかることのできるような有為な青年を多く育成したい(26)」と考え、オリンピック参加を決意した。教育の現場視察や柔道の紹介普及のため若い頃から海外へ出かけ異文化を直接知った経験が、この決意の背後にあった。スポーツを通しても「一等国」へ加われという三年前の相島勘次郎の呼びかけが、実現する運びとなった。

派遣選手の選考方法と派遣母体の決定が喫緊の課題だった。文部省も既設（一八九四年）の日本体育会も派遣母体となることを断り、新団体を設立するしか術はなかった。大学や師範学校に呼びかけ、一九一一年七月、大日本体育協会を設立した。協会規約に「本会ハ国際オリンピック大会ニ対シテ我日本国ヲ代表ス」とあった。次は選考会を開くことが急務だった。ストックホルムで予定されている次期オリンピックまで残り一年を切っていた。

オリンピック派遣選手選考会は「競走、跳躍」すなわち陸上競技のみで行なわれた。同年九月下旬、選手選考会の開催予定が「競技会応募の檄」とともに発表され、出場希望者は十月末日までに申し込んだ。選考会は同年十一月十八、十九日の二日間、羽田に特設の競技場で開催、アメリカで体育学を修得した大森兵蔵が、京浜電気鉄道株式会社に交渉し、従来自転車練習場としていた土地に手を加えて一周四〇〇メートルのトラックを急造した。一〇〇メートル走のみセパレートレーン、二〇〇メートル走以上はオープンレーンで実施されることとなった。当日の模様は新聞各紙が報じたが、『運動世界』同年十二月号にも柏木村人名の「国際競技予選会記」という六ページにわたる記事が掲載された。

緑門を潜つて高師学生の受付に次第書を貰ひ左手入口から場に入つた。如何にも立派に出来て居る。トラックは天保銭形とでも云はうか、南北両側には桟敷が出来て人は可成来て居る……決勝点前百米突だけは、石灰《いしばい》で地面に各人のコースを劃てある。決勝点は木綿の切片《きれ》、出発の合図はピストル、円角《コーナー》には勾配が付き、総て大森氏が本誌に書かれた通りである。如何にも之が洋式かなあと少なからず感服する。(27)

受付に高師（東京高等師範学校）の生徒がいたのは、校長の嘉納が自校生徒を動員したためであろう。「次第書」とは予選会プログラムのことと思われる。初めて四〇〇メートルトラックを目の当たりにした感想として「天保銭形」というのは言い得て妙だろう。ホームストレッチとバックストレッチ周辺には桟敷＝観客席も用意されていたことが分かる。すでにアメリカから帰国して『万朝報』の記者だった橋戸頑鐵も、競技場に来ており、トラックについて注目していた。

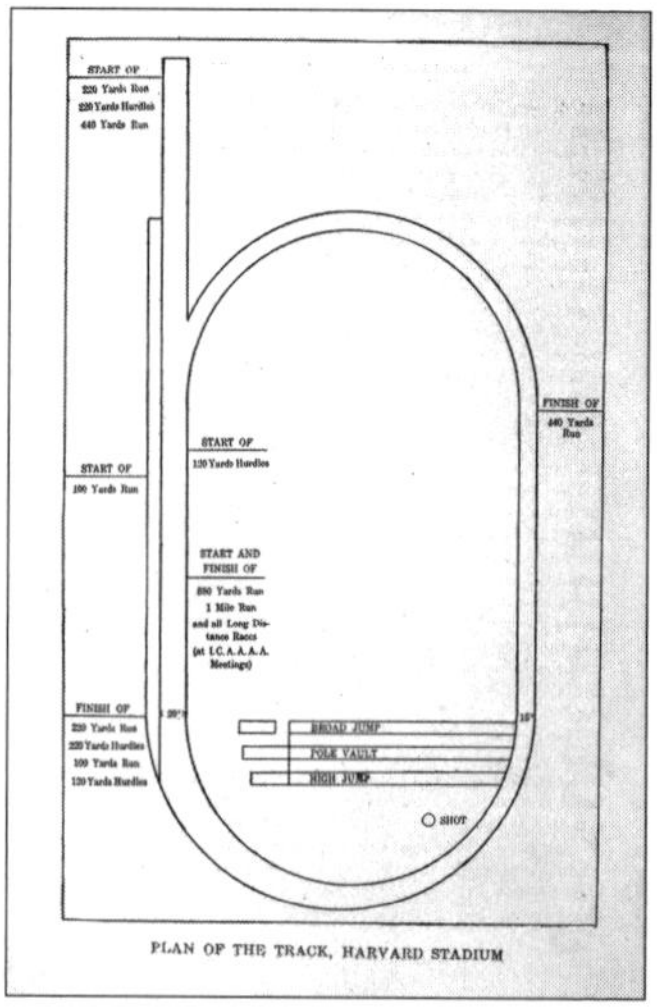

220ヤード走も440ヤード走も左上を出発点とし、220ヤード走は直線レースとした。100ヤード走のスタートはその直線の途中に置かれている（Sullivan, *An Athletic Primer*〔1910〕より）

元来が海を埋め立た所であるから、土地の湿潤は如何ともする事が出来ない。併しトラックの設計は、斯道の経験に富める大森兵蔵君を煩した丈け、稍《や》や完璧に近いものと思はれる。トラックを廻つて建てられたるスタンドも、優に数千人を容れるに足りる。(28)

海浜地帯に位置する埋め立てた土地であり、アメリカのトラックのようなシンダーの走路ではないと頑鐵はすぐに気づいたのであろう。比較の対象を知る者ゆえの言及である。なお羽田の特設競技場は同じ四〇〇メートルトラックであっても、アメリカでの主流だった使い方とは異なっていた。アメリカでは一〇〇メートル走だけでなく二〇〇メートル走も極力直線レーンを用いて実施した。そのためゴール地点は一〇〇メートル走と同じながらもスタート地点をさらに一〇〇メートル後方に設定していた。また、四〇〇メートル走もこの二〇〇メートル走と同じスタート地点からの出走としたので、四〇〇メートルトラックを一周するのではなく、まず直線部分の二〇〇メートルを走り、そののち曲走路へ移り反対側の直送路に出てその途中に設けられているゴールへ向かうという形式をとっていた。一九〇四年のセントルイス大会の折の四〇〇メートル走決勝のスタート直前の写真が公式記録集に残っており、今日この写真を目の当たりにして覚える違和感は、往時のトラックの使い方を了解してはじめて解消するであろう。四〇〇メートルトラックを設営したうえにそれから一〇〇メートル分飛び出すようにして二〇〇メートル走や四〇〇メートル走のスタート地点を設定するためには、より広大な土地が必要とされたのは言うまでもない。

1904年第3回オリンピック（セントルイス大会）**時の400メートル決勝のスタート**　右頁の写真左上のスタート地点からの発走の様子が分かる

大日本体育協会会長の嘉納治五郎自らが審判長を務めた。競技役員は徽章をつけて臨んだ。柏木の記事には徽章をつけた役員として「年寄の方では安部（磯雄）、大森（兵蔵）、永井（道明）の各理事、青年側では帝大の三島（彌彦）、柳谷（午郎）法学士、阿部彦（郎）法学士」などが目に入ったと書かれている。すなわち三島は競技への参加予定者としてではなく競技係員として羽田の競技場へ来ていたことが分かる。オリンピック派遣選手に選出されたのち寄稿した三島自身の文中の説明[29]に符合する。

抑も予が今回の此行、悉く偶然より胚胎して居る。昨年十一月、羽田運動場に於てオリムピック国際競技予選会が挙行された節、斯る会合に望《ママ》む事を好む予は……且つ審判委員にも嘱託されてあつたので……唯漫然として之れに赴いたのであつた。勿論全国より集まつて来た精鋭と戦つて勝を得やうなどゝは夢にも思はず、更に予選者の列に加はらうなどゝ云ふ念は毛頭なかつた。而し場に臨んで見ると、生来の好戦癖はムク〳〵と起つて、到底ジッとして傍観しては居られぬ。久しく練習も打絶えて居たけれども、兎も角皆と交つて走つて見やうと云ふ位の考で場に立つた……[30]

選考会は、一日目の十一月十八日（土）は午後二時に始まり、一〇〇、二〇〇、四〇〇、八〇〇メートル走の予選が行なわれ午後四時には閉会となった。二日目の十九日（日）は午前九時半ころから競技が開始された。「蕭殺たる風寒く午前十時頃より雨降り出したる」（『東京朝日新聞』十一月二十日）、「風頗る寒く、時々小糠雨さへ降つて全くいやな天気[31]」という悪コンディションとなった。前日の予選では三島と明石和衛はともに一〇〇メートル走を一一秒台（一一秒五分四）で駆け抜けたが、決勝は三島の一二秒〇に止まった。トラックを一周する四〇〇メートル走でも、予選で五五秒〇を記録した三島も五九秒五分三がやっとだった。降雨による走路のコンディションの悪さが推測できよう。選考会では、三島や明石をはじめとする東京帝国大学の学生の活躍と、東京高等師範学校生徒、金栗四三が当時の世界記録を上回るタイムでマラソンを制したこと（測量に杜撰さがあったことが今では判明している）が目立った[32]。季節が晩秋で悪天候という条件も重なり、マラソンを除けば好記録は生まれなかった。ちなみに東京帝大の学生たちは、この一週間ほど前の十一月十一日、恒例の大学運動会で競い合っていた。

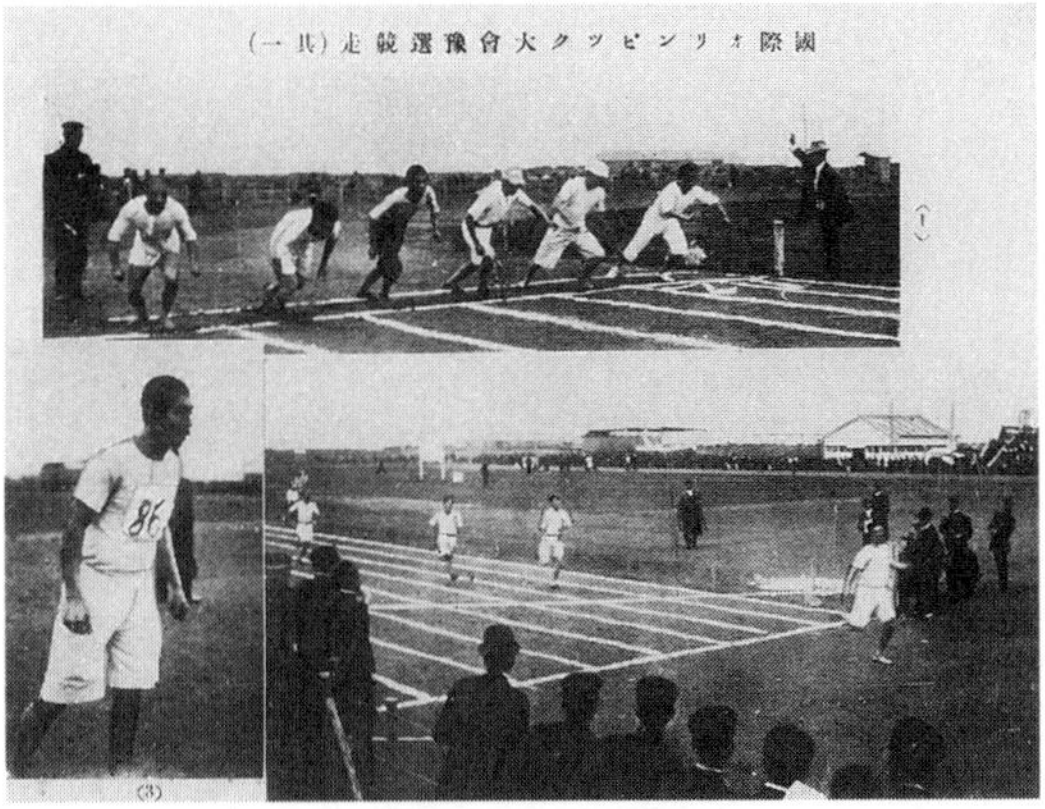

羽田で行なわれた国際競技選手予選会　上段の写真、左から２人目の競技者のみクラウチングスタートの構えをしている（1911年11月、毎日新聞社提供）

『東京朝日新聞』（十一月二十一日）は金栗の偉業を「世界の記録を破る」として伝えながらも「実力か誤測か」という見出しを立てて真相へ迫ろうともした。マラソンコースを設営した中沢臨川工学士はインタビューを受け「二十五哩は確にあります　私は実地に測量しては大変ですから参謀本部の二万分一地図の最新なるものに就て一町宛に測量しましたから決して間違ひはありません」と答えたという。そこで記者は大森兵蔵に向かい「日本人は元来短距離には迅速なるも長距離にては体力続かずと考へられたるに此の如き現象あるは其理由如何。且つ今日は降雨ありて道路悪しかりしに於てをや」と尋ねると「大森兵蔵氏は能く之に対して解答を与へざりし」とのことだった。主催者側唯一の専門家と言ってよい大森理事としては当然の反応だったであろう。大森に代わって説明したのが、傍らの嘉納会長だったと記事は伝える。「其理由は一寸不明なるも日本人は戦争等にて驚くべき忍耐力を示したるは隠れなき事実なれば今日の成績は只一つの現象として見れば可ならん」という主観的、楽観的な解釈だった。嘉納の心中を察すれば、自校の生徒である金栗が「世界の記録」を破って一位でゴールに帰ってきたためその嬉しさで一杯だったに違いなく、冷静な分析をするにはまだ時を要したのだろう。

「競走界の一大慶事」

マラソンの記録に世間は沸いたが疑問を呈する者もいた。橋戸頑鐵がその一人だった。嘉納が口にした楽観論を念頭に置くかの如く「これはどうしても疑問だ、日本人が戦争に強いから、日本人は忍耐力があるからなどの理由で此一大不可思議は解決され無い」(33)と躊躇《ためら》うことなく書いた。こういう疑義を記しながらも、本場アメリカの運動界を知る一人として、この選考会の意義を強調することも忘れはしなかった。

従来帝国大学で年々行はれる運動会を除きては、厳格に世界的記録を参酌して競技した事が少ない我国の運動界に於て、今回の如き厳格なる監督の下に、正確なる記録を作る例を開きたる一事は、正に特筆大書すべき斯界の慶事と云はねばならぬ……今回の予選会が動機となつて、各学校の祭的の運動会を止め、真摯の運動精神に協える競技が流行するに至るならば、これ実に我が運動界の一大革新であると共に一大郭清である。(34)

日本の運動界を発展させるためには、これを機に競技会を範とするような運動会の実施へと移行する必要がある、と訴えたのである。羽田で選考会が実施されたことを「斯界の慶事」とまで呼び、小見出しには「競走界の一大慶事」のタイトルを頑鐵は掲げた。だが、レコードを競い合う競技会風な運動会に装いを改めるだけでは、競技力を向上させることはかなわない。定期的に練習を行なう組織――「トラック部」――を各学校に設けよと力説した。

余は此機会を利用して、各学校の運動部がトラック部を設け、野球蹴球が其運動場を有するが如くに、別にトラック専用のグラウンドを作り、其選手も専門的のものとなして常に練習する様になり度いと思ふて居る。今回の予選会で百米突二百米突などのダッシユに於て、世界の記録に比すると著しい遜色を呈したのは、全く選手が平生科学的の練習をしない為である。若し経験のあるコーチヤーを雇つて、ダッシユに最も必要なるスタートを研究して居るなら、決して百米突に一秒の差を見るが如き、記録上の遜色は無かつたに違ない。[35]

プロのコーチを雇用し、その指導のもと、科学的練習を積まなければいけない、とも説いた。明記はしていないが、「世界の記録」との比較というコンテクストゆえ海外からの招聘が念頭にあったに違いない。すでに見たように明石和衛は「外国にはランニングの教師があつて……何にかとなくよく教へて呉れるのださうだ」[36]と海外から収集した情報に基づいて書いていたのだが、現地を観察することはかなわなかった。しかし頑鐵は数年に及ぶ滞米中、グラウンドでアスリートたちに指導を行なう大学やアスレティッククラブ専属のコーチたちの姿を何度も目の当たりにしたのだろう。有能な指導者を雇用してこそ文明国のアスリートたちと互角に張り合うことができる、肌寒い羽田の選考競技会を見守りながら、こう思いを強めたものと推測できる。

本場を知らなければ、向上は難しい。だが誰もが直接体験の場を得られるのではない以上、明治前半期のお雇い外国人を介しての西洋の技術や文物の移入と同じように、陸上競技も西洋の専門家による指導のもとでの科学的練習が必要と考えたのだろう。しかしながら、頑鐵が「選手が平生科学的の練習をしない」と記した時、「科学的」とはいかなる意味だったのだろうか。ダッシュ（短距離走）に欠かせないスタートの研究が疎かになっているという観点から「科学的の練習」をしていないと結語する流れであることを思うならば、この科学的とは今日想起されるような運動力学や運動生理学に裏打ちされた理論というよりも、短距離走におけるスタートの重要性を意識しての研究、すなわち合理的練習の勧めと解してよい。

「野球蹴球が其運動場を有するが如くに、別にトラック専用のグラウンドを作」ることには、先立つ資金が必要であり一朝一夕には実現は難しい課題ではあるが、コーチの雇用の勧めなど日本の運動界の実態をよく見据えたうえでの提言であろう。世界の中での日本の本当の実力に何ら言及することをせず、「場を囲める観衆東京湾より吹上ぐる寒風を物ともせず声援を与え、何《いずれ》も世界の記録を破らんと力みしも遂に記録に達し得ざりき。而も帝大の選手三嶋彌彦が百米突四百米突八百米突の競走に於て共に世界記録に近く第一着の栄誉を得たりしは花々しく……」(37)のように現実を確かめることもなく「世界記録に近く」と平然と記す記事もあったことを思えば、アメリカのスポーツ界を見てきた橋戸頑鐵の提言は卓見である。賞賛、疑念、落胆、期待などさまざまな反応を引き起こしはしたものの、明治最後の晩秋となった一九一一年十一月開催のストックホルム大会へ向けての選考会は、こうして歴史の一部となった。次の課題は、派遣選手の決定へと移っていった。

註

(1) 三島彌彦「僕の経歴」(『円満具足の運動家 三島彌彦論』『運動世界』一九一〇年三月号) 二九頁。

(2) 基礎資料を添えた三島彌彦についての初の本格的な伝記は、尚友倶楽部資料調査室、内藤一成、長谷川怜編『日本初のオリンピック代表選手 三島弥彦——伝記と史料』(芙蓉書房出版、二〇一九年) 所収の近代史家内藤一成による七〇ページに及ぶ「三島弥彦伝」である。

(3) 当時はまだ学習院には大学は設置されておらず、大学進学を望む者は志望先を受験することとなった。この事情については、内藤前掲「三島弥彦伝」四二〜四三頁に詳しい。

(4) 宮内貞治『銚子野球史』(洋洋社、一九五九年) 四九頁。

(5) 正式名称は「マラソン大競走 阪神間二〇哩長距離競走」だった。

(6) まず同年三月十四日、大阪鳴尾の競馬場を会場に一二〇数名の参加者を四組に分け上位五名を選抜する予選が実施された。参加競技者に周回情報の伝達が不十分のためゴールまであと何周すればよいのか、またその時点で先頭から何番目を走っているのかが把握できなかったという。三島の敗退は体重云々ではなく情報把握の不徹底さにあったと思われる。その後、予選を通過した二〇名が三月二十一日の大会へと進んだ。なお、東京帝大からは三島のほか、春日弘、土田新太郎の二名が参加した。春日も三島同様に周回情報の混乱で予選落ちとなった一方、二十一日の決勝に駒を進めた土田は前日に食した鶏鍋で胃腸を壊し、医者に処方してもらった薬を手にして出場はしたものの、体調不良で途中棄権となった(『中学世界』一九一〇年六月増刊号、五七頁)。

(7) 前掲『日本初のオリンピック代表選手 三島弥彦』一八八頁。三島の「日記」はこの明治四十一年分しか公開されていない。今後の資料整備と公開が待たれる。

(8) 三島を含む二〇名が簡単なアンケートに答える形式を取る記事だった。多くは野球選手や柔道家であり三島以外に陸上競技者はいない。

（9）計六名の陸上競技者（掲載順に、三島〔帝大〕、土田新太郎〔帝大〕、明石和衛〔一高〕、亀山萬平〔慶應〕、榊邦彦〔学習院〕、吉田保〔高師〕）がこの記事タイトルのもとで寄稿した。

（10）父通庸は一八〇センチをこえていたという。

（11）「陸上運動部部史」『向陵誌』第一高等学校寄宿寮、一九一三年、四〇三頁。

（12）同右、四〇三頁。

（13）同右、四一二頁。

（14）原文は以下の通り。Another common fault is in running too straight up in the air. The best results generally are obtained from holding the body inclined slightly forward. The reason for this is simple. Stand with your feet together and lean forward. As you lean forward you find that one foot instinctively comes forward to keep your balance. If the leaning is continued, your other foot comes forward and soon you are running in spite of yourself. In this way the force of gravity is used to help your running.

Ralph C. Craig, "How to Run the Hundred, and Two Hundred Twenty Yard Dashes" in Paul Withington ed. *The Book of Athletics* (Boston, 1914) p. 74.

（15）押川春浪「三島君は暢気だよ」（「円満具足の運動家 三島彌彦論」『運動世界』一九一〇年三月号）一三頁。

（16）明石和衛、金栗四三共著『ランニング』（菊屋出版部、一九一六年）は金栗が前半の「長距離 競走練習法」を執筆した。引用箇所は、同書一頁。

（17）原文は以下の通り。Amateur athletes follow many kinds of daily vocations, and one who stands on his feet all day long will not feel like taking similar athletic practice to one who sits daily at a desk.

Malcom W. Ford, "Sprinters and their Methods," in *Outing*, May 1891, p. 83.

（18）たとえば「米国男女学生の運動気質」（『中学世界』一九〇七年十月号）。

（19）天狗倶楽部とは「一九〇九（明治四二）年五月誕生」の「ユニークな社交団体」で、「早稲田大学出身者を中心に、バンカラとスポーツと文学と美術に関係する人々を核とした」(横田順彌『[天狗倶楽部]怪傑伝 元気と正義の男たち』朝日ソノラマ、一九九三年、七頁)。冒険小説家として知られる押川春浪が代表格。橋戸頑鐵、三島彌彦のほかスポーツ評論家の草分けである弓館小鰐《ゆだてしょうがく》、野球の早慶戦の時の激しい応援野次で知られた吉岡信敬(通称・吉岡将軍)など、最盛期には会員数は百名を超えていたという。学窓を出れば運動とは離れるのが一般だった当時、集って野球、相撲などして楽しんだ。三島のストックホルム行きにあたっては壮行会を開催して騒ぎ、出立当日は新橋駅で集って送り出し、帰朝ののちにも一席設けて騒いで歓迎した(三島は酒も甘味も嗜まないのだったが……)。

(20) 橋戸頑鐵「オリンピヤン大競技」『冒険世界』一九〇八年九月号、一一八頁。

(21) 英米両国間の衝突については、日本国内の新聞にも簡単にではあるが報じられていた——「欧州新聞紙は今回アングロサクソン人種の二大国(英米)間に感情の衝突を来たし 延てオリンピア競技の成功を妨げたることに対し頗る遺憾の意を表せり」(『読売新聞』一九〇八年七月二十八日)。

(22) 国際陸連成立(一九一二年)前であり厳密な国際共通ルールはなく、開催国のルールに則って競技は実施されていた。

(23) 無効レースで失格となったアメリカ選手カーペンターは非公式ながら世界新記録となる四七秒五分四(四七秒八)を記録していたが、このロンドン大会でのレース以降二度とトラックに立つことはなかった。また「独走」で金メダルを得たイギリスのハルスウェル(一九〇六年アテネで開催された中間オリンピック四〇〇メートルの銀メダリスト)もその年を最後に陸上競技から退いた。二人の若きアスリートの心に大きな傷を残す結末となった。なおハルスウェルには、そののち出征した第一次大戦でナパーム弾を受けて落命するという最期が待ち受けていた。

(24) 木村毅『日本スポーツ文化史』(ベースボール・マガジン社、一九七八年)三六頁。

(25) クーベルタンとジェラール大使との関係については以下の研究に詳しい——和田浩一「駐日大使オーギュスト・ジェラールとオリンピック・ムーブメント:一九〇九年より前のクーベルタンとの関係に注目して」(『講道

館柔道科学研究会紀要』二〇一五年）。これによると、ジェラールはクーベルタンの旧友にとどまらず「IOC委員でさえもオリンピック・ムーブメントの意味を理解できていなかった近代オリンピックの草創期において、クーベルタンがオリンピックの思想面を強調し、同時にIOCの使命を明らかにしようとしたオリンピック・コングレスと、直接的な関わりを有した外交官だった」（同論文六〇頁）とのことである。
(26) 山本邦夫『近代陸上競技史』上巻（道和書院、一九七四年）二二九頁。
(27) 柏木村人「国際競技予選会記」『運動世界』一九一一年十二月号、九一〜九二頁。
(28) 萬朝報記者 頑鐵生「羽田予選会雑感」『運動世界』一九一一年十二月号、四四頁。
(29) 出場希望者は十月末日までに申し込むこととなっていたはずだが、三島には特例が認められたということなのだろうか。
(30) 世界的大競走日本代表選手 三島彌彦「死力を尽くして奮闘せむ」『武侠世界』一九一二年第一巻七号、六五頁。
(31) 柏木前掲「国際競技予選会記」九三頁。
(32) 「マラソン王」として知られる日比野寛（愛知第一中学校校長）に引率されて参加した古橋猶三郎（愛知一中生徒）は、一〇〇、二〇〇、四〇〇、八〇〇、五〇〇〇メートル走の五種目に出場し、八〇〇と五〇〇〇で二位、短距離の三種目でも予選を通過して決勝に進出した。三島の多種目での活躍（一〇〇、四〇〇、八〇〇は一位、二〇〇は二位）は注目されることは多いが、年少の古橋の多芸ぶりはそれ以上に注目に値する。
(33) 頑鐵生前掲「羽田予選会雑感」四六頁。
(34) 同右、四四頁。
(35) 同右、四四〜四五頁。
(36) 一選手（明石和衛）「ランニングの研究」『運動世界』一九一〇年九月号、八〇頁。
(37) 「オリンピック競技予選会」『グラヒック』一九一一年十二月一日、第三巻第二六号、一七頁。

第七章　ストックホルムの旭日

「突然出て、人を騒がす彗星の如し」

明けて日本は明治四十五（一九一二）年を迎えた。明治最後となる年だった。羽田特設競技場での選考会からおよそ三か月後の二月十六日、大日本体育協会はその年の夏に北欧スウェーデンの首都ストックホルムで開催予定の第五回オリンピックへ三島彌彦（東京帝国大学法科学生）、金栗四三（東京高等師範学校地歴科生徒）の二名を派遣することを発表した。『読売新聞』は翌十七日付で長めの記事を掲げ、まず両名を手短に紹介した――「昨秋羽田に於て挙行されたる予選競技会の際百、二百、四百の各米突競走に殆んど世界的レコードに達せんとせし優勝者東京帝国大学法科大学生三島彌彦氏及二十五哩マラソンに世界のレコードを破りたる東京高等師範学校地理歴史部生金栗四三氏の二人なり」（二七四頁参照）。これでは文飾・誇張が過ぎるであろう。三島の記録について選考会時に公表されているのだから「殆んど世界的レコードに達せんとせし」は事実を無視した言い過ぎであることを承知で記したのだろうか。

明治四十五年二月十七日　讀賣新聞　（土曜日）　第一萬二千四百九十一號　（三）

●國際選手決定

▲行け兩選手

●大主教逝去

●マース來らん

オリンピック派遣選手の決定の報道（『読売新聞』1912年2月17日）

「運動界の覇王」「運動界の大立者」の三島は前章で見たように学習院に通う高校生の頃より広く国内で知られた存在だった。一方、金栗[1]は選考会までは在籍する東京高等師範でこそ一目置かれた長距離走者ではあったが、全国レベルでの知名度はなきに等しかった。レコード上は世界記録を上回るという衝撃的なデビューを飾ったその姿を「突然出て、人を騒がす彗星の如し……三島の技は最早や既製品にして、金栗の技は未製品也[2]」と形容する記事も出た。

選手選考会当日、三島はもともと係員として集合したが気が変わって競技に参加したことはすでに見た。金栗の事情はどうだったのか。そのいきさつは明石和衛との共著『ランニング』の分担執筆部分「長距離　競走練習法」に金栗自身が書き残している。東京帝大の運動会を筆頭に高校生（専門学校生）を対象にした招待レースが年に八〜九回用意されていた。いずれも距離は六〇〇〇メートルであり、金栗も「此の競走に僕も四回位も参加する光栄に浴した」ものの「一度も勝つ処の騒ぢやなく、常に二十名位の中以下であつた」という。「然しその四度も五度も、競走に敗けて安閑としては居られるものぢやない、苟《いやしく》も血の通つて居る者は何とか憤激すべき」という気持ちに至ったと回顧している。

今も忘れないが十月末であつた帝国大学の名誉ある運動会の専門学校選手競走にまた参加した、僕は一生懸命此度は勝つ筈で走つた、然しあはれ僕の努力も寸効なく、矢張り殿《しんが》りの一人であつた、此の時僕は、残念で耐《たま》らなかつたが心の内でさう思ふばかり、時に同志の一人も僕の敗け通しなるを見て、多少癪《しゃく》に障つたのと見え、やつた事は致方ないが来月中旬頃体育協会の、オリンピツク選手予備競走がある筈だから、此度は最長距離のマラソン競走をやつて見よと云ひ渡された、僕も一度は敗け恥を雪《そそ》がねばならんと思ふて居たから、此のマラソン競走をやつて見ようと承諾した、之即ち明治四十四年の秋で、僕がマラソン競走参加の第一回目である。(3)

高師(東京高等師範学校)代表としていくつかの招待レースに出たものの、六〇〇メートルでは勝ち目がなく下位グループだったので一念発起して帝大運動会を狙ったが不首尾に終わった。その雪辱を期してオリンピック選手選考会に出ることを決めたという。記載内容の叙述に無理はないため実際に起こった通りなのだろうと読み手に思わせるものの、事実は少々違った。

帝大の運動会は十一月の第二土曜日というのが通例であり、その年一九一一(明治四十四)年は十一月十一日に開催された。そこで官立専門学校生徒の招待レースを制したのは、金栗と同じ東京高等師範の生徒である泉莞爾だった。[4] 金栗は帝大の運動会は十月末だったとし、選考会まで二週間あったとも書いている。二週間の練習についてもその概略を記しているので、両レース間には二週間あったというのは事実とみてよい。出場した招待レースは帝大の運動会ではないことは確かだろう。帝大と並んで人気の高かった東京駒場の農科大学運動会は、旧制一高の「陸上運動部部史」を参照すればこの年は十一月五日に挙行されたことが分かる。[5] 十月末ではないものの、選考会まで二週間（マラソン競技は十一月十九日）というのであれば、金栗が出場したのは農科大学の招待レースだったのではないか。『ランニング』の刊行は一九一六（大正五）年であり、羽田のオリンピック選手選考会から五年後のこと、比較的近い過去にもかかわらずその間様々な競技会への出場を重ねてきたため、記憶が混在してしまったものと思われる。

「全く寝耳に水以上の出来事」

同日付の『読売新聞』は、選ばれた両選手の談話を続けて紹介する。同時代の雑誌記事[6]も抱負を載せるが、この新聞記事の転載であることは比べてみればすぐ分かる。原典であるこの記事を引くこととする。

三島彌彦氏曰く　自分が遺外選手たる事は既に旧臘から聞き知つて居た。然し当時自分は行けるか何か、疑問《どう》であつたが今の処では行けるだらうと思ふ。何しろ本場で外国人との競走であるから自分見たやうな者では少々心細い、事が出来る丈《だ》け踏張《ふんば》れば勝てない事もあるまい、練習には

二三日経つたらとりかゝる。五月の試験が済んでから出発することになるだらう。目下試験の準備で忙しい

金栗四三氏曰く　十五日の午後嘉納校長から聴いて自分の行く事になつたのを知つた。行く迄には間がありますから充分練習をします。本日（十六日）からソロソロ練習を始めました。食物が違ふといけませんから時々食パンなども遣つて見ますが未だ練習を始めた計りですから別段変つた現象も見出しません。向ふのマラソンは何《ど》んな方法で遣りますか其の方法を聴きたいのですが少しも分らんので閉口して居ります。何でも米国の新聞に食物が違つた為めに米国の選手が失敗したと書いてあつたと云ふ事ですから余程気を付けないと飛んだ事になるかも知れません。兎に角大に踏張つて勝つて来たいと其ればかり思つて居ります

三島は「出来る丈け踏張れば勝てない事もあるまい」、そして金栗は「兎に角大に踏張つて勝つて来たい」と口にしたと記事は伝える。種々の心配もところどころに垣間見えるが、日本初のオリンピック選手の誕生という名誉を伝える新聞記事である、読者が読みたいのは当人たちの不安ではない。決意、それも勝利への抱負であることは言うまでもない。担当記者の編集作業が加わっているに相違ないが、若きアスリートは文明国のスポーツの祭典での勝利を目指すと公言したことが明瞭に伝わってくる。三島は「既に旧臘から聞き知つて居た」と語ったことになっている。旧臘、つまり選考会の翌月の一九一一年十二月には派遣選手になるだろうとの「内定」の報を受けていたと

いう。この記事からは「運動界の覇王」の世界の大舞台参加への逡巡や葛藤はほとんど伝わってこない。だが事実はもっと複雑だった。それは三島本人が率直な思いを雑誌記事として寄稿するまで世間は知る由もなかった。

……其会〔前年十一月の選考会のこと〕に於ける短距離のレコードは、金栗君が世界的の記録をさへ一蹶《いっけつ》し去つたのに反し、実に哀れなものであつた。之を世界的のレコードに比すると百米突に於て一二秒、二百米突に於て三四秒、四百米突に於ては十秒余も劣つて居る……十秒と云ふと約百米突も後にならねばならぬ。四百米突の競走で百米突も違つては、其見じめさ加減殆ど問題になつたものではない……此日の競走に勝ちは勝つたが、世界的のレコードに対しては寧ろ大に恥ぢ、迚《とて》も彼等には及びはないと思つただけであつた。

……何しろ四百米突で十秒以上も違つて居ては——換言すれば始めから負ける事が判つて居ては——推選する張合がある筈はない。世間で予選会の委員はどう処置するだらうと思つて居たらうが。自分などは殆ど其麼《そんな》事をも忘れて居た処へ、突如として同会より交渉が来た、オリンピック国際競技会日本代表選手として、是非共渡欧出戦を望むとの事である。

予に執つては全く寝耳に水以上の出来事であつた。代表選手に推挙されやうなどゝは夢にも見ない。考へた事すらもない。予は実に事の意想外なるに驚いた。(7)

『読売新聞』はかなり誇張して「殆んど世界的レコードに達せんとせし」と書いたが、当の三島は

「世界的のレコードに対しては寧ろ大に恥ぢ、迚も彼等には及びはない」と醒めた目で現実を認識していた。「自分が遣外選手たる事は既に旧臘から聞き知つて居た」どころではなく、「始めから負ける事が判つて」いるのに選出される可能性などあり得ないと考え、すっかり忘れていた。『読売新聞』記事の取材源は一体何だったのかは大いなる疑問だが、三島自身が書き記す胸の内のほうが、はるかに真実の響きを奏でている。二月十六日の公式発表に至るまで様々な葛藤があったことを、寄稿した一文からは読み取れるからである。

「オリンピック国際競技会日本代表選手として、是非共渡欧出戦を望む」との内々の打診を受け「事の意想外なるに驚いた」三島は、当然のごとく固辞した。その理由は「到底斯る重任を帯ぶべき資に非ざる」というように、さきに挙げたような競技者としての力量不足に加え、帝国大学生としての学業、家が許可するはずもないという家庭の事情をも添えた。三島が在籍する帝大法科は、修業年数は三年だったがすでに五年目であり北欧へ出向けばさらに卒業が遅れるのは必至だった[8]。また個人の意思で参加不参加を決められることはなく、家長の長兄彌太郎（当時は日本銀行の総裁）の意向が全てであった。

「国家を代表する此盛挙に奮つて出戦を望む」

三島は右に掲げた諸点を理由に固辞したが、「当局の委員は同じく固くこれを強いて已まない」という反応に困惑した。押し問答が続いた。大日本体育協会の意向を三島に伝え交渉に当たったのは誰だったのかはさすがに記されてはいないが、興味引かれるところではある。当局側は以下のように三島を説得しようと努めた。

今後数箇月間努めて已まずんば決して彼に及ばぬ事はない。仮《よ》し敗れたりとするも全力を傾注して日本男児の意気を見せしむれば尚可なり、国家を代表する此盛挙に奮つて出戦を望む……(9)

数か月の練習で競技力が大きく向上するとは考えにくく、かなり楽観的だが、たとえ負けても日本男児の意気を示してほしい、これは「国家を代表する」盛挙なのだから、と説得されたという。日本海海戦の折の「皇国の興廃此の一戦に在り」をも想起させるような、国運の盛衰が貴君の参加一つにかかっている、という明治の新国家らしい論理を語って聞かせた。この説得に「男子一生の面目」を感じながらも、自らの競技者としての実力を世界のコンテクストで把握している三島は、参加すれば「所謂《いわゆる》暴虎馮河《ひょうが》の勇」に走ることとなり「国家の辱にまで及ぼさん事を慮《おそ》れ」た。ちなみに暴虎馮河の勇とは、暴れる虎を素手で打つ、あるいは大河である黄河を船に乗らず歩いて渡る、のように血気盛んであるがゆえに無謀な行動をとることをいい、典拠は『論語』にある。だがどれほど三島が訴えても当局側が折れることはなかった。三島はここまで自分を信じてくれるという「光栄」を感じ、「人生意気に感じ而も尚躊躇逡巡するは男子の業《わざ》ではない」と思い至り「予は遂に奮然此行に赴かんと決し、謹んで其旨を諾した」のだった。

家長の彌太郎はアメリカで育ちアメリカで学んだ経験の持ち主だった。弟の彌彦が「外国へ行く」と希望を伝え相談すると「運動は大したものだぞ」と言って賛成したと三島は後年回顧する。(10)

「家庭が諸した」のである。加えてもう一つ大きな悩みがあった。学業を中断せざるを得ないことも含め「たかが、かけっくらをやりに外国くんだりまで出かけるのは、東京帝国大学の学生にとって、どれほどの価値があるだろうか」ということを自問して総長の濱尾新に相談した。すると「なるほど、かけっくらだけではいかにももったいないが、折りよく夏休み中の事でもあるし、良い機会だから外国をまわって見聞を広めてくるがいい」と参加を後押ししてもらった。[11] 競技会参加にとどまらず海外での見聞を広める機会とせよ、との助言だった。濱尾総長は笑いながら肩を叩いてくれたという。[12] 兄の彌太郎といい濱尾といい明治の新時代に新しい教育で育った世代であり、海外体験を有しその利点を理解していたのだろう。三島彌彦は「あらまほしき先達」に実際に恵まれていた。

全くの偶然ながら、海の向こうでも似たような状況が生じていた。遡ること一六年前の一八九六年のアテネ大会を前にしての、ボストン・アスレティック・アソシエーション所属でもあったハーバード大学四年生のエラリー・クラーク（Ellery Clark）にまつわる事例である。ボストンのクラブからの派遣は内定したものの、アテネ大会参加の是非は大学当局の同意を得られるか否か次第だった。学生部長に交渉に出向いた折のことをクラークは回想して書いている。

渡欧できるかどうかはすべて大学当局の承認次第だった。ただちにブリッグス学生部長のもとへ出向き、不十分ながらも精一杯弁舌を尽くして参加の大義を訴えた。部長はこの件全体については良い印象を持ってくれており偏見は全くなかった。そして私に向かい、こう話してくれた

アテネ大会時のエラリー・クラーク

——「これはまたとない好機だ、参加を許可するのが最善だと思う。しかし一方で、長旅になるので学業を中断する必要が生じる。そこでこの一件は検討議題として預かり、結論が出次第きみに伝えることとしよう」。期待と不安の思いが交錯するなか、私はその場を辞去した。二、三日のち自室に行くと学生部長からの手紙が待ち受けているのに気づいた。大きく息をして、落胆しないようにと気を奮い立たせ、手紙を開いた。最初のセンテンスだけで十分だった——「熟慮の結果、貴君のギリシャ行きを許可することに決した[13]」。

読み進むうちに、いつしか若いクラークの緊張感を読み手も共有してしまうような書きぶりである。公式通知を開くにあたり、気持ちを落ち着かせるため深呼吸をする様が彷彿とする。今ではエラリー・クラークがアテネ大会に出場して二種目で優勝したことは紛うことなき歴史上の事実であるにもかかわらず、クラークが読み始めた文書冒頭の「熟慮の結果、貴君のギリシャ行きを許可することに決した」の一文を目の当たりにすると後世の読者も安堵してしまう、そういう緊迫感がある。

米国初のオリンピアンの一人であるクラークの回想録が上梓されたのは一九一一年だったから、ストックホルム大会を前にした三島が目にする可能性は皆無ではなかったにしても極めて低かっただろう。往年の名アスリートが著した回想録のこの一節に三島が遭遇していたならば、新たな「先達」を今度は海の向こうに得て心強い思いであったに相違ないのだが。

永井道明のオプティミズム

『読売新聞』の記事に戻る。この派遣選手決定を伝える記事の中で一番紙面を割いて紹介しているのが、東京高等師範教授の永井道明の談話だった。永井は一九〇〇年代に欧米留学の経験を持つ体育学者であり、スウェーデン体操推進派として知られていた。留学中には、ロンドンでオリンピックが開催と伝え聞き、ロシア等への巡歴予定を変更しイギリスへ出向いて観戦もした[14]。東京高等師範校長の嘉納治五郎はスウェーデン体操の効用には懐疑的であり、姿勢を良くすることにのみ長所があるとしていたため両者の見解は正反対だったが、永井は発足したばかりの大日本体育協会では嘉納会長のもと役員（総務理事）を務めていた。「選手の決定は今朝十時頃嘉納会長から電話で聴いて初めて知つた」と語り、選考の蚊帳《かや》の外だったように語ったものの、「世界のレコードを破らなければ派遣せぬと云ふのではなく有望な選手が出さへすれば遣る積りで若し只一人しかなくつても日本に委員が出来て選手を遣れぬと云ふのは残念だから何《ど》うしても遣る覚悟であつた」と続く箇所からは、派遣選手選考に携わった協会のスポークスマンとしての姿を隠しきれないように映る。具体的に、三島と金栗の他にも選考会の二五マイルマラソンで二、三位を占めた二人の派遣も検討したが、経費等の理由で断念したとまで語っている。選考の部外者とは到底思えない。続けて永井は、「食物問題」と記者が小見出しを付した内容を語った。

米国人は平常欧州の食物を蔑して居るからもう神経的に気に向かないのであらう。其処へ行くと日本人は粗食して居るから瑞典へ行けば却つてよくなる訳でそんな心配はいらぬだらうと思ふ。それに自分も行つて知つて居るが非常に気候のいい処で一日働いても疲れぬと云ふ風な処だから決して選手の身体に異状などはないだらう。同地の六月は恰《あたか》も日本の三四月頃に相当するから却つて駈けいいかも知れん。

これは米紙に載った、アメリカ人が欧州の食事が合わないという不満をきっかけにした発言だった。さきに見た金栗の食事への言及は、在籍校の永井教授の話が基となっていたらしいことが判明する。「日本人は粗食して居るから瑞典へ行けば却つてよくなる」のように、ここに漂うのは、なんとも楽観的な牧歌的でさえある雰囲気である。「自分も行つて知つて居る」のなら、長所ばかりか留意すべきこともあるだろうに、それを伝えてこそ先達と思うのだが。また「同地の六月は恰も日本の三四月頃に相当する」とも話したが、オリンピックは七月開催である。当然気候も異なってこようが、それへの見通しもない。そして永井のオプティミズムの極みは、次の発言だろう。

一九一六年の大会は既に伯林《ベルリン》と決定して居るが次の一九二〇年には必らず日本で開けと云ふに

違ひない。故に其準備の為めに毎年昨秋のやうな大会を催したいと思ふ。何と云つても内部で盛んに遣らなければ駄目であるから是れを機として各学校の運動会の如きも統一したいものである。

なぜ今回初参加の日本に、早速八年後の一九二〇年にオリンピック開催を求めてくると考えたのか。その論拠は何か。自国の競技力を上げること、また競技会を円滑に開催できるようにするためには競技会開催の経験を積む必要があること、は言うまでもない。たぶん永井は知らなかったのだろうが、審判や役員その全てを開催国が担当しなければいけない、それがオリンピックという国際競技会の慣例だった。しかも開催種目は回を重ねるごとに増加してきており、ますます日本に馴染みのない競技が増えていく。競技の運営は可能なのか。おそらく、永井道明の談話部分についても、三島の箇所と同様に担当記者による編集作業が加わっているのだろう。心配よりも楽観、そして不安よりも自信を、紙面を通して記者は伝えようとしたのではないか。だが、それを差し引いても、あまりにも現実を直視できていないという印象を抱かざるを得ない記事に仕上がっている。記事に見られる永井教授の楽観的な眼差しは、三島と金栗の競技力にも向けられていた。

三島君と云ひ金栗君と云ひ稀に見る好選手で殊に三島君の如きは身体も立派で正当な練習をしないでもあの通りだから外人に就て正式に練習したなら恐らくヒケは取るまい。たとへ遅れたにした処が大した失敗外国人に笑はれるやうな事はないと信ずる。

本格的な練習を開始すれば、それも外国人のコーチのもとで励めば、まだまだ伸び代はある、そして伸びれば本番で外国人選手に引けを取ることはない、と断言した。注意を引くのは「外人に就て正式に練習したなら」の箇所であろう。実現する可能性の低い理想論の展開なのか、それとも何か当てがあっての条件提示なのかは判然としない。そして、それを明らかにしてくれるのが『東京朝日新聞』だった。同紙は『読売』に二日遅れて同年二月十九日に「国際選手の決定」の見出しのついた十一行ほどの短い記事を掲載した。その末尾には以下の記載があった――「尚両氏は外国人に就きて目下盛に練習しつゝあり。三島氏は今年七月卒業の筈なれども試験を帰朝迄延期する由」。『読売』にあった永井道明の談話は仮定ではなく現実のものとなり始めていたらしい。かつて明石和衛が書き記した「ランニングの教師」による指導を急遽受ける手はずが整った。

アメリカ大使館書記官によるコーチング

二月十九日の『東京朝日』はすでに外国人による指導が始まったと伝えた。どういう経緯でコーチングは始まったのか。『運動世界』同年三月号掲載の利鎌生なる筆者による記事「国際競技選手三島金栗両君」が伝えるところでは、二人の選出を知った在日スウェーデン代理公使は両名を築地の精養軒での午餐に招いた。そこに在日米国大使館に勤務する二名の書記官も同席した。記事にはこうある――「席に連つたジヨンス、キルヂヤコフの両氏は米国コロンビア大学出身で、共にランニング界の名士、嘗《かつ》てはオリンピツク競技会にも幾度か出場した人である。其処で話は大に持てゝ、明日から両氏が三島金栗の両氏に練習してやらうと云ふ事に決まつて散会した[15]」。

コロンビア大出身のオリンピアンの米国大使館の書記官として「ジョンス」、「キルチヤコフ」両名の名が挙がっている。ジョンスはおそらくJonesだろうがキルヂヤコフとはどう綴るのか。また「共にランニング界の名士」とあるが競技種目は何だったのか、と次々と問いが浮かぶ。「キルヂヤコフ」といえば、前章で引いた橋戸頑鐵のオリンピック選手選考会記事には以下の一節があった。

もし経験のあるコーチヤーを雇つてダッシユに最も必要なるスタートを研究して居るなら、決して百米突に一秒の差を見るが如き、記録上の遜色は無かつたに違ない。予選会の現場に於て、旧エール大学のトラツク家ケリヤソフ君（半哩競走に一分五十秒の記録を有する人）が、日本選手のスタートが甚だ拙劣なものだと云ふて痛論して居られたのは実に知己の言たるを失はない。米国のトラツク家は、毎日二十分或は三十分を割いて此スタートを専門に研究を重ねつヽあるは、米国に居た人の誰れも知つた事実である。[16]

「キルヂヤコフ」と「ケリヤソフ」というように多少の違いはあるが、おそらく同一人物と思われる。精養軒で三島と金栗にコーチングを申し出たキルヂヤコフ書記官は、早速その翌日ジョーンズとともに東京帝大のグラウンドに出向いて指導を開始した。三島に対しては「日本ではまだランニングに重きをおいて居らぬやうであるが、之れは世界的の競技であるから、其型位は心懸けて居らなければならない　自個流では困る[17]」と言って、クラウチングスタートを「一々手を取つて」教えた。未だ寒い二月である、屋外でのスタートダッシュ練習は怪我と隣り合わせだったであろう。事故がなかったようなのは幸いだった。その場にいた金栗は後年回想した――「初めは立ったままのスタートであったが当時のスウェーデン公使館の若い書記官が日本に大変好意をよせてわざわざ東大運動場にきて今の選手がしゃがんでスタートするあのクラウチング・スタートを三島さんに教えているのを見受けた。私も他の見物する学生もしゃがんで走り出す双方を見て種々の批評をしたものである[18]」。

スタートを重視する姿勢が共通することから、精養軒のキルヂヤコフは前年十一月に羽田競技場へ足を運んでいたケリヤソフだったと考えて問題なかろう。出身大学が違うが、どちらかの記憶違いと解してよい。なお、頑鐵の記事には「半哩競走に一分五十秒の記録を有する」とあるが、いかに「ランニング界の名士」であってもこれはあり得ない。一九〇八年のロンドン大会八〇〇メートル走――半哩よりやや短い距離――の一位は一分五二秒台であり、「半哩競走に一分五十秒」というのであれば、飛び抜けた世界記録保持者でなければならないが、かかる競技者はいなかった。頑鐵の誤情報か誤記だろう。

もう一人のジョーンズについては、日本陸上競技連盟理事長も務め、陸上競技関係の書籍を多数著した鈴木良徳は「ジョンズはセント・ルイスで開いた第三回オリンピック大会（一九〇四年）の走高跳で一メートル八十一を跳んで優勝している[19]」と特定しているが、おそらく別人と思われる。セントルイスでハイジャンプを制したサミュエル・ジョーンズ（Samuel Jones）は、一九〇二年ニューヨーク大学の卒業[20]、オリンピック時にはニューヨーク・アスレティック・クラブ所属として参加していた。卒業後は外交官ではなく土木技師（civil engineer）の道へと進んだことが情報として出ている。オリンピックの陸上競技に出たJones名のアメリカ人を公式記録集で探すならば、一九〇八年のロンドン大会の八〇〇メートル走に出場したL. P. Jonesなる競技者ではなかろうか。予選第四組で三着となったため予選通過は果たせなかった（一着のみ計時の時代だったためタイムは不明）のではあるが、中距離走者ならば三島のスプリントも金栗が挑む長距離走もともに指導は可能だったと考えられる。

アメリカ人コーチを得て練習に励んだ成果を知るためにも、雑誌記事で「既製品」と形容された三島彌彦の派遣決定時点での持ち記録を確認しておく必要がある。羽田の選考会の記録、東京帝大の運動会の記録、そして三島が書いた記事から判明するレコードを基とするならば、おそらく以下のようになろう――一〇〇メートル走：一一秒五分四（一一秒八）、二〇〇メートル走：二四秒九〇、四〇〇メートル走：五五秒、六〇〇メートル走：一分二四秒、八〇〇メートル走：二分一六秒。ハンディキャップが課されているかもしれない記録、純粋なタイムレースというより着順重視のレースでの記録、が混在しているため、陸上競技者としての三島の真の実力は把握しづらい。このなかでは六〇〇メートルのレコードが飛び抜けて優れているが、どの競技場で出したのかわからないため俄かには信じられない。[21] もしこの六〇〇メートル走の記録が信頼できるものならば、四〇〇メートル走も八〇〇メートル走もともに大きく更新できる余地を感じる。

ストックホルムへの派遣を打診され固辞した経緯を三島自身が書いた記事には、その後の練習の成果についても記載があった。

爾来米国大使館員のコーチを受け、身体の摂養にも出来る丈の注意を払ひ、連日練習を励精した。幸ひにして漸次世界的の時《タイム》に近づき、最近は四百米突に於いて一秒強の差に短縮する事を得た(22)……

コーチを得ての練習の効用については、紙上での報道もなされた――「三島氏は羽田予選会の際には四百米突（世界四十八秒五分の二）を五十九秒五分の三にて走り到底勝みなしと噂されしも其後毎土曜に米国大使館書記キルエソフ氏のコーチを受けて練習せし甲斐ありて昨今は五十秒迄に上達せり(23)」。これでは短期間に四〇〇メートル走で一〇秒近くの向上を果たしたように読めるが、三島の持ち記録は羽田の選考会の予選レースでの五五秒であり、しかもその折は二着まで決勝進出という着順重視だった。五五秒は余力を持ってのゴールだった可能性も十分ある。五九秒六という決勝のレコードは大雨、寒風という中での結果であり、世界レベルとの比較の素材にはなり得ない。実際は五四秒台だったに違いない四〇〇メートル走の自己記録が、スタートが改善し四〇〇メートルの走り方を教わって体得したため四秒ほど向上した、と解してよい。六〇〇メートル走を一分二四秒で走れるならば、四〇〇メートルを五〇秒そこそこで走り切れる潜在能力はあった。この練習成果の事例には信憑性がある。

三島が練習を積んだ東京本郷の東京帝大グラウンドは、一周三三〇メートルのトラックだった。オリンピックで使用されるような走路の土質条件の良い四〇〇メートルトラックで競えば、さらなる向上も期待できるまでになっていた。米国大使館員のコーチが功を奏したのである。右に引いた箇所に続けて三島は次のように記して結んだ――「ストックホルムの戦場に立つたならば、弓矢八幡も照覧あれ、あらん限り根限りの精力を傾倒し、勝利の月桂冠目蒐《めが》けて躍進猛進する積である。諸兄幸ひに意を安んぜられよ」[24]。明治の若人の気概を感じさせる修辞と思う。三島と金栗が次に新聞紙上に登場するのは、出立前の壮行会などの諸行事、そして新橋駅からの旅立ちを伝える記事であった。

明治四十五年五月十六日

「国家を代表する此盛挙」に初参加する者に予想される通り、旅立ちの前には様々な行事が待ち受けていた。在籍校や有志、あるいは体育協会企画の壮行会はその多くがその都度紙上に報じられた。『東京朝日新聞』は「昨今両選手は各種の送別会に忙殺されつゝあり」[25]と実情を伝えた。五月十四日には東京高等師範の講堂で、三島、金栗を迎えての壮行会が催された。最後に二人の「国際選手」が挨拶を求められたのは当然だった。三島は「十年間の経験が日本でこそは優勝者であつたが外国へ迄出掛けて競技をしやうと云ふ事は予期しても居なかつた、勝てるか勝てぬか諸君の声援に依て出来る丈奮闘する考へである」、金栗は「出来る丈けの努力を以て諸君の御同情に報いん」とそれぞれ壇上で語ったと報じられた[26]。

紙上では二人にまつわる様々なことも紹介された。『東京朝日新聞』は五月十一日、「米を持つて瑞典へ　国際選手の行李調ふ」と題する記事を掲げた。高等師範では金栗が大会後ただちに帰国となるのはもったいない、地理歴史科の生徒ゆえ「地理歴史に関する実地研究を遂げしめん」ということで「欧州大陸を漫遊」するための資金集めを在校生・卒業生対象に開始したことをまず伝えた。続いて、ユニフォームの他に「燕尾服、フロックコート、背広の三種の洋服」も用意したこと、そして「食物の変りて胃に障害を来すが如きことありては大変なりとて若干の米と梅干とを行李に納めて出発する」ということも合わせて報じた。初参加ゆえの苦労が行間から伝わってくる。

だが一番の苦労、難題はといえば、派遣費用は国庫からではなく自己負担ということだっただろう。華族の三島家はともかく、九州の田舎出身の金栗は悩んだが、親族の援助や有志の拠金を受けて何とかこの問題は克服できたという。派遣費用については、その八年後の第七回アントワープ大会時にも問題となったらしく、『東京朝日新聞』は「文部省は……何等選手一行に対して物質的後援をなさず、彼等選手の頼みとする所は自らの強壮な体軀と、日本の土に培《つちかわ》れたる特得の我が運動精神あるのみ、之に加ふるに全国青年学生の無形なる感激的声援を背後として今や遠く行かんとするなり」と同情を込めて伝えていた(27)。

明治四十五年五月十六日夕刻、三島彌彦と金栗四三は大森監督夫妻（夫人はアメリカ人）とともに北欧ストックホルムへ向けて発った。新橋駅では、金栗の通う高等師範の生徒、野球で三島と親交のある慶應義塾の学生など総勢六百名ほどが集い、門出を祝した。金栗は、スーツの正装で姿を見せた。詰め掛けた見送り人たちを驚かせた様子を『東京朝日新聞』は報じている――「金栗選手を高師の制服或は運動服姿にてのみ見馴たる我等は紺セルの背広に水色のネクタイを着け山高帽子を戴ける氏を見て其体裁の紳士と早変わりせるに一驚を喫せり」。新橋駅には「三島金栗選手に毎土曜走法をコーチせる米国大使館書記キルエソフ氏」も駆けつけていた。三島は自動車を運転して登場し、やがて長兄彌太郎も姿を見せた。村井家の婿となっていた兄の彌吉も駆けつけた。母和歌子や幼い甥たちも三島との別れを惜しんだ。高等師範の生徒たちが「敵は幾万」と歌うなか、汽車は敦賀へ向けて動き出した。時に午後六時四〇分だったという。こうして、古えの「遣隋使」や「遣唐使」でも幕末の「遣米使」でもない、二十世紀の「遣瑞使」が文明国のスポーツの集いの場へと出立した記念すべき日となった。

ウラジオストックへ向かう船上の三島彌彦（前列中央）**と金栗四三**（前列右）（三島家蔵）

敦賀からは、船でウラジオストックへ渡りシベリア鉄道で西を目指した。シベリア鉄道の一五日間の旅行は単調で、金栗が三島に向かい「日本に帰りましょう」と弱音を吐くと、年長の三島に「何だ、これ位のこんなんで閉口するとは！」と諭されたと金栗は回想している[28]。節約のため汽車のなかでの食事は持参した缶詰などで済ませた。二人は旅行客ではなく、国際大会へ臨む日本の競技者であった。コンディションの調整は最重要の課題だったが、道中に練習施設があるはずもなく工夫を強いられた。日本の知己へ宛てた手紙には以下の一文がある――「汽車が停車場に着くと早速プラットホームにお百度するのをお勤めにした[29]」。シベリヤ鉄道は停車駅でしばらく停車する、その時間を利用して長いプラットフォームを何度も走って往復してトレーニングとした、ということを「お百度参り」で表したのだろう。願をかけながら一〇〇回往復すればそれが叶うかも、という気持ちをも込めた機知に富む表現に思える。

サンクトペテルスブルクからはまた海路だった。ストックホルム到着は、新橋発のおよそ半月後の六月二日、本番まで一か月以上もの余裕があった。早速到着を報じる記事が紙上に出た――「オリンピック競技参列の三島、金栗二氏並びに大森氏等は途中無事二日午後二時ストックホルムに着したり。歓迎頗る盛にして一行皆元気旺盛なり。スタヂオン競技場を観たる後公使館の晩餐会に臨めり」[30]。

アメリカ勢一行を乗せたフィンランド号
(Sullivan, *The Olympic Games Stockholm 1912*〔1912〕より)

日本選手一行は最も早くストックホルム入りを果たした国の一つだった[31]一方、のちにこのオリンピックで多くの勝利をあげることになるアメリカ選手団は、三島たちが現地に着いた頃まだ国を発ってもいなかった。総勢三百名ほどの一行はフィンランド号という蒸気船に乗り込み、六月十四日北欧を目指して出帆した。航海中のコンディショニングの任を負ったのは、名トレーナーのマイケル・マーフィーだった。デッキ上にはコルクで作った一〇〇ヤードの直線トラックが設置されていた[32]。二名が同時に走れる幅があった。スタート練習もできたし、ダッシュも可能だった。また一周一〇分の一マイルの走路も甲板上に設定された。スイマーたちはニューヨーク・アスレティック・クラブのトレーナーの指示のもとにあった。船内には長さ一五フィート幅五フィートのキャンバス地のタンクが作られ、スイマーは上から吊るされたベルトで身体を固定してこの特設タンクに張った水の中で実際の動きを練習した。

一〇日後の六月十四日、フィンランド号はベルギーのアントワープに寄港した。当地のアスレティッククラブとの交渉によりグラウンドなどの施設が使用可能となった。練習しすぎないようにとの注意を受けつつ調整に励み、三日目の六月十六日再び乗船してストックホルムを目指し、同月二十二日に目的地に到着した。選手団の規模といい、道中の練習の様子といい、同じオリンピック大会へ臨む国とは思えないほど、彼我の違いは大きかったことを改めて思い知らされる。競技力も重要だが、競技者を支える国力も不可欠であることを示す好例になり得ている。

Viscount Mishima in Stockholm

アジアから初めて参加する日本選手団は、関心を引いたのだろう。現地の英字新聞 *DAGENS NYHETER, STADION EDITION* は、一行の到着間もない同年六月五日号に正装して椅子に座る大森監督、三島、金栗の写真を掲載した。他国にはない特別扱いだった。顔はやつれ痩せ細り体調の悪さが見て取れる大森、光沢ある布地の良質さが伝わるスーツを身に着け、座る姿勢や顔つきに育ちの良さが表れている三島、しわがやや目立つ背広を着た朴訥な印象の金栗、がカメラを直視している（二九六頁参照）。キャプションは「去る日曜日ストックホルムに着きしこぢんまりとした日本オリンピック選手団、運動界に大きな関心を引き起こすに違いなし（The little Japanese Olympian

現地新聞が報じた「日本チーム」
左から金栗、大森、三島

team, which arrived in Stockholm last Sunday, should arouse much interest in sporting circles.)」に始まり、人名紹介が続いた。同じ紙面の「オリンピック人名録（WHO'S WHO AT THE OLYMPIC GAMES）」の箇所では、「日本代表」の大森、三島、金栗の紹介が載った。三島の箇所は以下の通り。

三島彌彦　子爵、東京出身の東京帝国大学学生、二十六歳。現在法律を専攻中、数年内に官僚となろう。当地では四〇〇メートル走に出場の予定だが、昨年十一月、東京で開催の国内予選会では五三秒ちょうどの記録で同種目を制した。当該予選会では二〇〇メートル走でも二五秒を切るタイムで走ったが、今回は出場しない見込み。陸上に加え、三島はあらゆるスポーツに関心を持ち、日本一の万能スポーツマンとの評が高い。また、日本で大人気の野球をたいそう好み、さらに柔術、フィギアスケートも嗜む[33]。

予選会の四〇〇メートル走のタイムが五三秒というように誤りを含むことから考えて、三島への直接取材に基づく記事ではないのだろう。帝大法科の学生は官僚予備軍、といったステレオタイプの紹介があって興味深い（ちなみに卒業後、官界ではなく横浜正金銀行へ入行した）。出場予定種目がその後の実際（一〇〇、二〇〇、四〇〇の三種目に出た）と異なっているが、これについてはこのスウェーデン紙のほうが正しい。当初はこの記事が書くように四〇〇メートル走のみの出場予定だった。また、三島が子爵（viscount）というのは誤りである。父通庸も兄彌太郎も子爵であり華族学校だった学習院の出、となれば彌彦もまた子爵という類推だろうが、爵位は家督相続して初めて受ける。当時兄は健在、彌彦が兄の養子として家督を継いでもいなかった（彌太郎には長男通陽がおり、その没後家督を継ぎ子爵となったのは通陽だった）。

「運動界に大きな関心を引き起こすに違いなし」と紹介された日本チームは早速現地での練習を始めた。現地到着が早かったため、用意された練習場を使える裁量が大きく好都合だった。そのため六月二十二日のアメリカチームの到着は、練習場が手狭となり使い勝手が悪くなることを意味した。アメリカのアスリートたちが練習場に出向くと、スウェーデンの競技者たちはライバルの練習ぶりに注目したという[34]。大森監督は結核が悪化しコーチングは期待できなかったが、それでも現地到着間もない六月四日には自動車でマラソンコースの視察に出向く金栗と三島に付き添った。その折にはトルコの選手も同乗したと新聞は伝えている[35]。トルコ選手との練習については数日後の記事にも言及がある――「三島選手はオリンピック練習場に於て土国選手と共に練習し金栗選手はマラソン競走道に脚力を試みたり[36]」。サリバンの報告集に掲載のある国別選手参加状況表[37]を参照すると、トルコからは日本同様二名の競技者が参加し、ともに陸上競技（Athletics）者だった。マラソンコースを視察し三島とも練習ということは、日本と同様に一人はスプリンター、もう一名はマラソンランナーだったのだろう。

幸いこのトルコ選手のような練習仲間がいた時もあったようだが、金栗の回想によればスプリンターとマラソンランナーでは一緒に練習することはかなわず、別々に行なわざるを得なかった。それでも金栗は、三島がクラウチングスタートの練習をするのを見守り、感想を伝えた。「三島さんはただ一人でスタートの練習を白人選手に交ってやられた。スタートの遅い三島さんはダメダメと時々私にいわれた[38]」と、金栗は回想している。なお、大森夫人の日記には「残念ながら三島氏が精神を籠めて練習を行つたにも拘らず、四百米突を五十三秒以下で踏破する事が出来なかつた」の記述がある。五三秒台では走っていたという証左となろう。

たった二人の日本チームであるのに加えて、さらにそれぞれ単独で練習を行なわなければならないという事態は望ましいものではなかった。スプリンターにとり重要なスタート練習につき、かつて三島は仲間と練習することの大切さを強調していた。

出発点の練習は怎《ど》うしても一人では出来ぬ。何人か傍に居て貰つて、号砲を発つか、或は不意に懸声をするかして貰はなくてはならぬ。是は怎うしても場所馴れると云ふ事が肝心である……練習の時は一人で為るより、何人かに一緒に走つて貰ふ方がいい。其人も自分より速い人が、さも莫《な》くば、二三人の人々と二三回宛かはるがはるで走つて貰ふのだ[39]。

一人で行なってはいけない、と書いたことを、異国の地でせざるを得ない状況下に置かれていたのである。金栗はといえば、街中や郊外の路上をたった一人で走りこまなければならなかった。帰国ののちの寄稿では早速その辛さを訴えた。

……練習に於いて、日本人が余りに少かつた為に、色々な点から非常な不便を蒙り、それが競技参加者にも少からざる影響を与へたことである。今後オリムピック競技に参加しようとする者は、是非とも練習其他選手の為めに斡旋尽力の労をとると共に、之が鼓舞者激励者となるべき適当なる人物を同行して往くことが、必要中の必要事であると思ふ。吾々は此の点に於ては可成苦しい経験を嘗めて来たと思つて頂き度い。併し此には参加者の多数であると云ふことも必要であると思ふ。(40)

三島も金栗もそれぞれ孤独と戦っていたのだった。こういう「敵」が待ち構えていることなど出立前に予期していただろうか。学習院や帝大で、そして高等師範で仲間と駆けていた日々の有難さをも思い出していたものと推測される。緯度の高いストックホルムでは、明るい時間帯はますます長くなり深夜十二時頃になっても新聞が読めるほどだった。刻々と本番は近づいていた。六月二十八日には嘉納治五郎団長も到着、日本チームの陣容も整うこととなった。

「オリンピックは文明国競技者の集い」

競技は、六月下旬に始まっていた。開会式はメインスタジアム使用の競技が始まる直前の七月六日に行なわれた。嘉納団長以下が会場へ向かう様子を『東京日日新聞』は伝えた——「我両選手は選手旗を翻せる先頭の自動車に嘉納田島両氏と同乗し公使館員在留邦人等を載せたる自動車二台を随へ旅館を出でて歩道を徐行して式場に向ふ。到る所堵の如き群衆より「シユソンジヤポン」の歓声を浴びてスタジヤム正門に下車十一時式開かる」。[41] 日本チームは北欧の地で人気者だった。

入場行進は横四人という隊列で進むこととなっていたが、選手二名の日本チームには関係のない規則だった。九番目に場内を行進した日本勢は、前列向かって左に大きな日章旗を掲げた三島、右にNIPPONと書かれたプラカードを持った金栗が位置した。プラカードがあると知らず、相談してJAPANではなくNIPPONに二人で決めたと金栗は回想している。[42] 後列は、左から嘉納団長、大森監督、そして人数を増すためベルリンからスウェーデンを訪れていた京都帝大助教授の田島錦治博士と続いた。嘉納、大森はフロックコート、田島はモーニングを身にまとい、シルクハットを手にした。本来は、国旗とプラカードを持った選手の後にまず役員、そして選手団という順だったが、競技者二名の参加国としては、役員はあとに続くしか術はなかった。

二人の選手は半袖短パンのユニホーム姿、胸には大きな日の丸があった。三島はシューズ、金栗は足袋を履いてスタジアムを行進した。この姿には驚くものがある。たとえ夏であっても身体を冷やさぬよう長袖・長ズボンを着用するのが大切であるうえ、三島には直後に一〇〇メートル走予選が控えていたからである。にわか覚えのクラウチングスタートともども牧歌的な和やかさ、運動会の雰囲気が漂うふうにも感じられるが、当時としては決して奇異な装いではなく半袖短パン姿での行進組は他国チームにも見られた。国旗を掲げて入場行進に臨んだのは二六の国と地域、そのなかで日本のように競技用ユニフォームを着用してスタジアムを歩いたのは、他にチリ、デンマーク、オランダ、ルクセンブルク、ロシア、カナダ、南アフリカの七か国があり、総計二六のほぼ三分の一は半袖短パン姿だったことになる。[43]

『東京朝日新聞』は、開会式を次のように報じた。

ストックホルム来電――日本選手金栗、三島の両氏は今回のオリムピック競走に於て月桂冠を得る望みは少なけれども兎に角今回初めて日本が世界の競走舞台に出でし為人気頗《すこぶ》る大にして各国代表者の行列に加はりし日本人は殊に大喝采を博せり。米国及び欧州各国の運動家は多くの経験と練習とを積める為め非常に日本選手よりも有利なる地位に立てり。然れども日本選手の特徴ある競走振を見れば十分錬磨の功を積む時は次回のオリムピック大会には能く勝利を占め得る望みあり。[44]

ストックホルム大会の入場行進　金栗の姿は三島の持つ国旗に隠れてしまっている

「各国代表者の行列」とは開会式の入場行進をさす。「入場行進」の語はまだなかった。人気者なのは初参加だからという分析は、条約批准のため渡米した幕末使節団の一行がワシントンで大歓迎を受けた際の村垣淡路守の感想、「何れの国より使節来りても風俗も変わらす……我は鎖国なりしか初て海外へ出風俗制度も独異《ひとり》」るから「見物蟻集《ぎしゅう》」したのだろう、に通じる。[45]今回は勝てる見込みはないだろうから、次大会以降に期待しようと競技開始前から説いているとも読める。一方、『東京日日新聞』の分析は一寸違っていた――「希臘和蘭伊太利に次ぎて八番目に進みたるが行列の数少きは悽愴の感ありたるも却つて同情を惹きたり」[46]。悽愴の感、つまり痛ましく悲しいほど少人数だったことへの同情の拍手だった、と同紙の土屋特派員は解して書いた。国際舞台初参加の日本へのまなざしは、同情をもって珍客を遇す、であった。

入場行進ののち、開会式はスウェーデン流で進められた。最初にスウェーデン語で賛美歌が合唱された。開催国の選手と観客が歌った。つづいて、まずスウェーデン語そして英語で祈りが捧げられた。これが終わると、同国オリンピック委員会会長である皇太子が一歩歩み出てスピーチを行なった。その冒頭部分を現地英字紙から引く。

いずれの国でも、肉体は知性に歩調を合わせて発達するものであります。肉体が体現する文化は、その昔民族の暮らしに占めていた地位をいまや再び占めつつあります。とはいうものの、運動競技をさらに重要にしようというのであれば、誰しも運動競技に関心を持たねばなりません。競技者は、多ければ多いほど良いのです。運動競技が目指すのは、恵まれた少数者ではなく、全国民の体格の向上であります。今日ここに諸君たちが集うように、各国競技者が一堂に会し、その力を試すため平和のうちに競い合うのはきわめて自然な流れでありましょう。かかる試みは、いつの年でも、それなりに重要な競技会で行なわれてきております。しかし一番重要な運動競技の大会は、四年ごとに開催されるオリンピックにほかなりません。オリンピックのみ、各文明国の競技者を集めるに足る重要性を有するのです。(47)

オリンピックは文明国の競技者の集いである、という明確なメッセージである。「平和のうちに競い合う（measure their strength in peaceful rivalry）」の裏には、戦乱に明け暮れた前世紀のヨーロッパという史実がある。こののち、第一次大戦が勃発し予定されていた一九一六年のベルリン大会が中止となったことをも思い合わせると、ストックホルム大会は軍事力ではなくスポーツで文明諸国が鎬《しのぎ》を削った貴重な舞台だったことになろう。

国王の開会宣言、そしてスウェーデン国歌の合唱をもって式はお開きとなり、各国選手団は入場の順で退場へと移った。退場に際しては「オリンピック勝利行進曲」が奏でられた。開催国スウェーデンの作曲家アレクサンダーソンによる曲であり、同国オリンピック委員会が行なったコンペティションで一位を得ていた。音楽の専門家によると「華麗で力強いファンファーレ、その後つづく勇壮かつ朗々としたメロディと力強い低音の進行により聴衆や選手の高揚感が一層高まったことは間違いない」曲だった。(48)

「孤独の淋しさ」と戦った旭日のアスリート

三島彌彦の初陣は、開会式直後の一〇〇メートル走予選だった。五名出場した第一六組（全一七組）で最下位に終わった。『東京朝日新聞』は「百米突競走に於て三島選手は米国及南米選手の為め大敗を蒙れり」と報じた。『東京日日新聞』は、この予選について「式後予選行はれ三島氏は百メートルの予選にて亜米利加一着英国二着に対し六着となり百メートルの本競走に出場資格を失へり[49]」と書くにとどまった。公式記録集は三島については着順しか伝えていない。一位でゴールに飛び込んだのはアメリカのリッピンコット、記録はオリンピック新記録の一〇秒五分三（一〇秒六）だった。三島は初戦から一〇秒台のスプリンターと同じ組で走るという鮮烈な体験をした。後年このレースを振り返って書いている――「私は前半強く、当時一〇秒五分三の世界記録を持つクリンピンコット《ママ》（米）らと一緒に並んでみても別段こわいとも思わなかった、いよいよ百㍍のスタートである、例によって飛出しこりゃ勝てると思ったが五十㍍頃からスーッと抜かれてしまった」。もしこれが記憶違いでないならば、三島は前半の五〇メートルを五秒八～九で駆け抜けたが、後半はトップスピードからの減速が著しいという走りだったことになろう。その後七月十日には二〇〇メートル走予選一三組（全一八組）に出場し四人中四着で敗退した。公式記録集の記載を引く――「米国のヤングと英国のシードハウスはお互いへの注意を集中させ、シードハウスはヤングが一着となるのを阻止しようとはしなかった。日本の三島は後方かなり遅れて四着だった[50]」。一位のヤングは二二秒五分四、三島は「後方かなり遅れて（a considerable distance in the rear）」となれば、二四秒台後半止まりだったのか。競技場でこのレースを見ていた者には三島の身の異変が察せられた――「三島選手は二百米突の予選に英米独の三選手と出場せしに米国一着英国二着独国三着に対し四着となりまた破れたり。彼が足を痛め居れるは多大の同情を買ひ居れり[51]」。

十二日の四〇〇メートル走予選は多くの選手が棄権したため、三島が出る第四組（全一五組）は、地元スウェーデンのザーリングと三島だけだった。各組二着までが準決勝へ進むため、完走すれば再びトラックを駆ける機会が手に入った。結果はザーリングが五五秒五分二で一着、三島は僅差で続いた。現地紙はこのゴールの様子を写真で報じたが、自国選手が走ったため、ではなかった。写真のキャプションには「日本の三島選手、四〇〇メートル準決勝に進出（MISHIMA, A JAPANESE COMPETITOR QUALIFIES FOR THE SEMI-FINAL IN THE 400 METRES）」とあり、主役は極東からの珍客だった。日本の競技者への関心が分かる。なおこの写真は、各種文献に載る写真とは異なるアングルから写された貴重な一葉である。[52]

DAGENS NYHETER, STADION EDITION. JULY 13. 1912.

MISHIMA, A JAPANESE COMPETITOR QUALIFIES FOR THE SEMI-FINAL IN THE 400 METRES.

...ved in accordance with the English rules. (The Swedes are proud to confess that they have learnt a fine pastime from England and have always taken English water-polo as a model, by the way.) Further van Heyden considers the Swedish referees and players to have a wrong idea about the game (sic!), that the Englishmen did not play a foul game but that the Swedish players were in the habit of jostling their opponents every time some one of the latter started a movement.

Mr van Heyden is a bold man to give Swedish water-polo such a slap in the face, though the Swedish authorities are not likely to attach too much weight...

...capacity of Mr. van Heyden, as I do not think it is fit to do so in my position as the official leader of the Olympic Swimming contests. But Mr. van Heyden's insinuation that we do not know how to play the game properly must have its answer. To put it briefly it is only necessary to mention our polo-players' English tour some time ago, when they won every match except one against all the best combinations of England. This fact further shows that we know how to play the game in the English way under the control of good English referees. — We do not care who is going to referee the friendly game between England and Sweden on...

Phone Riks 25 50. Phone Allm. 67 ...

Royal Court-Florists
La fleuriste
6 Malmtorgsgatan 6
Stockholm.
Most tasteful flower-arrangements at all prices.

現地新聞が報じた三島の400メートル走予選ゴール

三島は、スタートはあまり得意ではなかった。そして辰野隆が学習院時代の三島を「中距離（四百、六百）ランナーとしては最優秀のランナーで強いことは無類の感があった」[53]と回想するように、適性は明らかに中距離走にあった。短距離種目では四〇〇メートル[54]が最適だったろう。出立前にコーチを買って出たアメリカ大使館のキルヂヤコフ書記官も、ストックホルムの結果を聞いて「三島君は決して四百米突には負ないと思つて居た……三島君も百や二百よりも四百米突に有望であの調子ならば米国運動界の華と呼ばれた二回迄第一着の栄を得た米国選手クレーグ氏にも劣るまいと思て居た」[55]と『東京日日新聞』に談話を寄せた。クレイグはストックホルムで一〇〇メートルと二〇〇メートルを制したスプリンターであるから多分に誇張はあるのだが。

四〇〇メートル走準決勝進出は、旭日のスプリンター三島にとり理想的な展開だったはずだが、脚痛のため棄権を余儀なくされた。五〇秒を切れるか、という期待とは大きく異なってたぶん五六秒台という予選での結果に終わったのはこの脚痛のせいと思われる。[56]『東京日日新聞』は報じた――「三島選手は右脚の痛み激しきため出場を放棄したり」。晴の舞台を欠場せざるを得ないとは、肉離れでも起こしたのか、あるいは、完敗が続きもう走ることさえできないくらい気が滅入っていたのではないか、と思う向きもあるかもしれない。準決勝進出の権利を手放したのは、プログラムの構成にも一因があったと思われる。日が変わってのレースであれば痛みも少しは収まろうが、プログラムを見るならば予選は七月十二日午前十一時開始、準決勝は同日午後四時十五分開始と判明する。これでは痛みが和らぐことを望めない。

脚痛については、学習院、帝大と一緒だった柳谷午郎に宛てた葉書（六月三十日ストックホルム発）に三島自身が記しており、葉書文面が『東京日日新聞』に載った――「相変らず元気で居ますがどうしたものか足の脛の所が痛いのには閉口、毎日マッサージにもんで貰つてゐるが余り思はしくない。初めは我慢してゐたが已《や》むなくマッサージにかへて了《しま》つた、元気はあるが勝つか負けるか未だ勝算がつかない……何分にもまるきり独りの練習にて大に閉口する顔の皮だけは厚くなるが進歩を計る事は出来ない」。[57]すでに六月下旬から痛みに悩まされていたのだと分かる。そして文面は、痛みが脛の内側の痛み、シンスプリント（shin splint）と呼ばれる下腿前部の脛骨付近の鈍痛だったことを教えてくれる。堅いトラックや道路で急に多くの走練習を行なうと生じやすく、休めば痛みは引くが練習を再開すれば戻る。痛みが進むと下腿骨の疲労骨折にもなりかねない。大学入学後久々に練習再開する者に起こりやすい。

だが、三島は「運動界大立者」「運動界の覇王」と呼ばれた豪傑、その三島にしてシンスプリントとは少々解せない。翌一九一三年の『運動世界』に掲載された「三島選手のオリンピック競技会実見談」という、三島への取材に基づく特集記事に脚の負傷を解く手がかりがあった――「西伯利《シベリ》亜《ア》鉄道に揺られて運動が十分でない所へ、急に練習を遣り初《ママ》めた為め、頸骨に附着する血管に異状を呈したのみで、大した事はなかつたのです……駈け初めとか、駈けた後などは非常な疼痛を感じましたが駈け出すとそうでもなく……」[58]。移動中ほとんど練習ができず現地到着後急に練習を始めたから、と三島は告白するが、久々の練習というより三島が意識していないところに主たる原因がある気がしてならない。

想像を膨らませてみるならば、三島は混み合う練習場を出て街路を疾走するようなことを繰り返したのではないか。タイムキーパーをこなす付添人もなくトラックでレーンが空くのを順次待って練習するよりも、路上をトラックに見立ててダッシュを繰り返す、そういう練習に切り替えたのではないか[59]。というのも、シベリヤ鉄道での練習不足とトラックで再開した練習の過多のみくらいで、三島のような偉丈夫がシンスプリントになるとはやや考え難いからである。痛みをもたらした主因は、ストックホルムの街路での疾走にこそあったように思える。スウェーデンは石の産出国として知られる。石造建築の家が立ち並び、明治日本の未舗装道路とは違って街路は石畳のところが多かった。明治初年にこの国を訪れた岩倉使節団の記録『米欧回覧実記』には「地ニ石多ク、石造建築ニ便利ナルヲ以テ、屋宅尽ク美ナリ、以テ地ヲ甃シ、岸ヲ築ク」[60]という記載があった。「甃」は「いしだたみ」と読む。硬い石の道を現代のシューズとは違う底の薄い運動靴で全力疾走する、そういう練習を重ねれば脛部や足首にかかる負担は相当なものになる。

別の箇所ではこう語った――「金栗君や私の失敗原因は、云ふ迄もなく走力の及ばざる点にある事は争ふ余地はありません。併し元来及ばざる走力を一層鈍らせたものは、確かに『孤独の淋しさ』と云ふものでした……さなきだに心寂しい異境の空でタッタ一人、こんな境遇の中に投げ入れられたのですもの、私は既に精神的に敗北したと思ひました」[61]。「孤独の淋しさ」を克服する術には諸々あろう。三島彌彦は、練習で自分を追い込むことでこの淋しさを乗り越えよう、しかも異土の石畳の上を疾走することで克服しようとしたのではないか。アスリートは本番が近づけば練習量を落として調整へと移行する。すると超回復といって全身のパワーが増すような状態が生じる。跳躍競技ではこれを「バネを貯める」などと呼ぶ。三島は七月になっても、開会式直前になっても、練習量を落とすことなく硬い道路の上を走り込んで「孤独の淋しさ」を吹き飛ばそうとしたのではないか。本番になって走れないほどの脛の痛みとは、直前まで猛練習をこなしていた証であり、おそらくそれは「運動界の覇王」が自ら選択した「孤独の淋しさ」克服の術だったのだろうと思えてくる。

金栗四三もまた初志を貫けずに初陣を終えた。酷暑の中で実施されたマラソン競走を途中で棄権せざるを得なかったのである。「未製品」は「未製品」のままで終了した。のちに金栗は当時を顧みて失敗の原因を考え、練習期間の短さ（外国人走者は五〜一〇年の練習を積んでいる）、開催が盛夏で炎暑の時期だったこと、道路と履物（柔軟な泥道の日本とは違って固いアスファルト、コンクリート、石畳の道を足袋で走った）、走り方の違い（外国人走者はスタート時から速く走る）、食事の不便さと応援の乏しさ、を挙げた。[62]金栗もまた孤独に悩み、硬い道路に疲労を蓄積させたのだった。三島と金栗が遠路参加したストックホルム大会は、連日晴天に恵まれるという大変珍しいオリンピックとなった。the Sunshine Olympics と通称されさえする。「瑞典ノ中央ハ、夏季甚タ熱ス」[63]という『米欧回覧実記』の一文も合わせて考えるならば、たった一人でマラソンの国際大会へ出場した金栗の心身の辛さは相当なものだったのだろう。金栗は東京高等師範学校の地歴科に籍を置く学徒だった。観光ガイドとしても有益な『米欧回覧実記』の第六十八巻「瑞典国ノ記　上」に事前に目を通していたならば、覚悟をもって彼の地に出向けたのではないか。しかしながら発行部数の少ない『米欧回覧実記』を所蔵する学校はほとんどなかったはずだから、これはないものねだりの類だろう。

『東京朝日新聞』の字句を借りるならば、明治日本から参加した二人のアスリートは「月桂冠を得る」ことには遠く及ばなかった。ストックホルム行に関してはオプティミストだった永井道明がその自叙伝でも引いた有名な一文「オリンピック競技で最も重要なことは、勝つことでなくして参加することである」[64]を明治の最終局面で身をもって示すこととなった。だが、目で見て肌で感じた文明国の競技の実情は、以後この二人により大正へと御代が代わった日本へもたらされるのである。今度は、三島と金栗が故国の後進たちに向けて「あらまほしき先達」の務めを果たす番であった。

註

（1）金栗が三島と知り合ったのは羽田の選考会だったという――「私が初めて三島さんを知ったのは今から四十三年前の明治四十四年十一月羽田運動場であった。この時短距離に出場されて優勝された時の堂々たる体つきとその勇姿を見、終了後一緒に賞品を受けた時ちょっとあいさつをした時からである」（金栗四三「日本陸上競技界の先達三島さんを想う」『朝日新聞』一九五四年二月三日）。

（2）鐵脚の人「遺外選手三島君と金栗君」『中学世界』一九一二年六月号、七八頁。

（3）金栗四三「長距離　競走練習法」（明石和衛、金栗四三共著『ランニング』（菊屋出版部、一九一六年）一一〇～一一一頁）。

（4）山本邦夫『近代陸上競技史』上巻（道和書院、一九七四年）七一頁。

（5）「陸上運動部部史」『向陵誌』第一高等学校寄宿寮、一九一三年、四二〇頁。

（6）たとえば、利鎌生「国際競技選手三島君金栗両君」『運動世界』一九一二年三月号。

（7）世界的大競走日本代表選手　三島彌彦「死力を尽くして奮闘せむ」（『武侠世界』一九一二年第一巻七号）六六頁。

（8）尚友倶楽部資料調査室、内藤一成、長谷川怜編『日本初のオリンピック代表選手　三島弥彦――伝記と史料』（芙蓉書房出版、二〇一九年）五二頁。

（9）三島前掲「死力を尽くして奮闘せむ」六六頁。

（10）「三島彌彦翁・スポーツ放談」『スポーツ毎日』一九五三年五月二日。

（11）前掲山本『近代陸上競技史』上巻、二四八頁。

（12）三島彌彦「対手の力も知らずに出場〝カケッコ〟で外国旅行と評判」（『産業経済新聞』一九五二年六月二十六日）。この記事の見出しは、明らかにミスリーディングであろう。一九一二年に参加を要請された時、三島自身は彼我の実力の差を明確に認識していたことは本文で見た通り、「対手の力は十分知っていた」のである。

（13）原文は以下の通り。[M]y going was wholly dependent upon the consent of the authorities. I went to see Dean

Briggs at once, and pleaded my cause with what eloquence I possessed. He was pleasant and fair about the whole matter, telling me that he realized what an opportunity it was, and that he would like nothing better than to grant me permission; but that on the other hand, it was a long trip; that it would necessitate a break in all my college work; and that, upon the whole, he thought that he had better take my case under advisement, and give me a decision as soon as possible. Half-hoping, half-fearing, I left him. Two or three days later I entered my room to find his letter awaiting me. I drew a long breath, tried to fortify my mind against disappointment, and opened the note. The first sentence was enough. "After careful deliberation I have decided to let you go to Greece."

Ellery H. Clark, *Reminiscences of an Athlete: Twenty Years on Track and Field* (Boston, 1911) p. 126.

(14) 永井道明先生後援会編『遺稿 永井道明自叙伝』(体育日本社、一九五一年)四二頁。「オリムピツク大会のことは留学前日本ではあまり聞かなかつた」(同頁)と永井は回顧している。

(15) 利鎌生前掲「国際競技選手三島君金栗両君」四一頁。

(16) 萬朝報記者 頑鐵生「羽田予選会雑感」『運動世界』一九一一年十二月号、四五頁。

(17) 利鎌生前掲「国際競技選手三島君金栗両君」四一頁。

(18) 金栗前掲「日本陸上競技界の先達 三島さんを想う」。引用文中の「スウェーデン公使館」は金栗の記憶違い。

(19) 鈴木良徳『オリンピック外史――第一次大戦をはさんだ二つの大会』(ベースボール・マガジン社、一九八〇年)一七頁。

(20) 同大学のウェブサイトにあるHall of Fameに名が挙がっている。

(21) 第四章に引いた明石和衛の指摘のように、トラック一周の測り方が統一されていないため、距離の正確さが不明なことが多い。

(22) 三島前掲「死力を尽くして奮闘せむ」六七頁。

(23)『東京朝日新聞』一九一二年四月二十二日。

(24) 三島前掲「死力を尽くして奮闘せむ」六七頁。

(25)『東京朝日新聞』一九一二年五月十一日。
(26)『読売新聞』一九一二年五月十五日。
(27)『東京朝日新聞』一九二〇年五月十四日。
(28) 金栗前掲「日本陸上競技界の先達 三島さんを想う」。
(29)『読売新聞』一九一二年六月二十八日。
(30)『東京朝日新聞』一九二〇年六月四日。
(31) 金栗が書き記すところによると「私達より先に来てゐた選手は、濠洲の選手と今一ヶ国何処かの選手で、其他はみんな私達より後に到着し」たという（金栗「万国競技会に我選手を代表登場して 日本人の体力劣弱なるを憤慨す」『実業之日本』一九一三年一月号、一五五頁）。
(32) アメリカ選手団一行の様子については、James E. Sullivan, *The Olympic Games Stockholm 1912* (New York, 1912) にある "The Steamship Finland Trip"（同書三七～五一頁）に記載されている内容に依拠した。
(33) 原文は以下の通り。MISHIMA, YAHIKO Viscount, Tokio, student at Tokio Imperial University, 26 years of age. He is now studying law and will within a few years become a government official. He will compete here in the 400 metres race, which he won in exactly 53 seconds at the Japanese trials in Tokio, last November. At the same meeting he ran 200 metres in less than 25 seconds but will not compete in that race here. He is besides interested in all kinds of athletics and is reputed to be Japan's best all-round man. Is also very fond of baseball, which game is very popular in Japan, and of jiu-jitsu and figure-skating.

Dagens Nyheter, Stadion Edition, June 5, 1912.

(34)「オリンピック（三） 大森夫人の日記」（『東京朝日新聞』一九一三年十一月五日）。ストックホルムへ同行した大森兵蔵の妻アニーの「日記」が、同紙一九一三年十一月三～六日、四回に渡り連載された。どういう経緯で載ることとなったのか、英語で書かれていたであろう原文はどうしたか、などの情報は何も付されてはいない。ストックホルムへ出向いた日本チームの中での唯一の同時進行の記録——回想ではない——という価値はあるのだが。

(35)『東京朝日新聞』一九二〇年六月六日。

(36)『東京朝日新聞』一九二〇年六月十日。

(37) Sullivan, *The Olympic Games Stockholm 1912*, p.224.

(38) 金栗前掲「日本陸上競技界の先達 三島さんを想う」。

(39) 三島彌彦「徒歩競走法」『中学世界』一九一〇年五月号、六四～六五頁。

(40) 金栗撰手談「オリムピック大競技会参加の感想」『武侠世界』一九一二年第一巻一三号、五三頁。

(41)『東京日日新聞』一九一二年七月八日。

(42)「いよいよ入場式になってプラカードには日本と書いてあった。この字は私と三島さんと相談して決定したものでその後のオリンピック大会のプラカードにはジャパンと書いてある」（金栗前掲「日本陸上競技界の先達 三島さんを想う」）。だが三島の回想では「このプラカードにJAPANとすべきかNIPPONとすべきかで大分もめたが結局嘉納先生の計らいでNIPPONとしたいわく因縁つきのものである」となっている（三島前掲「対手の力も知らずに出場〝カケッコ〟で外国旅行と評判」）。

(43) ストックホルム大会の公式記録集 Swedish Olympic Committee, *The Fifth Olympiad: the Official Report of the Olympic Games of Stockholm 1912* (Stockholm, 1913) に掲載の各国の入場行進を写した写真から確認した。

(44)『東京朝日新聞』一九一二年七月八日。

(45) 大塚武松編『遣外使節日記纂輯 第一』（日本史籍協会、一九二八年）八一頁。

(46)『東京日日新聞』一九一二年七月八日。

(47) 原文は以下の通り。In every country the physical development keeps pace with the intellectual. Physical culture is again occupying the place it formally held in the life of nations. But if athletics are to be of great importance all must take interest in them. The more athlete, the better. The aim of athletics is to develop the physique of all nations, not of a favoured few. It is but natural that the athletes of every country should meet like you are doing to-day

and measure their strength in peaceful rivalry. This of course is done every year in more or less important contests; but the most important athletic struggle is the quadrennial Olympiad, which alone is of sufficient importance to gather the athletes of every civilized country.

Dagens Nyheter, Stadion Edition, July 6, 1912.

（48）勤務先同僚の光平有希博士（音楽学）のご教示による。楽譜は公式記録集の三一二〜三一三頁に掲載されている。

（49）「六着」とあるが、公式記録集三五二頁によれば、出走者は五名である。

（50）各組二着までが予選通過だった。原文は以下の通り。Thirteenth heat. 1 D. B. YOUNG, U. S. A., 22.6 secs. 2 C. N. SEED- HOUSE, Great Britain. Also ran: F. Fleischer, Austria, and Y. Mishima, Japan. Young and Seedhouse confined their attention entirely to each other, and the Englishman did not try to prevent the American taking first place. The Japanese was fourth, a considerable distance in the rear.

The Official Report 前掲, p. 355.

（51）『東京日日新聞』一九一二年七月十一日。

（52）この写真を見ると、第五回大会でも相変わらず四〇〇メートル走はオープンレーンで実施されたと思いがちだが、決勝レースのみセパレートレーンで行なわれた。これは、アメリカ側の強い要望によるものであり、もちろん四年前のロンドン大会のような結末を生じさせないためだった。折れて要望を聞き入れたスウェーデン側の気持ちは、公式記録集の四〇〇メートル走決勝箇所に書かれた一文で分かる――「衝突回避のため、各走者にレーンがはっきりとラインを引いて割り当てられた。その結果、スタート時に走者が一列に並ぶことはなく、ゆえにレースはおそらく興味を削がれた（In order to prevent collisions, special lanes had been marked out for each runner and, in consequence, the competitors did not stand in a straight line at the start, the event thereby possibly losing in interest.）」。*The Official Report* 前掲, p. 360.

（53）『毎日新聞』一九五四年二月三日。

(54) 現代では一〇〇、二〇〇、そして四〇〇メートル走までを短距離走と分類するが、当時四〇〇メートルは短距離走なのか中距離走なのか議論が分かれていた。競技者の側でも第一回オリンピックアテネ大会で一〇〇、四〇〇メートルの両種目（二〇〇メートル走は未実施）を制したトーマス・バークのように、次第に距離を伸ばして八〇〇メートル走までこなすようになる者も珍しくはなかった。
(55)『東京日日新聞』一九一二年七月十四日。
(56) トラックのコンディションは良かった。三島自身「運動場は凡てコークスで固めて、内側より外側へと漸次高くなつて居ましたが、其走り具合の善い事は実に驚く許りでした」（「三島選手のオリンピック競技会実見談」『運動世界』一九一三年三月号、三〇頁）と回想していたことを考え合わせると、身体のコンディションは相当悪かったことが推測される。
(57)『東京日日新聞』一九一二年七月十七日。
(58) 前掲「三島選手のオリンピック競技会実見談」三一頁。
(59) 三島本人は「金栗君はマラソン専門ですから毎日スタヂユム以外で練習をする、私はそれに引代へて競技場の内部にのみ居ました」（「三島選手のオリンピック競技会実見談」三〇頁）と書いてはいるのだが。
(60) 久米邦武編、田中彰校注『特命全権大使 米欧回覧実記』四（岩波文庫、一九八〇年）一七〇頁。
(61) 前掲「三島選手のオリンピック競技会実見談」三〇頁。
(62) 金栗四三「マラソンの思出」『体育の科学』一九五六年八月号、三〇七頁。
(63) 久米前掲『特命全権大使 米欧回覧実記』四、一六一頁。
(64) 前掲『遺稿 永井道明自叙伝』七二頁。

第八章　宴のあと

敗軍の将、兵を談ず

北欧ストックホルムの地で開催された第五回オリンピック出場の大任を終えた三島彌彦、金栗四三の二人は、その後一緒に欧州各国を二か月ほど見て回り、まず金栗一人、大正元（一九一二）年九月中旬無事に帰国を果たした。

『読売新聞』は九月十八日付で報じた——「去る六月瑞典の首都ストックホルムに挙行せられたるオリンピック競技に参列せし金栗選手は十六日宮崎丸にて神戸に入港し陸路東上十七日午後四時十五分新橋着列車にて只一人入京せり」。

新橋駅へは在籍する東京高等師範の永井道明教授が迎えに出た。永井にとり予期せぬ事態となった。金栗が飛びついてきたのである。「此の前ストックホルムで惨敗した金栗が新橋の停車場に帰り着いた時、汽車の中から飛び出して来ていきなり僕にかぢりついてあの頑丈な漢《おとこ》がワッと泣き出したには面食らつて了つた(1)」と永井は辰野隆に話したという。異土で味わった「孤独の淋しさ」はまだまだ生々しい記憶だったのであろう。

三島とともに金栗には、競技参加に加えて競技の観察や世界の運動界視察の任務が与えられていた。語ることをたくさん抱えての帰国だった。翌年二月に後れて三島が帰朝するまでは、金栗ただ一人が「遺瑞使」として情報を求められた。敗軍の将は兵を談じることが責務となったのである。分かる限りでは、三島の帰国前に二回雑誌の記事になっている。一度目は一九一二(大正元)年末の『武侠世界』第一巻一三号に、金栗撰手談「オリムピツク大競技会参加の感想」として掲載された。

吾々が何故に失敗したか其の理由を語り、また競技場に其他欧米諸国のオリムピツク大競技に対する意気込等を語ることは、来るべきオリムピツク大競技に参加せんとする人々の、準備決心、態度等にとつて、多少とも参考となり補助となるであらうと信ずる。(2)

後進のために語ることが自分の務めである、と明言した上での述懐の記事だった。前章では金栗の後年の回想から引いたが、同じように失敗の原因として「気候の急変」「宿は街の真中にあつたので騒がしい」「睡眠不足」を挙げ、さらに「鼓舞者激励者となるべき適当なる人物を同行して往くことが、必要中の必要ことであると思ふ」と強調した。たった二人の日本勢と対照的だったのがアメリカ勢であり、選手数は決して最多ではなかったが「看物人《けんぶつにん》」も数多く連れてきたため、「多数の競技者が練習の為に堂堂と隊を組んでスタヂヤムに入つて来ると、四方の観覧席に陣取つた米国人が一斉に拍手する喝采する、流石の大スタヂヤムも揺がん許り、実に列国参加者をして啞然呆然たらしむるの慨があつた」(3)と振り返った。たった一人で競技場外の道を走っている身からすれば何とも羨ましい思いがしたであろう。もっとも、やがてその「傍若無人なる米国人の振舞」に他国勢は反感を強くしたことをも加えて記した。

二回目の登場は翌年早々のこと、『実業之日本』一九一三年一月号への「万国競技会に我選手を代表登場して　日本人の体力劣弱なるを憤慨す」と題する寄稿だった。列国競技者の体軀の立派さを紹介したのち、高飛び込みの女性競技者の勇気に一驚し「二八の美人が三十尺の高櫓から真逆様の芸当」と書いた。当時の日本にはまだ馴染みのない槍投、ディスカス（円盤投）、鉄丸投（砲丸投）等を紹介、「角力」と記してレスリングにも触れた。当時レスリングは屋内の体育館ではなくスタジアムのフィールドで実施されていた（陸上競技種目との同時進行はなし）。金栗の記事で注意すべきは以下の箇所であろう。

此等の競技に加はつた人の年齢を見ると大概二十四五歳から三十歳迄の間である。又彼等は日本の選手と違つて。さう猛烈に練習はしない。彼等は技術の進歩と体力の疲労、疲労の回復とこれに要する時間の関係をよく考へ、巧みに配合してやるから、傍から見れば、さのみ懸命に練習しないやうであつても、技術は頗《すこぶ》る発達してゐる。(4)

日本では競技に打ち込むのはほぼ学生に限られ、卒業後に競技は続けない一方、列国の選手には学窓を出た後も競技者として活躍を続けている者が珍しくないこと、そして疲労の回復にも留意しての練習計画を立てており、練習量は決して多いというのではないことを伝えた。勝利を得るため、優秀なレコードを打ち立てるためには猛練習が必須という考えに根本的な再考を迫るものになり得る報告だった。

三島は、年が明けた一九一三（大正二）年二月七日午後一時半神戸入港の常陸丸にて帰ってきた。『大阪毎日新聞』は翌八日「三嶋《ママ》選手帰る——各国運動界の観察談」と見出しを掲げ記事を組んだ。話すべき話題は多々あるが、としたうえで欧米の運動界は「老若男女を問はず如何にして遊ばうかといふことを考へ暇さへあれば戸外運動を遣つてゐる」という現状を紹介した。第六章で見たように三島自身「若年寄を排す」と題して学生を終えても運動を続けることの重要性を訴えていたのであるから、欧米の実情に接し我が意を得たりと思ったに相違なく、それをまず伝えようとしたのだろう。ついで参加した競技について言及した。

自分は御承知の通り百、二百、四百米突に出たがスタートは能《よ》く行つたがいつも中途で抜かれる、コレは畢竟《ひっきょう》彼等は加速度で疾走する科学的修練を積んだ結果で、まるで機械のやうだ……又スタートの際には「用意」の号令はなく銃声一発で直ぐスタートするのですから何遍も遣り直しがあつた、要するに短距離の走者は背の高い肉附きのよい人、中距離は一見「駆けさうな人」即ち中肉中背、長距離は一様に小さい人が適当のやうに感ぜられました。

日本ではほぼ連戦連勝だった三島が、文明国のスポーツの祭典というコンテクストに置かれて感じた貴重な経験の報告だろう。「加速度で疾走する」というのはどういう事象を念頭に置いているのか。二〇〇メートル走の後半のことか、それとも二〇〇メートル走のカーブを出た後の直走路の走りのことか。いかに優秀なスプリンターであろうともトップスピードを最後まで維持することはかなわず必ず減速が生じる。もし一〇〇メートル走の後半を踏まえてのことならば、三島のトップスピード維持が世界の一流競技者に比して拙かったということなのだろう。自分のほうの減速加減が大きいため相対的に相手は「加速度で疾走する」と映ったのではないか。なお、スタートの際には「用意」の号令はなく銃声一発で直ぐスタートするというのは三島の事実誤認である。出場した四〇〇メートル走までは“Ready”の発声は行なわれていた（公式記録集の競技規則による）。ちなみにストックホルム大会ではフライングへのペナルティが課されない規則となったので、フライングスタートは頻発した。三島が出た一〇〇メートル走予選一六組は三回目にスタートとなり、クレイグが優勝した決勝では八回目に漸くスタートとなっていた。

もう一点注目しておきたいのは、競技種目への体格の適性についての言及である。すでに第五章で大森兵蔵の見解を紹介したが、三島の「発見」は多数の世界の一流アスリートを目の当たりにしての観察結果だった。今でこそ常識と言える内容ではあるものの、当時は斬新に映ったに相違ない。世界を知るということはこういうことなのか、と大正の御代となった日本の読者は思ったのではないか。帰朝したばかりの三島への取材はおそらく共同取材だったようで、同日の『東京朝日新聞』も記事を組んだ。そこではアメリカ勢の活躍を目の当たりにして「恰も亜米利加の競争会の感がありました」と語ったことがまず紹介された。種目による体格の特徴についてはほぼ同内容を掲げた。最後に「各種の特長を有《も》つた選手を少くとも十人以上を同時に出すことが肝要である」と訴えたと書かれた。孤軍奮闘を求められた辛い体験を念頭においての主張だったのは言うまでもない。

三島彌彦かく語りき

三島への取材あるいは三島自身の寄稿による記事はその後雑誌に二度掲載された。『運動世界』一九一三年三月号の「三島選手のオリンピック競技会実見談」と『中学世界』同年五月号の「オリンビ《ママ》ックゲーム参列の記」の二つである（三二二頁参照）。前者は主に実見した競技についての報告や感想から成り、『中学世界』の記事は対象が中学生にもかかわらずオリンピックそのものをこえて運動と国家の関係にまで踏み込んで深い洞察を加えている。それぞれ九ページ、そして一五ページを割く長めの記事であり、またいずれも世界の舞台を自分の目で見て考えてきたこととの報告として大変有益な出来である。

千九百十二年の夏、瑞典ストックホルムに於て行はれたる第六回オリムピック大競技会は、既に過去の歴史中に葬られた。併し吾人日本人は、此大競技会に関して永世忘るべからざる記憶を保留せねばならぬ……其記憶すべき事実とは何ぞ。即ち極東の眇《びょう》たる運動界が、健気にも三島、金栗の二選手を立たしめて、遥に北欧の天地、世界の猛漢壮士雲と集まれる、ストックホルムの競技場に向はしめた事実これである。

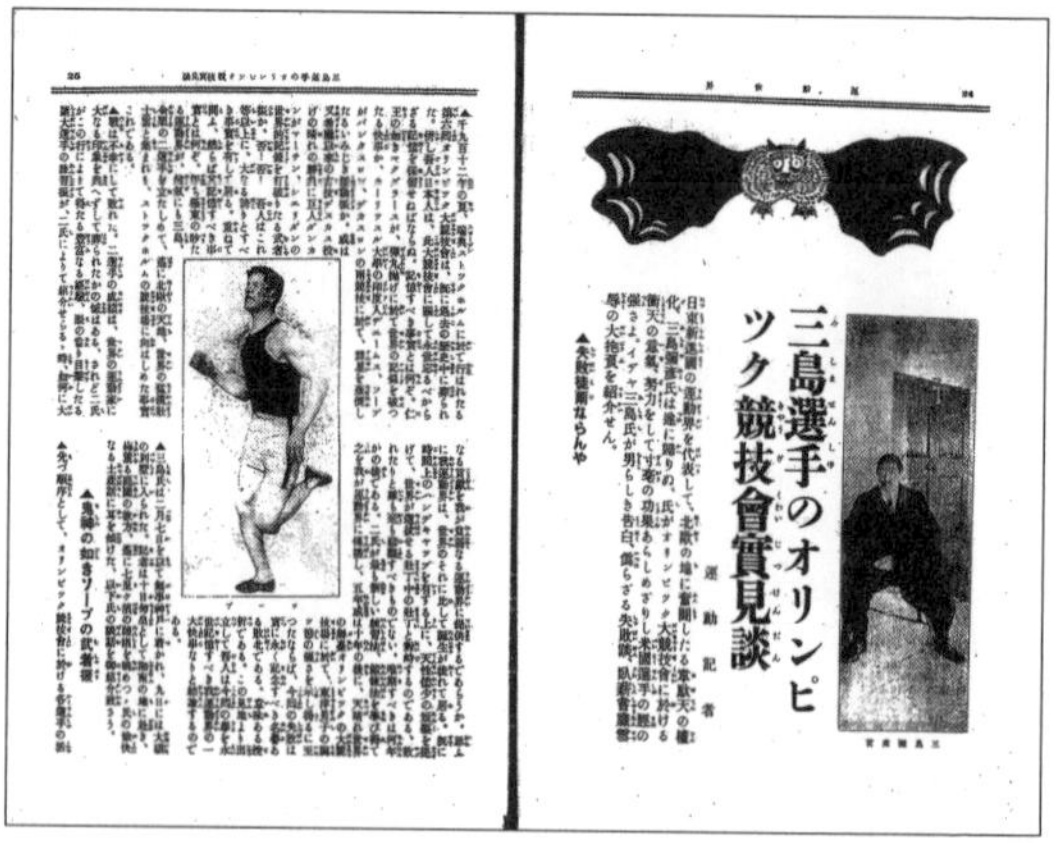

三島選手のオリンピツク競技會實見談

運動記者

「三島選手のオリンピツク競技会実見談」(『運動世界』1913年５月号)

二氏がこの行によりて得たる豊富なる経験、眼の当り目撃したる諸大選手の練習振が、二氏により紹介せらるゝ時、如何に大なる貢献を我が貧弱なる運動界に提供するであらうか(5)。

『運動世界』の記事は、担当記者による日本のストックホルム大会参加が持つ意義の確認をこうして掲げ、ついで三島へのインタビューを基に進める形式をとる。『大阪毎日』の記事では「加速度で疾走する」と言及があった一方、『運動世界』記事では「彼等はコーナーを廻つてから真直に走る時、非常な勢力を出す」とより具体的に語っている。二〇〇メートル走の前半でやや身体を内側に倒しストライドは抑えめにして走り、生じた遠心力をうまく利用しつつ後半の直走路に入り駆け抜けるという走り方を見て驚愕した、というのであろう。この走りを「加速度で疾走する」との字句で表現しようとしたと思われる。四〇〇メートルトラックでのセパレートレーンゆえに可能な走法だった。四〇〇メートルトラックを設営しながらも、スタート直後からオープンレーンで二〇〇メートル走を実施した羽田の選手選考会のようなレースでは、とても体験できない走りでもあった。セパレートレーンでの二〇〇メートル走をおそらく日本人競技者として初めて走り、またそういう設定での世界レベルの二〇〇メートル走決勝をも目の当たりにした瞬間が三島の記憶に焼きついたことを思わせる語りである。

帰朝直後の新聞取材で触れた体格と種目の適性については、より詳しく語った――「各種の選手の体格を見るに、百米突から二百米突迄の選手は身体が巨大で目方も随分あるだらうと思はるゝ程の巨人が多く見受けられました。四百八百位迄は、我々が見て走り善ささうと思はるゝ人許りで、概して云へは中肉中背の方でした。五千から一万などと云ふ恐ろしい長距離になると、どうしてあんな人が走れるかと思はるゝ程、虚弱気な細い体格の選手が多いのです[6]」。そして優秀な長距離走者としてフィンランドのコーレマイネン[7]の名を挙げ「日陰の桃樹の様な人」と形容した。身長は三島と同じほどで「一見頗る振はざる体格を有して居ました」とも語った。

さきに見た『大阪毎日』の記事で「用意!」の号令なく号砲が鳴ったと三島が語ったのは誤解だろうと指摘したが、ここでも明らかな記憶違いがある――「予選競技には前にも御話したクレイグやメーヤーと一緒にされたのは閉口しました。クレイグとは丁度肩を並べて居ましたが、私のスタートは案外うまく行つたので、コイツア占めたと思ふて走つて見ましたが、中途以後から綺麗に抜かれて了ひました。殊に彼等はコーナーを廻つてから真直に走る時、非常な勢力を出すのには呆れました[8]」。訪れた北欧の地で数多くの優れたアスリートたちに短期間のうちに初めて出会ったためであろう、アスリート名に間違いが生じている。三島が走った予選の組では一〇〇、二〇〇、四〇〇いずれもクレイグもメイヤーもおらず、一〇〇メートル走でリッピンコットと同組だったのは前章で見た通りだった。
スプリント二冠となったクレイグの走りについても見たままを報告した。

クレイグは妙な人で頗るスタートが下手です……彼はそれ〔スタート〕が下手の為半分位は屹《きっ》度《と》後方に居て、後の半分でグングン抜いて了《しま》ふのです。其走力は実に驚くべきものですが、此人にして若《も》しスタートを勉強したら、大した記録《レコード》を残すだらうと人々が批評して居ました。(9)

「此人にして若しスタートを勉強したら」と三島は書いたが、クレイグ自身自らの弱点は把握し、スタートの練習を積んできてはいた。第六章で言及した年少者向けのスプリント読本のなかでは率直に思いを記していた。

スプリント種目ではスタートが極めて重要だ。とりわけ一〇〇ヤード走においてはそうである。号砲とともに飛び出し一五ヤード後には全力疾走に入れるなら、他の競技者よりはるかに優位となる。自分のことを記すならば、スプリント種目を走る際このスタートこそ最も苦手とする部分であって、七年にわたり改善に努めてきている。今なおスタートを切るのは下手ながらも向上は見られており、さらなる改善に現在も取り組んでいる。(10)

三島の話は次回のオリンピックにも及ぶ——「伯林《ベルリン》は千九百十六年のオリンピツク競技が行は

る丶所丈に運動熱は頗る盛んで、ストックホルムから多くの米国選手を招聘して、米国流の練習を積んで居ました[11]」。金栗と同道して自らの目で確認してきていた。そしてオリンピックを主催することの大変さについても言及を忘れなかった。

オリンピック会に於ける審判官は凡て其国の人々が務める事になつて居ますから、日本の如き運動界の後進国たるを甘受せざるを得ない所では、迚《とて》も此種の大競技は行へない訳です。情ない事ですが止むを得ません[12]。

100メートル決勝のスタート　右から２人目がクレイグ（公式記録集より）

これが、日本に突きつけられていた現実だった。前章で見た「一九一六年の大会は既に伯林と決定して居るが次の一九二〇年には必らず日本で開けと云ふに違ひない。故に其準備の為めに毎年昨秋のやうな大会を催したいと思ふ」という永井道明のような理想と心意気だけでは到底主催などできない国際企画だった。オリンピックを自国で開催するとはどういうことかをこの記事を読んだ者は初めて知り、主催がかなう日はまだまだ遠いと啞然とした思いになったのではなかろうか。

爪先を使って走る

三島の話は、陸上競技の様々な種目の競技者や結果等についても紹介しており、ストックホルム大会の競技報告書の機能をも果たしている。そのなかには世界の一流アスリートの競技ぶりと自らを比較して語る箇所があり、是非とも指摘しておきたい部分が含まれる。のちに三島晩年の回想にも登場することなので、初出と思われるこの『運動世界』の記事で少し詳しく検討を加えておきたい。

> 日本では百でも二百でも乃至八百でも同じ足並で走るのですが、彼等の遣り方を見るに百米突から二百米突迄、二百米突から四百米突迄……とチャーンとクラスが定まつて居る様です……例へば百米突或は二百米突の如き短距離では、足の爪先にウンと力を入れ、努めて大股に馳けますが、四百米突以上になると此風が見えません。どうも其距離の変る毎に異つた秘訣が潜んで居る様に思はれました。(13)

三島は東京帝大の運動会では、一〇〇、二〇〇、四〇〇、六〇〇、そして一〇〇〇メートル走（八〇〇メートル走は実施なし）のいずれにも優勝の経験があった。帝大先輩の木下東作、藤井實、そして後輩の明石和衛もまた多種目で一位を占めた経験があった。時には跳躍や投擲種目をも制した。これがごく普通の光景だった。ところが遠路ストックホルムへ出向いてみれば、短距離競走のなかでも種目の分業が行なわれている。世界の頂点に立つ競技会ゆえ専門化が進むのは当然としても、種目により走り方が異なるという「発見」があった、と三島は告白する。いわゆる純スプリント種目（一〇〇、二〇〇メートル）では爪先に力を込めてストライドを広くして走る、その一方四〇〇メートル走ともなるとそういう様子は見られないという印象を受けたと言う。ストライドが広いのは、意識して広くしての走りの場合と、疾走速度が速いゆえに結果としてストライドが広くなるという場合とがあり、三島の報告だけではどちらとも判別しかねる。一〇〇メートル走を一〇秒台で駆け抜けるスプリンターを何人も目撃した三島にとり、比較の素材は国内競技会で目にしていた一二秒台の走りしかなかったため、欧米の一流スプリンターのストライドが広く映ったものと思われる。

ここで気になるのは「足の爪先にウンと力を入れ」の箇所である。換言するならば、三島は一〇〇や二〇〇メートルを走る際に爪先を意識して走っていなかったのか、という疑問が生じてくる。先述の通り、亡くなる一年半ほど前、ヘルシンキオリンピックへの日本の参加を前に寄稿した新聞記事にも「私達のやっていたのはカケッコで外国選手のやっているのはレースだった。初めて外国選手がツマ先を使って走っているなと気づいた程である」という記載があり、ここでも「ツマ先」への言及があった(14)。

最先端のテクニックに出会った時、こちらが未熟であればあるほどのちに追いつき、さらに凌駕した時、その達成感は大きい。この三島の語りにある「私達のやっていたのはカケッコで外国選手のやっているのはレースだった」をことさら強調する流れがこれまで強いように思われるが、正鵠を射ていないのではないか、という印象を持つ。三島が「私達のやっていたのはカケッコ」だったという論拠は、レコードの遅さではなく「外国選手がツマ先を使って走っている」という発見にあった。つまり、明治末年当時日本のスプリンターの誰もが「ツマ先を使って走って」はいなかった、という前提が必要となってくる。だが事実は違った。

第六章では三島が学生時代に諸雑誌に寄稿したさまざまな論考を振り返り検討を加えた。その際「駛走の姿勢」の要点を説く叙述の巧みさをも指摘した。そういう三島の一連の叙述を改めて読み返してみると、不思議なことに爪先の使い方への言及を欠いていることに気づく。三島の走りを捉えた動画は未見のため断定はできないが、三島は一〇〇メートルを疾走する際も踵《かかと》から地面を捉えて足首を上手く返すように蹴っていたのではないか、と思えてくる。他者には三島の走りはどう映っていたのか。理論家の後輩明石はこう言及している──「体の重い人は矢張り少し腰を落して、余り跳ねずに駆けつた方が得な様に思はれる……三島君は後者の好例である」[15]。重心を落とし前進運動に注意を向けた疾走フォーム、ということなのだろう。爪先で地面を捉えるというより、足の裏全体で地面を捉えてエネルギーを伝えての疾走という光景が浮かび上がる。だがこれは「三島流」なのであって、当時の日本のスプリンターの大勢ではなかった。明石和衛は『中学世界』で説いた。

初心の人には困難に感ずる事であるが、長距離ならざる限りランニングでは踵を地につけては決してならぬ。例外な人は除いて、爪先でなければ到底速かに走れるものではない。慣れさへすれば、今度は踵をつけては駆けられなくなる。この方が速い許りでなく、疲労も来さないのである。[16]

短距離は踵をつけずに爪先を用いて[17]疾走するというのがスタンダードだったことが伝わってくる。そして「例外な人は除いて」の例外に三島がおそらく入るのではないか、という印象を持つ。なお、明治期陸上競技史において疾走時の爪先にこだわった先達は、一高、帝大の名競技者として知られる木下東作だった。アメリカのスポルディング社のスパイクシューズを個人輸入して初めて使用したというように[18]、進取の気性に富む研究熱心な競技者として歴史に名を残している。木下は、短中距離はもとより長距離走においても爪先での疾走を実践した。[19]二十一世紀への変わり目の頃からマラソン競技の世界でもトップランナーたちの間では爪先走りが主流となり始めたが、木下東作は百年以上それに先んじていたことになる。後年、「マラソン王」として名高い愛知一中校長の日比野寛の求めに応じて同校生徒に講演した際の記録に、なぜ爪先のみでの走りが有利なのかを説いた一節がある。

歩幅を長くするに一番効力のあるのは、脚を長くすることであります。走る時に踵をつける人は走る資格はありません。必ず爪先で走らねばなりません。立つて居る時踵を地に着けて居ると、踵を地より離して爪先立ちして居ると背丈が違ひます……足の踵を地に着けんやうに足先を前に進めるに従つて脚が長くなり、歩幅が大となり且つ重心を支へる面が小さくなるため重心が不安定となり、足の地に着く時間が短かくなるために走ることが必ず早くなります。[20]

爪先だけを用いた疾走には、ストライドを伸ばし前進スピードを得るという二つの利点があると木下は説いた。athleticsという洋学を受容しそれを咀嚼していく過程においての先人の苦労、工夫を垣間見ることができよう。陸上界の先達として名高い木下東作の教えは三島彌彦のもとには届いてはいなかったのだろうか。知らなかったとするならば、三島が陸上競技を専門とする競技者ではなく様々な運動競技をこなすなかで次第に陸上競技へと向かうという成長過程をとったこと、すなわち先学の研究を参照するよりも自らの実践に重きを置いていたためなのだろうと思う。日本初のオリンピアンである三島彌彦は日本陸上界の大先達であるが、同時代の明石和衛も、そして三島に先立つ木下東作もまた大先達だった。一人の先人の報告や回想のみで当時の様子を再構築するのは控えるに如くはなしという事例であろう。

「今迄の日本の練習の仕方が間違つてゐた」

『中学世界』への寄稿は、実体験したオリンピックから得た技術や練習法への反省、日本の社会のなかにおける運動の位置、そして国力と運動の相関関係にまで及ぶ。陸上競技の技術論から日本の社会論、そして広義のスポーツ文明論までが展開されている。最初に、技術的なことや練習についてのストックホルム後の三島の見解を引く。

今迄の日本の練習の仕方が間違つてゐたことです。これからは大に研究的練習の必要があると思ひます。日本ではゲームのある少し前から、練習に取り掛りますが、向ふでは終始練習を続けてやつてゐます。さうしてゲームの時には、日頃の練習の効果を其所に試みると云ふ風が見えます。日本では一週間のうちでも毎日馳けてゐますが、向ふでは一週間に二三度しかひどく馳けません。毎日馳けてゐると筋肉の休まる暇がなく、随つて発達する余裕がないことになります。平常練習をして、身体を発達せしめると云ふ心掛けを以て、練習を怠らぬことが必要です。さうすれば自然と発達もするし、又一日の中左程の時間も要しないから、他に業務の障りともなりません。又斯《こ》うするのが運動の精神に叶ふことゝ思ひます。(21)

ストックホルムへ出向いて世界の一等国の実力を目の当たりにし、彼我の競技力の歴然たる差を痛感したと聞けば、大抵は日本側の練習量不足に原因があったのではと思う。しかしそうではなく「日本の練習の仕方が間違ってゐた」のだと三島は訴えた。本章初めに見た金栗の指摘「彼等は日本の選手と違つて、さう猛烈に練習はしない。彼等は技術の進歩と体力の疲労、疲労の回復とこれに要する時間の関係をよく考へ、巧みに配合してやるから、傍から見れば、さのみ懸命に練習しない」と同趣旨であることに気づく。趣旨は同じながらも、紙幅に余裕があったためか三島は「一週間に二三度しかひどく馳けません」と具体的に加えた。記録向上を目指すなら、付け焼き刃での短期集中ではなく、休養も勘案した長期の計画を練れ、と説いたのである。大枠を示したのち、短距離走と長距離走それぞれに助言を付した。

この練習の大切と云ふ点では、短距離競走など殊にその必要があります。たとへば百ヤードを五十歩位に踏まなければなりませんが、さうすると一歩に約一間を踏む割合になります。さうして一秒には五間位を走らなければなりません。若し其の五間を四歩強位に踏むと云ふことになると、速力に大なる相違を来して、一歩の踏み方が大切になります。さうすると手の振り方から、足の踏み方にまで非常な注意を要するやうになります。短距離では一歩の過が容易に恢復できませんから、日頃の注意と、練習とが最も大切であります。[22]

やや分かりにくいが、以下のような主張だろう。一〇〇ヤード（約九一・四メートル）を五〇歩で走破するとすればストライドは約一間（約一・八メートル）になる。一秒の間に五間駆ける、つまり一〇ヤード（約九メートル）進むのが良い。もしその一〇ヤードを四歩強で走れるようになると、前進スピードが大きく増すことになる。よって地面にエネルギーを巧みに伝えられるような「一歩の踏み方」、そしてそれを引き出す腕の振り方にまで十分留意しなければいけない、というのであろう。続く箇所では長距離走について、まるで金栗の気持ちを代弁するかのように記した。

長距離を走るには、初めに速力を出して、それで勝ちを制しやうとするのもあるし、始終同じ速力で走るのもあるし、又初めは緩やかで、終《つひ》に速力を増すのもありますが、さう云ふのを観破して競争せなければなりません。それには練習が必要です、さうしてまた自国の選手が多くなくてはいけません。自国の選手が多いと、其中の或る者は負けても、お互に敵の呼吸を知ることができますから、非常に都合が好いのです[23]。

様々なペース配分があるので練習によりそれを会得し、レースでは看破せよ、また国際競技会では同国選手は多いほど良い、それぞれが他国のライバルの様子を察することができるため同胞の誰かの成功へとつながるだろう、という説明を見る。たった一人で他国選手と矛を交えた金栗の辛さをよく知るからこその提言である。

「運動の盛衰は其の国力国勢に比例して居る」

『中学世界』への寄稿では、三島の力点は競技技術よりもむしろ社会のなかでの運動の位置付けにあった。日本では「運動と云ふことを、特殊のことのやうに思つてゐ」る、「運動と云ふことに、遊びと云ふ観念」があると指摘する。ところが歴訪した欧米では女性までも「郊外に出て快活に遊び、愉快に運動」している。運動は特殊なことではなく「一般に行き亙つて」いることを紹介する。しかも運動は「体育ばかりが其の目的」ではなく「運動によつて精神的修養をすると云ふのが、その大なる目的」だと説くことに努めた。なぜ三島はかくも運動の意義を強調するのか。それは、大会後歴訪した列国では国力に比例して運動が盛んであるという事実に気づいたからだった。しかも、国力とスポーツ振興とには相乗効果さえあった。

強国と云つても、其の国全体が強くなくては、強国と云はれますまい。軍隊ばかりが強かつたり、金力ばかりに強いだけではまだ真の強国とは云はれない。総ての点に発達してこそ真の強国である。此度のオリンピックゲームの成績も亦これを証明してをると思ひます。国に余裕があればこそ、運動も益〻盛んになるし、又運動が盛んになれば国民の精神も修養され、身体も練磨せられて、其国の元気は現はれてくるに違ひありません。(24)

そして、運動が盛んな強国として英米両国を挙げる。だが両国には歴然とした違いがあるという。イギリスでは「運動を以て、精神の修養にはもっとも必要」と考え、「運動によつて正義の観念を増し、紳士的の態度を養ふ」ことを目指す一方、アメリカでは、「精神の修養をしやうとしてをる上へに猶《な》ほ、元気の養成を計らう」とするのだという。その典型例は学生たちのフットボール熱にうかがうことができ、毎年「数十の負傷者と幾らかの死者」さえ試合で生じているが、「国民の元気」を養うためには「幾何《いくばく》かの犠牲者を出すは止むを得ない」というのがアメリカの世論だと書き添えている。スポーツ振興と国力増進との相乗関係については、その九年後、『運動年鑑』に掲載された長い論考でも繰り返されることとなった。

運動は欧米各国孰《いず》れも非常に盛んですが特に英米の両国が盛んです。而《そ》して私の考へでは運動の盛衰も、矢張り其の国力国勢に比例して居るやうに思はれます。即ち他の凡ての国力に於て世界の一等国と謂はれる国では、矢張り運動競技も盛んに行はれて居りますが、又之を一面から見ると国民全体が盛に運動して居るために、自然と国民の気風が振興して、其の国を盛んにするのだとも思はれます。畢竟《つまり》国に余裕があるから人間も活動的になつて、運動が盛んになり、其の運動に依つて養はれた活力が又他の方面に働いて、一層其の国を強くし余裕を作ると云ふ風になるのです。今日運動が盛んである国と盛んで無い国との区別は、四年毎に行はれる世界オリムピック競技の成績によく現はれて居ります(25)……

世界の一等国となるには理由がある、国に余裕があるから運動が盛んになり、それによって得た活力が国を一層強くしてさらに余裕を作る、というのである。三島はこの思いを終生抱き続けた。逝去の前年にはインタビューの場において、「ストックホルムに参加して感じたことは、国の力だと思いましたね。だから選手が悪いとか、選手が弱いというのは自分の国を馬鹿にするようなものですね(26)」とまで言い切った。遡ること四十年以前「ストツクホルムの戦場に立つたならば、弓矢八幡も照覧あれ、あらん限り根限りの精力を傾倒し、勝利の月桂冠目蒐けて躍進猛進する積である(27)」と決意を明記して北欧へ出陣し、自己記録の更新もなく帰国した折には到底口にできなかった本音をここに見ることができよう。

三島、金栗の二選手、嘉納団長、大森監督という初の極小遠征隊のうち、出立とほぼ同時に『オリンピック式 陸上運動競技法』を上梓した大森兵蔵のストックホルム遠征報告は、帰路夫人の故国アメリカで客死したため、極めて残念なことに知るよすがはない一方、団長であった嘉納治五郎は、日本初参加のストックホルム大会について語り、それは活字となり残った。節を改めて引いて検討を加えてみたい。

初参加を終えた「余等貧国の者」

三島、金栗の両名が監督に決まった大森兵蔵とその夫人とともに東京を出発したのはすでに見たように一九一二(明治四十五)年五月十六日、一方、日本選手団の団長となった嘉納が「欧米各国への出張」を命じられる形で遅れて日本を発ったのは六月七日だった。嘉納の外遊は、かつて学習院教頭の職にあった時五か月かけて欧米を初めて巡遊して以来二十三年ぶりだった。IOC委員でもあり、ストックホルム大会参加が主要な目的だったことは明白だが、自身は「主として徳育及び体育に関わることをば、成るべく詳細に調査仕よう[28]」と考えたという。

オリンピックでの任務を果たし欧州各国そしてアメリカ合衆国での視察を終えて嘉納が帰国したのは、三島に一か月ほど後れた翌年三月六日だった。邦語紙にとどまらず、*The Japan Times* 紙も同月十五日付で What Mr. Jigoro Kano Saw And What He Thought Abroad He will Publish Later と見出しを掲げて、短い記事[29]で帰国を報じた。記事末尾には見出しを繰り返すかのように、"What he saw and thought in Europe he would publish some day." とあり、外遊報告をやがて活字とする意向を伝えた。計画はすぐに実行に移された。欧米での見聞に基づく講演は、東京市が用意した場(東京市講演会)で開催され、講演録は「欧米巡遊所感　我が国普通教育の五大方針」と題し、三回に分けて同年四月『教育時論』誌に掲載となった。訪れた欧米諸国の実状を紹介し、それとの比較のもとに故国日本の教育、観光、文明、強兵政策など喫緊の課題を取り上げて持論を展開する形式をとったが、初参加となったオリンピックへの言及はなかった。

嘉納がストックホルム大会について語ったのは、同年五月二十四日帝国教育会クラブにおいての講演の席上だった。「欧米巡視土産談」と題して行なわれた講演は、翌月には『教育時論』誌に「欧米巡視所感　体育の方針」の題目のもと活字となった。同記事は、「オリンピック大会の情況」「普通体操の効能如何」の二部構成をとってはいるが、前半のオリンピックに関わる部分が後半の倍ほどの分量を占める。「一体このオリンピック大会といふものは、いまから十数年以前に仏国のベルタ《ママ》ム氏が、古昔ギリシャに有名であつたオリンピア祭の時に挙行せられた運動競技会を、万国的に再興したものであつて[30]」で始まる説明から、聴衆には近代オリンピックの背景や基礎知識が未だ不足しているという前提が伝わる。一八九六年のアテネでの第一回大会以降の歴史を手短に紹介したのち、オリンピックは「世界に有りとあらゆる運動の種類を蒐めてをる、と云つても可い程」だが、六か国以上で実施されていない競技はオリンピック種目にはなり得ないという規則の紹介もあり、同時代日本でのオリンピックを紹介する類似の文章とは一線を画す。規則に通じたＩＯＣ委員の面目躍如たるものがある。

　自国競技者の話題に移る前に、嘉納はストックホルム大会が前回のロンドン大会を凌駕する規模だったこと――第四回ロンドン大会の三八〇〇人の参加に対し、第五回大会は六〇〇〇人近い参加をみた――に触れ、とりわけアメリカ選手団の、参加人員数やスケールの大きさに驚嘆したことを率直に語った。同国の国内オリンピック会長が大富豪らしく、その財力をもって一万二千トンの船を調達して選手団を海路北欧へ送ったという。甲板上には船首から船尾まで「敷物」を敷いて――前章で見たようにコルク――走路を設営し、練習が可能だった（三三八頁参照）。またスウェーデン

フィンランド号船上での練習風景（Sullivan, *The Olympic Games Stockholm 1912*〔1912〕より）

に到着したのちは、海上の宿泊所として選手たちのコンディション維持に役立てた。「其の船に行つて見ると」で始まる紹介の一節は、嘉納治五郎その人が碇泊しているフィンランド号へ出向き、自らの五感を研ぎ澄ませて観察をしたことを証している。伝え聞いた話ではなかった。そして「万事到れり悉《つく》せりで余等貧国の者から見れば、誠に驚嘆の他無き次第である」と素直な感想を添えた。日本からの二選手は、旅費滞在費等は自弁だった。そういう「貧国」選手団団長として、オリンピックには競技力にとどまらず国を挙げての財力が欠かせないと痛感したことを正直に吐露した一節になり得ている。

「懸軍萬里」の日本勢

ストックホルム大会の概要を語ったのち、嘉納は「然らば我が国では如何といふに」と掲げて、自国選手に話を向けた。規模について「六千人近くも出席する内へ、僅に二人入り込むのであるから、殆ど他国とは比較にならなかつた」と触れ、次いで北欧の地で日本のアスリートたちが予期せぬ問題に遭遇したことを紹介した。一行は団長以下、同じ宿舎（下宿屋）に宿泊する便を得たが、日を重ねるにつれて「ドウも選手が疲れる、これは困つた事」という事態が生じた。早速嘉納はその原因を探ったという。

第一は天候が我が国とは異つて、緯度が非常に高いからして、夏は夜十一時頃までは屋外で新聞が読める、朝も二時頃から亦同様である、而して其の間といへども薄暗いといふまでゝあつて、全く暗黒になることは無い、然も下宿屋は或大通りに面してをるからして、殆ど一晩中馬車自働車や人声が雑聞する、これを以て彼等は夜間充分の睡眠が出来ない、第二には食物が国に居る時と異ふ、彼等二人共国に居つては、菜葉や大根ばかり喰つてをつた、然るに近頃は肉食ばかりさせられる。(31)

すでに金栗の文章で確認済みのことがより詳細に説明されている。北半球では緯度が高いと、夏季には昼が冬季は夜がそれぞれ長い。六月中旬なので一年を通して一番夜の時間帯が短い時期だった上に、交通の便が良かろうと現地公使館員が都合してくれた宿が往来の多い通り沿いだったため、疲労回復に必要な熟睡は難しかった。食事について、「国に居つては、菜葉や大根ばかり喰つてをつた」には、現地食とのコントラストをつけすぎている嫌いはある。それを差し引いても、アスリートにとり必要不可欠な栄養補給の手段である食事に苦労したことが伝わってくる。シベリア鉄道で移動中の缶詰での食事とともに、食事に難儀した遠征だった。

第三の理由は、武田千代三郎考案とされる「油抜き」訓練法を採ったため疲労が取れなかったためという。「油抜き」訓練法はすでに第四章で触れた。科学的根拠を欠くばかりか、大変危険なのは言うまでもない。金栗自身、日本での選考会を前にしてこの「油抜き」訓練法を試みたものの体調を著しく損ね、たまたま砂糖水を飲んだら回復したという一件以来、この方法はとっていなかったはずなので嘉納の勘違いと思われる。

以上三点を「ドウも選手が疲れる」原因として列挙したのち、過度の精神的負担も疲労を増した一因だと指摘した——「我が国の選手は国を出る時から、何でも負けては不可ぬといはれた。彼等自身は固より必ず相応の成績を得ようと励んだ。かく気の安まらなかつた事も、亦其の疲労の一原因であつたと思ふ」。世界のレベルを認知せず、勇ましい言辞で自国代表選手を鼓舞して勝利を収めよ、と焚きつける国民の期待が重くのしかかっていたことは想像に難くない。故国とは著しく異なる気候、食事、さらに精神的負担、こういう諸要因が日本の二選手を疲労蓄積させたまま競技本番へ向かわせた。そして「懸軍萬里ともいふ態」で心細かった二人は、実力を発揮することなく敗退した。この表現は、言い得て妙と聴衆に響いたに相違ない。懸軍萬里とは、本隊から遠く離れた部隊が本隊との連絡がないまま敵地の奥に進軍することをいう。団長、監督、選手二名から編成された極小部隊が、故国日本を遠く離れてストックホルムという遠隔の地で初のオリンピックに臨む心細い様を表すのに、「懸軍萬里」くらい相応しい語はなかった。

教育者嘉納治五郎は、次のように付け加えて講演を結ぶことを忘れなかった——「而して余は此の席に於て、我が国の二選手の態度が、我が国青年者の代表として、何ら欠くる所なき立派なものであつた、といふことを御話することに止めるのである」[32]。金栗は自身が校長を務める東京高等師範の生徒であり、三島は他校の帝大生ながらその亡父通庸とは懇意の関係だった。引率した生徒を庇う教師の眼差しがここにはある。

“JUDO MASTER TALKS OF OLYMPIC GAMES”

嘉納治五郎の詳細な年譜によれば、欧米から帰国の年に活字となったオリンピック関係の記事は、前節で引いた「欧米巡視所感　体育の方針（上・中・下）」に限られる。後年のオリンピック関連の記事(33)では、回想の文脈でストックホルム大会は頻繁に言及されるものの、第五回大会直後のオリンピック記事は、年譜を参照する限りではこの一点にとどまる。だが国内英字紙という予期せぬ媒体で、ストックホルム大会や様々なスポーツ種目について日欧比較の視点に立ち縦横無尽に語っていた。その場は英字紙 ***The Japan Advertiser*** 紙だった。嘉納の帰国は一九一三年三月六日、その七日後の十三日の同紙第一面に JUDO MASTER TALKS OF OLYMPIC GAMES / Kano Admits Japan Is Not Ready To Compete But Sees Hopes in Future / DOES NOT FAVOR BOXING / But Running, Swimming, Jumping, Walking Fencing and Judo, Yes という見出しが嘉納の顔写真とともに載った。帰国直後の新鮮な記憶に基づく記事は、おそらく最も事実に近く、嘉納の見たストックホルム大会を考えるうえで信頼できる貴重な資料になり得るであろう。

当該記事(34)は冒頭で嘉納の帰朝に触れ、「欧米巡遊の結果得た全体的印象について確認させてもらいたいという ***The Japan Advertiser*** 紙の代表に対し、嘉納博士は昨日、インタビューを丁重に受け入れてくれた」と続けた。報道各社を前にしての合同記者会見ではなく、同紙による単独インタビューだった。嘉納が語った趣旨は、前掲の見出しでおおよそ把握できるが、当該記事を通読すると

The Japan Advertiser.

TOKYO, WEDNESDAY, MARCH 13, 1913

Price Ten Sen

PARLIAMENT BEGINS ANOTHER SESSION

Drawing Up Plans For Tokyo-fu Exhibition

JUDO MASTER TALKS OF OLYMPIC GAMES

ANOTHER BIG BATCH OF FIRES IN THE CAPITAL

嘉納の「オリンピック実見記」（*The Japan Advertiser* 1913年3月13日）

The Japan Advertiser 紙側から提示された問いに応じながらも、さらに踏み込み熱を込め自説を語る嘉納の姿が浮かび上がる。散見するやや不自然な英語表現から考えて、嘉納自身の英語での語りをそのまま素材として記事に仕立て上げたのだろう。

紙面から判明する *The Japan Advertiser* 紙側からの質問は、①国際競技の場で日本人が活躍できる可能性は？　②日本人と西洋人との体格を比較すると？　③ストックホルム大会参加の選手たちの身体について最も好印象を嘉納に与えた国はどこか？　の三点だったらしい。それをもとに自らの観察結果と解釈を滔々《とうとう》と記者相手に語ったことが行間から伝わる。たとえば、第一の問いに対しては、「日本はまだオリンピックの場で外国の選手相手に戦える準備は出来てはいないと認めることに吝《やぶさ》かではない、というのも日本の若者は正しいやり方で練習を積んできてはいないからだ。だが正しい練習方法を採れば将来の競技会で活躍の可能性は十分あると確信する。たとえば、マラソンで日本選手が好成績を収めない理由は何もない。短距離走の可能性は定かではないが、水泳はマラソン同様に好成績をあげ得る」と応じ、未来は明るいと予想した。この第一の問いへの回答に続けて、棒高跳、ボクシング、野球、その他のスポーツ、について私見を披露した。

棒高跳（pole jumping と嘉納は言ったが正式には pole vault）について、概略以下のように語った――ポールを地面につけ支点とし、身体が地面から離れ跳躍が始まったあとは、ポールを握っている両手を少しずつ上方へ動かすことは違反とされる。だが日本の棒高跳ではこのよじ登る技法が普及しているため、跳躍中に手の移動不可となると、腕の長い欧米のジャンパーは圧倒的に有利になる。もし数フィートよじ登ることが認められるなら、日本の選手も対等に戦いうるだろう。こういう語りは、当時の国際大会の棒高跳をめぐる規則、そして同時代日本での主流跳躍フォームを伝える貴重な資料でもある。

続いて格闘技へと話は進む。オリンピック競技のレスリングよりも柔道のほうがはるかに優れているとした――ここではまだその理由は示されない――のち、嘉納は唐突にボクシングに言及する。オリンピック帰朝談が趣旨だったインタビューだったため、記者が「ボクシングはオリンピック種目ではないのだが」と書くように、ボクシングは話題にはならないはずだった。だが「ボクシングは日本で奨励すべきものとは思われない」とした嘉納が、かなり長いボクシング否定論を展開しているのは興味深い。拳で相手を殴ることが主眼のボクシングの意義を疑問視した。そもそもボクシングが目指すものは何か。対手を殴るあるいは殺傷が目的なら、短銃にはかなわないし、また護身のためと言うのなら突然襲われた時ボクシングでは対応できない、と嘉納は説く。柔道のほうが倒れこみ、対手を押さえ込み、そして投げる、といった技を磨くので、はるかに適しているし、拳で殴り合うボクシングでは大怪我、そして時には致命傷を負いかねない、と加える。読者にとり興味深いのは、ボクサーと柔道家が対峙した時の嘉納の予想であろう。最初の数撃さえ避け得れば、あとは柔道家の勝利の可能性のほうが高い、と断言する。なお、言い忘れたと気づいたのであろう、前出のレスリングが柔道に劣る理由も付言している。身体を鍛える点ではレスリングを認めるが、技の種類が少なく対手の肩を床につけることで勝敗が決するという単純さが柔道ほどの興味を引かない、という見解だった。

野球は、興味深いスポーツで道徳上の訓練にもなり、堂々としている。だが、「贅沢なスポーツゆえ日本での採用を奨励する気はないと言わなければならない」と語った。体育教育の指導者としての嘉納の念頭には、絶えず国民の体位・体力向上という課題があった。そのためには可能な限り多くの若者を運動に従事させ鍛えねばならない。金銭的な余裕のある選ばれし少数者だけが対象であってはいけない。この視点に立つと、野球は広い競技場を必要とし、選手は皆が等しく身体を動かしているのでもない。球場では、一部は動いている一方、ただ立つだけの者もいる。試合は時間を取りすぎるし、学生は野球にのめり込んで学業を疎かにしがちだ、とも加えた。学業怠惰になりがちというのは合衆国を訪れた折、現地の教育専門家たちから得た所見とのことで、以下のように述べた——**I have been told this by many of the educationists of America.**「多数の教育専門家から聞かされた」と語るところから、多くの識者を訪ねて意見交換をした嘉納の自負のほどが伝わる。

勧めるのは走・歩・跳・泳

他のスポーツについても、できるだけ多くの若者が、あまりのめり込まず、だが大いに興味を持って取り組めるスポーツを奨励するという基本姿勢だった。当時日本の義務教育段階で実施されていた普通体操は、その点興味を引くものではない、とも加えた。その上で、自身が勧めるものとして、走・歩・跳・泳を挙げた。理由は「特別の競技場も、高額な用具、服装、それに特別な準備もなく、多数の若人が参加可能だから」だった。この四種を勧める持論は、終生変わることはなかった。また、自身も学生時代に勤しんだというサッカーについても高く評価する。競技者皆が試合中ずっと身体を動かしている点が良い、もっとも、野球同様に広い場所が必要という条件はある、と留保を加えたが。そして「以上が、余が欧米で得たスポーツについての一般的な印象である」と締め括った。

講道館柔道の祖である嘉納は、なぜ柔道を積極的に勧めないのか、という疑問が浮かぶ。その答えは、「日本人と西洋人との体格を比較すると?」への回答のなかにある。海外の学生のほうが運動に励んでいるため身体の発育はいいし、柔道に取り組むならば、申し分ない全身の訓練になる。だが、より多くの若者が柔道に向かうようにと勧めることはできないとも言う。その理由は「熟練した柔道指導者の数が不足しているため」であった。しかし、一〇年、二〇年後にはそういう指導者も増し、柔道が普及し、国民の体格も向上しよう、と加えた。

肉体強化の観点から柔道の利点についても語った。柔道では全身を使うため全身の筋肉が発達する一方、欧米の運動競技には、そういう効用はない。しかも柔道では全身の筋肉を意のままに使えるようにもなる。以上を踏まえて、「正しい指導のもとに柔道を教わるならば、他のどの競技よりも身体の発達に対して柔道は大いなる利点を有するのである」と結んだ。筋力トレーニングという語などなかった明治の世で、嘉納治五郎自身柔道の練習に明け暮れた結果、自らの肉体の著しい変化に気づいて得た感触だったのだろう。そして初参加のオリンピックののち欧米諸国を巡遊し、各地のアスリートたちの身体をつぶさに眺めてたどり着いた結論でもあった。理論家嘉納治五郎の主張には自己の身体の鍛練と海外での見聞という実践による裏打ちがなされていた。

取材側からの最後の問い「ストックホルム大会参加の選手たちの身体について最も好印象を嘉納に与えた国はどこか?」についいては、具体的に国名を答えはしなかったが、開催国スウェーデンの選手団の体格は立派だった一方、同国人一般にはそれは当てはまらないと紹介した。スウェーデンは明治日本の体育教育の場で一世を風靡したスウェーデン体操発祥の地である。肋木などを用いる普通体操の応用版と解してよい。明治の世で外来思想が重宝されたように、スウェーデン体操もまた重きをなした。だが、起源の地で同体操の人気は下火であり、合衆国、そしてドイツでも識者の評価は低かった。「スウェーデン体操は虚弱な人向き (good for weak people)」と言う人たちもいたという。徒手体操に物足らなさを感じていた嘉納にとり、海外の識者の言は心強く響いたに違いない。嘉納の持論では、運動には徳育の側面もあり、時には神経を擦り減らすようなやや危険な面があることも望まれる。スウェーデン体操には危うい部分がなく、若人を鍛えるうえでは刺激に欠け不適当だ、と結んだ。

自ら「貧国」と形容した大正初年の日本の実情に鑑みて、広い場所や特別の設備・用具を必要とする運動ではなく、誰でも手軽に実施できる歩・走・跳・泳をまず奨励し、合わせて柔道の利点をも説くという嘉納治五郎の姿勢は、今日でこそ様々な文章を通して知られているが、欧米巡遊で得た所感と合わせて詳細に披露したのは、おそらくこの *The Japan Advertiser* 紙による取材記事が初めてだっただろう。様々な競技種目を掲げ日本の競技者の適性にまで言い及んだこの英字紙インタビュー記事は、ストックホルムオリンピック報告にとどまらず、嘉納治五郎の運動への眼差しを考えるうえでの重要な素材となっている。

八年ののちに

喜寿をこえる嘉納治五郎の生涯（一八六〇―一九三八）を三分するならば、その第三期にあたる明治末年からの二十数年は、近代オリンピックと深く関わる。ＩＯＣ委員への就任そしてストックホルム大会での団長に始まり、第一二回オリンピック夏季大会の東京での開催決定を見たカイロでのＩＯＣ総会からの帰路氷川丸船上で客死するまで、常に中心にあった。戦前日本のオリンピックの歴史を貫く「棒の如きもの」という存在だった。ストックホルムの次に開催予定だったベルリン大会は第一次大戦により中止となり、一九二〇（大正九）年の第七回アントワープ大会が次戦となった。ここでも団長の大任を委ねられた。戦後間もないベルギーでの大会に、日本からは団長、監督二名（一人は会計担当）、陸上競技一二名、水泳二名（うち一名は陸上競技と兼任）、テニス二名（在米）を派遣した。未だ小規模ながらもナショナルチームの陣容に少しずつ近づいてきた。「懸軍萬里」からは脱せそうであった。

アントワープに臨むにあたり日本側では工夫をこらした。五月中旬には日本を発ちアメリカへ渡り現地の競技会を見学しつつ練習に励み[35]、その後七月半ばにはロンドンへ移り八月十五日に陸上競技が始まるオリンピックに向けての調整に入った。止宿先は現地の日本人経営の旅館とし、嘉納が英国オリンピック協会役員と交渉して練習場所も確保することを得た。ストックホルム大会時、アメリカ勢が往路ベルギーに立ち寄り練習場所を提供してもらったことが念頭にあったのだろうか。現地アントワープへ場所を変え本番に備える必要を感じた嘉納は、まず金栗四三（今回もマラソンランナーとして派遣）を連れてベルギーへ七月二十三日に出向いた。宿泊所と練習場の確保をしたのち嘉納のみロンドンへ戻り、一部の選手を連れてアントワープへ八月三日に到着した。永井道明と監督の辰野保に率いられた残りの選手は七日に着き、日本勢は揃った(36)。翌年活字となった文章のなかで、嘉納は書いている。

アンベンス〔アントワープのこと〕では、当日事務所をブルクセルから移したばかりといふことで大混乱、選手の宿舎も先方で極めて置いて呉れた家は、何分車馬の響で喧しい。前回ストックホルムで金栗選手等が難儀した例もあるから、これでは困ると思つて、宿舎主任に掛合つて漸く別に学校の校舎を都合して貰ひ、炊事の方法万端を取極め、愈々差支がないと見込を附けて倫敦へ選手を連れに行くことにした(37)。

往来の車馬の騒音から離れた校舎を宿舎にあてる交渉を嘉納治五郎自らが行なったという。また、食事についても今回は炊事係を連れてきており、あとは軌道に乗るように努めるだけだった。ストックホルムの教訓は見事に活かされていたのである。八月十四日に開会式が挙行され、翌日から競技が始まった。大会期間中、嘉納にはIOCの会合に加え毎日一〜三回の招待会もあった。自国の選手関係の用務もあり「朝早くから深更まで寸暇も得られぬ位であつた」[38]という。アントワープ大会では、テニスでシングルス、ダブルスともに二位を得た。短距離ではまだ予選落ちではあったがマラソンには三名出場し全員完走した。足の関節を痛めていた金栗は、一六番目にゴールに入った。全体を踏まえ嘉納は「中等の出来」と評した。だがオリンピック競技においては「日本は余程の後進国」との認識を深めた。実施されている競技への歴史が浅く、資金の面でも課題があってやむを得ない面もあった。「他の国々では有志者の援助も日本に比すれば多くあるやうであるし、国によると政府が莫大の費用を支出して奨励して居るのもある」なかでの参加だった。

諸事情があるにしても「何時《いつ》までも後進国とはいつて居られない。此次の競技会には此度より遥に優秀の成績を得ようと今から奮発しなければならぬ」と書いた嘉納には将来を見据えた良き案があった。

瑞典の時は、金栗三島の両氏しか行かなかつた上に、三島氏は間もなく海外に出て仕舞つたから、国内の奨励は金栗選手一人で引受けたやうの次第である……此度は前回と異なり、日本から監督者を別にしても十三人も出掛けて行たのである。それ等の人が、前回金栗選手が努力したやうに国中を鼓吹し指導して廻つたならば、四年後の国際競技場に於て日本の花を咲かすことは望み得られぬ限りでないと思ふ。各選手諸氏に大奮発を希望する次第である。[39]

帰国ののち派遣選手たちに国内での啓蒙を率先して実施してもらうという案だった。嘉納は「中等の出来」としたが選手側では敗戦と捉え、現地での最後の集いを「白黎会」と命名した。白耳義《ベルギー》の「白」、未だ黎明期ゆえの「黎」に基づいていた。帰国後は故国のスポーツ界を「力強い青年期に導く」ことをも使命とし、横浜を出帆した五月十四日に毎年集うことを約したという[40]。嘉納の期待はやがて成就した。国内指導に廻った主将野口源三郎に刺激を受けて陸上競技に進むことを決意した広島一中の生徒だった織田幹雄が、四年後には第八回オリンピックパリ大会で日本陸上界初の入賞（六位、三段跳）を果たすまでに成長を遂げたのである。北欧ストックホルムの地では「懸軍萬里」の極小部隊の隊長だった嘉納治五郎の計画は、こうして少しずつ実を結んでいくのだった。

註

（1）辰野隆、辰野保『スポオツ随筆』（大畑書店、一九三二年）二八一頁。
（2）金栗撰手談「オリムピツク大競技会参加の感想」『武侠世界』一九一二年第一巻一三号、五二頁。
（3）金栗前掲「オリムピツク大競技会参加の感想」五三頁。
（4）金栗四三「万国競技会に我選手を代表登場して　日本人の体力劣弱なるを慨慨す」『実業之日本』一九一三年一月号、一五八頁。
（5）「三島選手のオリンピツク競技会実見談」『運動世界』一九一三年三月号、二五頁。
（6）同右、三一頁。
（7）五〇〇〇メートル走、一〇〇〇〇メートル走、クロスカントリー（個人）の三種目を制した。
（8）「三島選手のオリンピツク競技会実見談」二九頁。

（9）同右、二八頁。

（10）原文は以下の通り。The start of the sprints is very important, and especially is this true in the “hundred.” The boy who can get away with the gun and into his running in fifteen yards has a great advantage over his competitors. Personally, this has been the weakest point in my own sprinting and it has been something which I have tried for seven years to improve, and while I am still a very poor starter there has been improve-ment and I am still working away on it.

Ralph C. Craig, “How to Run the Hundred, and Two Hundred Twenty Yard Dashes” in Paul Withington ed. *The Book of Athletics* (Boston, 1914) p. 171.

（11）前掲「三島選手のオリンピック競技会実見談」三一頁。

（12）同右、三一頁。

（13）同右、二九〜三〇頁。

（14）「対手の力も知らずに出場〃カケッコ〃で外国旅行と評判」『産業経済新聞』一九五二年六月二十六日。

（15）一選手（明石和衛）「ランニングの研究」『中学世界』一九一〇年九月号、八〇頁。

（16）同右、八一頁。

（17）爪先と言っても足先から着地というのではない。足部の指の付け根から着地させることになる。

（18）一九〇一年のことという（日本体育協会編『スポーツ八十年史』日本体育協会、一九五八年、九一頁）。

（19）一九〇二（明治三十五）年の帝大運動会の折、おそらく疲労が溜まっていたためであろう、レース中にアキレス腱断裂となり以後競技からは退いた（前掲『スポーツ八十年史』一二八頁）。なお、この年の帝大運動会は、第一章で見たように藤井實が一〇〇メートル走で一〇秒二四を記録した回にあたる。

（20）日比野寛『基礎健康法』（実業之日本社、一九一六年）五〇〜五一頁。

（21）三島彌彦「オリンビ《ママ》ックゲーム参列の記」『中学世界』一九一三年五月号、五九〜六〇頁。

（22）同右、六〇頁。

(23) 同右、六〇頁。
(24) 同右、五七〜五八頁。
(25) 三島彌彦「欧米を歴遊して」朝日新聞社編『運動年鑑 大正十年度』(朝日新聞社、一九二一年)五八〜五九頁。
(26) 「三島彌彦翁 スポーツ放談」『スポーツ毎日』一九五三年五月二日。
(27) 世界的大競走日本代表選手 三島彌彦「死力を尽くして奮闘せむ」『武侠世界』一九一二年 第一巻七号、六七頁。
(28) 嘉納治五郎「欧米巡遊所感 我が国普通教育の五大方針(上)」『教育時論』一九一三年、四月五日号、四頁。
(29) 記事の訳は以下の通り——「東京高等師範校長で講道館館長の嘉納治五郎氏は、六日午前モンゴリア号で横浜に到着、欧州旅行から帰国した。桟橋には妻、娘たち、友人、生徒たちが出迎えた。嘉納は家族と直ちに自動車で小田原の別荘へと向かい、のち夕刻上り電車で東京へと戻った。昨年六月に日本を発って欧州へ向かい、英国、仏国、獨逸、合衆国と巡った。教育制度について多くの識者に会い意見を交わした。会見で嘉納が語ったところによると、欧米識者の意見は、概して彼と同じであった。教育制度に加え、様々な国における体育のための社会の諸活動について研究を行なった。日本を離れて外から眺めることで、日本社会の様々な制度に多くの欠点を見出したという。欧州で自分が目にし、考えを巡らせたことを、近々活字にする予定という」。
(30) 嘉納治五郎「欧米巡視所感 体育の方針」『教育時論』一九一三年、六月五日号、四頁。
(31) 同右、五〜六頁。
(32) 同右、六頁。
(33) 多くは小谷澄之ほか編『嘉納治五郎大系第八巻 国民体育・国際オリンピック大会』(本の友社、一九八八年)に収録されている。
(34) この英文記事の梗概は『運動世界』一九一三年五月号に、橋戸頑鐵による「嘉納治五郎氏の欧米運動観」として掲載された。野球をめぐる頑鐵による意図的と思われる誤訳等については、牛村「明治日本が見たストックホルムオリンピック——嘉納治五郎の大会報告を読みなおす」（瀧井一博編著『「明治」という遺産——近代日本をめぐる比較文明史』（ミネルヴァ書房、二〇二〇年）参照。

(35) アメリカの地で選手団の便宜を図ったのが、三井物産ニューヨーク支店勤務の澤田一郎だった。澤田は、東京帝大法科出身、一高、帝大と陸上運動部に籍を置き多種目で活躍、日本選手権では八〇〇メートル走、走高跳を制した。澤田の助力については、選手団主将を務めた野口源三郎の『「オリンピア」への旅』（改造社、一九二四年）の「第五　紐育の巻」に詳しい。織田幹雄は、澤田の跳躍写真を持ち歩いて研究し、走高跳に役立てたという（「陸上競技界先輩の声　連載座談会(2)」『陸上競技マガジン』一九六六年二月号、三〇頁）。

(36) 行程については、嘉納治五郎「主張　国際オリムピック大会を終へて」（『有効の活動』第七巻第二号、一九二一年）の記載内容（二～四頁）に基づく。

(37) 同右、四頁。

(38) 同右、五頁。

(39) 同右、七頁。

(40) 野口前掲『「オリンピア」への旅』二六三頁。

結語——洋学受容史としての近代日本陸上競技史

本論を結ぶにあたり「序」に引いた森鷗外の講演の一節を再び掲げる。

洋学を伝ふるには、或は洋語を修めて其書を読み、乃至間接に翻訳書に就いてこれを読み、或は外国教師を聘して其講説を聴き、或は洋行留学す[1]。

西洋の学問受容の三類型をここに見る。明治期日本に伝わった、陸上競技と今日称する運動競技もまた、このパターンを通しての受容だったことは「序」に掲げた通りである。武田千代三郎が強く説いた「油抜き」訓練法という命を落とす危険と隣り合わせのような練習方法でさえ、決して武田の思いつきではなく十九世紀のイギリスで刊行されていた指導書を典拠としていたことも、第四章で確認した。他の学問分野と同じように、師である文明国西洋の教えに忠実に従って自国の競技力を向上させようと明治の先達は意を注いだ。

惜しむらくは、本格的に陸上競技を講じて指導する外国人教師はおらず、陸上競技を専門に学ぶことを企図して洋行する明治人もいなかったことであろう。フレデリック・ストレンジなかりせば帝国大学を経由しての陸上競技の導入はまず間違いなくなかっただろうが、ストレンジは余技として自分が慣れ親しんでいた西洋の近代スポーツを数種類紹介し、基本的なコーチングを披露したのであり、陸上競技を専門とする指導者ではなかった。また、大森兵蔵は語学にも秀でアメリカの地で様々な近代スポーツに接し故国への導入に功あったものの、陸上競技に特化した指導を修得したのではなかったらしい。本書で引いてきた帝大運動会の歴史や大森の諸著作を改めて読み直してみるならば、この二人を、陸上競技受容のコンテクストで鷗外言うところの「外国教師」や「洋行留学」者とすることは、泉下の二人にとっては荷が重そうに思う。

帝大運動会初期の頃のストレンジの指導や明治末年の大森のテクストを介してのコーチング以外、明治の競技者は「洋語を修めて其書を読」むしか術はなかった。この方面で木下東作やそして何よりも明石和衛が残した功績には大なるものがある。そしてこの系譜の先に一九一二（明治四十五）年五〜七月の第五回オリンピックストックホルム大会を置いてみるならば、ストックホルム大会参加は近代日本による陸上競技という洋学受容の第一段階を締め括るものだったと解してよいだろう。

日本の陸上競技者の誰一人として本場の競技会や本場の練習を体験してはいなかった、すなわち外国語の書物や翻訳書を通して学んだという段階にとどまっていた。にもかかわらず、遠路北欧に出向いて金栗四三は本格的なマラソンを初体験した。三島彌彦は一〇〇メートル走を一〇秒台で疾走する異国のスプリンターと同じレースを走るという鮮烈なデビューを飾った。本場の陸上競技を、オリンピックという頂点の舞台で間接的にではなく直接体験した。広義の「洋行留学」を果たしたのである。

この二人の先達の直接体験から洋学としての陸上競技受容の第二段階が始まった。常に指導を仰げるような専門家の外国人教師は未だ得られなかったものの、「洋行留学」経験者の金栗が担った国内での啓蒙活動は大きな意味を持つに至った。[2] 直接体験した洋学を伝える堅固な経路が誕生したのである。また、自国の競技者が異土で競技し完敗を喫したという事実を直視して彼我の競技力の差に目を向け、それを計り、その克服を企図する流れも生まれ始めた。ストックホルム大会での三島と金栗の戦績を伝え聞き、金栗四三と同じ東京高等師範に学んでいた野口源三郎が「第一回のオリムピック大会の成績を見ますのに、ちやうど我が国に於ける現在の成績とよく似たもの」であるという点に着目していたことは本書「序」に引いた。一八九六年のアテネ大会からストックホルム大会までの一六年の間に世界のレコードがここまで向上したというのなら、新参者日本もまた一六年かけて精励する時、オリンピックの頂点に立つ可能性があるという希望が生まれた。もちろん「反自然の練習法を避け、科学的見地から組織的に練習する方法」と「先進者は自己の経験を後進者に伝へ、後進者は更に其の上に新研究を積」むことが必要な前提ではあった。

その後、野口自身も一九二〇年のアントワープ大会に出場し（十種競技）、帰国ののちは全国を回って陸上競技の指導と普及に努め、「先進者は自己の経験を後進者に伝へ」る範を垂れた。本場で体験した陸上競技を故国へ伝えるという、金栗が開拓し先導した経路が充実し始めた。洋学としての陸上競技受容の第二の段階には、「洋行留学」者による率先した啓蒙活動という特徴を見て取ることができる。
受容の第二段階が進むなか、一六年の「競技力の落差」は克服できたのだろうか。ストックホルム大会の一六年後、日本は大正を終え昭和の御代に入って三年目を迎えていた。第九回を数える近代オリンピックは、オランダのアムステルダムの地で開催された。日本は六種目（陸上競技、水泳、漕艇、ボクシング、レスリング、馬術）に参加し、陸上競技へは一七名を送った。同大会での陸上競技者の戦績について『運動年鑑』の記述を引く。

昭和三年度の我が陸上競技界はアムステルダムのオリムピック大会における我が代表選手の華々しい活躍を始めとし……特に第九回オリムピック大会で我が代表選手織田幹雄君が三段跳に優勝して我等が多年の宿願であつた日章旗をスタジアムの中天高く掲げることの出来たのは誠に国家的欣《よろこ》びであつてたしかに我国陸上競技界創始以来の痛快事であつた、この他三段跳には南部君が四等となりマラソンでは山田君が四着、津田君が六着、木村君の走高跳六等、中澤君の棒高跳七等などこれ等六選手の健闘によつて非公式採点ではあるが日本は得点十五点を挙げ、参加国二十数ヶ国のうちフランスに次いで第八位となつたが苦節十六年に亙る過去の歴史を想起するとき誠に感慨の深いものがある。(3)

いまでは周知の史実であるが、その四年前のパリ大会の三段跳で六位入賞を果たしていた織田幹雄が、オランダの地で同種目優勝の快挙を遂げたのである。一九二八（昭和三）年八月二日のこと

アムステルダム大会で日本初の金メダルを得た織田幹雄

であった。野口の淡い期待が実を結んだ瞬間ともなった。野口にとり織田幹雄は全国巡回の指導時に出会った中学生だった。その少年が成長し、パリ大会では六位入賞、そして早稲田に籍を置く大学生となり今度は世界の頂点を極めた。「出藍の誉れ」を織田の快挙に見たに相違ない。師の野口が看取した一六年という「競技力の落差」を、教え子の織田が見事に克服してみせた。『運動年鑑』が伝えるようにアムステルダム大会は織田の独り舞台ではなく、入賞を果たしたアスリートも少なくなかった。織田幹雄自身も走幅跳、走高跳の両種目にも出た。国際大会で記録を残せる競技者を数名抱えるほどに日本の選手層も厚くなり始めていたのである。加えて陸上競技に女子種目が新たに置かれ、人見絹枝が初挑戦の八〇〇メートルで二位となる偉業を残したオリンピックでもあった。

その後のオリンピック陸上競技での日本勢の戦績についてここで詳細に記すことは控えるが、一九三二年のロサンジェルス大会、一九三六年のベルリン大会と回を重ねるごとに選手層はいっそう充実し、戦績は輝かしさを増していったことは関連書物が伝える通りである。ベルリン大会の跳躍種目では日本は世界の一大勢力[4]になった。明治期の先人たちが受容に腐心した陸上競技という洋学は、西洋以外の地である極東の島国に根付き、育ち、そして大きな実をいくつも結んだのである。

その受容の目指す先には、師として仰いだ世界の「文明国／一等国」の競技者と競い合うだけでなく多くの種目で遜色ない結果を出すという悲願があった。人種や宗教が異なっても同一ルールだけが支配する同じ土俵の上で、「文明国／一等国」として認知を受けるということでもあった。そして自国同胞の前で競技力の差を霧消する勇姿を披露できるならば最善だったであろう。一九四〇年に東京で開催予定のオリンピックはその舞台としてまたとない機会となるはずだった。ストックホルムの日本チームを率いた嘉納治五郎が東京招致決定を引き出したという前史も、陸上競技という洋学の受容史を締め括るうえでこれ以上ない舞台装置だった。だがこの流れは、昭和の戦争という大きな渦に飲み込まれて消えてしまった。

明治初年の日本にとり、近代化は西洋列強による植民地化を回避するための喫緊の課題だった。必要に迫られた近代化の過程で、西洋の学問も多方面で積極的に受容されたものの、運動競技への関心は低かった。眼差しは列国のそれとは異なって冷めており、大正初めに至っても弓館小鰐《ゆだてしょうがく》の表現を借りるならば「日本は運動の真価を覚《さと》らず(5)」という状況が続いていた。日本を背負って初のオリンピックに参加し本場西洋の陸上競技を直接体験した三島彌彦は、スポーツ振興が国力を高め、国に余裕を生み、それがまたスポーツへと国民を向かわせ、さらに国力が増す、というスポーツ振興と国力増強との相乗効果を説いて、明治日本に眼差しの転換を強く訴えた。日本社会の、運動競技への関心、陸上競技への興味が、三島や弓館が悲憤慷慨するほど低いものであっても、陸上競技は明治期の洋学と全く同じような過程を経て、移入され咀嚼されていったのは大変興味深く思われる。

西洋伝来の陸上競技を研究し我がものとした日本は、世界の他地域へ伝えることを企図する、あるいは求められるようになっていった。嘉納治五郎の門下生の一人である岡部平太が満洲の地(6)で、ロサンジェルス大会で三段跳を制した南部忠平が南米ブラジルで、それぞれ指導に専心したのはその典型的な事例である。近代日本は、洋学として受容し咀嚼した陸上競技を、国外に伝道する責務をも担い始めた。その経緯を検証し検討するためには別途論考が必要となるであろう。

註

(1) 森鷗外「洋学の盛衰を論ず」『鷗外選集』第十三巻(岩波書店、一九七九年)七四頁。
(2) 三島彌彦は帰国した一九一三(大正二)年七月に東京帝大を卒業すると、横浜正金銀行本店に入行した。その年の十一月には桑港《サンフランシスコ》支店勤務となり、その後もニューヨーク、ロンドンと海外での勤務が続いたため、金栗一人に啓蒙が託されることとなった。
(3)「陸上競技」(朝日新聞社編『運動年鑑 昭和四年度』朝日新聞社、一九二九年)一二九頁。
(4) 走幅跳(三位)、走高跳(五位、六位〔二名〕)、三段跳(一位、二位、六位)、棒高跳(二位、三位、六位)の入賞を果たした。
(5) 弓館小鰐「日本は運動の真価を覚らず」『運動世界』一九一三年十月号。
(6) 高嶋航『国家とスポーツ――岡部平太と満洲の夢』(KADOKAWA、二〇二〇年)は、岡部が新天地満洲で様々なスポーツを指導する様子を資料に基づいて再現する。一九二四年のパリオリンピックに出向いた折、知り得た三段跳の理論を早速織田幹雄に伝えたところ記録向上につながったという岡部の姿を紹介している。

あとがき

東京五輪開幕予定まで五〇日を切った。未曽有の新型感染症の急速な拡大を受け一年延期を昨春決めた折、多くの人は一年後の事態の好転を漠然と信じていたものと思う。私もその一人だった。だがワクチン接種の進展が見込めない場合、国民の行動に制限をかけ続けない限り事態はむしろ悪い方へ向かうということが明らかになった。観光振興キャンペーンは時期尚早で失策だったが、ほかはかなり不可避の流れだったのではないか。二年延期とすればよかったという意見も散見するものの、二年経ればアスリートのピークはすっかり変わる。高校時代の自己ベストを更新できない大学生は珍しくない。つまり年齢が高めの場合だけの問題ではない。また、代表決定済みの競技もあった以上、延期の場合は一年しか選択肢はなかったと思う。

開幕予定が間近となった今、五輪開催の是非に議論が収斂している。如何なる制約下なら実施可能かをめぐる議論は必須だが、その一方、言葉の真の意味で「アスリート・ファースト」を尊重するのなら以下を銘記しておきたい。代表選考会へ臨む競技者は、みなオリンピックという舞台で競い合うことを企図してエントリーしている、ということを。開催前提で自己を律している競技者に五輪開催の可否を問うのは酷であろう。代表選考会の場で最高のパフォーマンスを出せるよう周囲が意を注ぐことこそ、現状での「アスリート・ファースト」と思う。開催に反対することが、競技者のそして競技会場のコンディションを乱すことになってはなるまい。

アスリートも自己の主張を発信せよ、と諭す向きもあるが、大きな影響力を持つビッグネームのプロ選手と学生アスリートを同日に論じることには違和感を覚える。一九八〇（昭和五十五）年のモスクワ大会不参加の時は、オリンピックはアマチュアアスリートが競い合う国際競技会だった。不参加決定は代表に内定していた競技者を茫然自失させ、こころに傷を負わせたに相違ない。代替の国際舞台などなかった。目指すオリンピックが消えるなら、モスクワ大会時の先達同様、活躍の大舞台をほかに見出しにくいアマチュアアスリートのこころのケアを真剣に考える必要を感じる。COVID-19《コウヴィッド》と呼ばれるこの感染症は、二十一世紀におけるオリンピックの重さ／軽さ、開催意義を根本から再考させている。本書を結ぶにあたり、未定稿ながら現下の思いの一端を記して残させていただく。

新潟市の海浜地帯に暮らす学童の頃、徒競走は大の苦手だった。ところが五年生の秋から六年生の春までの半年で一〇〇メートル走のタイムが二秒縮まり、リレーメンバーに選ばれるまでになった。急に身体が成長したのでもなくみなが訝しがったが、一番驚いたのが当人だったのは言うまでもない。大相撲にのめり込み、休み時間にはいつも相撲をとって遊んでいた。それがアイソメトリックス筋力トレーニングとなったのかもしれない。六年生の夏に父の転勤で移った先は県内有数の豪雪地だった。六日町立六日町中学校（現・南魚沼市立六日町中学校）では躊躇うことなく陸上競技部の門を叩いた。短距離跳躍志望だったが「お前を鍛える！」という若い顧問の意向で二年生の夏前からは中距離班へ編入、高校生並みの練習メニューをこなし、冬はスキー部に駆り出されてノルディックスキー（ディスタンス）を常とした。校舎の階段の昇降が時に辛いほどで、慢性疲労に陥る一歩手前だった。才はないため地区大会入賞が精一杯だったが、三年間を終えてみれば虚弱だった学童期とは一変し、とても丈夫な身体となっていた。

大学に進んで陸上競技がある日常に戻った。東京大学では陸上運動部を正式名称とする。旧制一高寮歌にある「栄華の巷低く見て」風な高踏的な発想をこの名称に感じた（これは見当違いだった）。グラウンドのある駒場キャンパス近隣に住む織田幹雄さんが、時折お孫さんを連れて散歩がてら練習を見に来られた。中一の道徳の授業で「尊敬する人はだれか」と担任に問われ「織田幹雄さん」と即答したこともあり、「陸上の神様」を目にして緊張した。大学四年の夏、一度だけその織田さんとグラウンドで言葉を交わす光栄に浴したのは忘れられない。競技者としての大成など叶わぬことだったが、仲間とトラックを駆けピットで跳び、トレーニング体育館では百キロ前後のバーベルを担いだり持ち上げたりしてトレーニングに勤しんだ日々、そして大学の運動部ゆえに多くのOB諸先輩の知遇を得たことは何にも変えがたい財産となった。「君たちの先輩はオリンピックに出たのだ。それを忘れず誇りに思って練習に励め」と叱咤激励する十九世紀生まれの先輩も健在だった。

昭和六十年を過ぎた頃、陸上運動部の起源はいつなのかがOB会（陸上運動倶楽部）で頻繁に話頭にのぼった。渡邊洪基《ひろもと》総長のもと学内運動部を束ねる組織である東京帝国大学運動会が設立を見たのは一八八六（明治十九）年のこと、陸上部もその頃には存在していたに違いなく百周年を祝おうという機運が醸成された。倶楽部役員（理事）の末席に連なる身として、理事会で諸先輩が「たしか漱石の『三四郎』に帝大運動会の場面があって藤井さんが出ていたよな」と口にするのを聴きながら、陸上部の草創期を調べてみたいと思い始めた。先輩たちの英知を以てしても陸上運動部誕生の経緯は確定されなかったが、今世紀になって『東京大学陸上運動部一二〇年史』（二〇〇七年）というとても立派な部史が上梓された。

大先輩たちの事績を調べて一書としたいという思いを抱きつつ三十数年を閲した。この間、少しずつ資料探索を進める一方、前任校の明星大学青梅校、そして現本務校の国際日本文化研究センター（日文研）で、研究会や講演会の折に報告をして試論を練ることに努めた。明治期日本の陸上競技史を深く知るためには、同時代の日本側資料はもとより師であった英米の資料そして近代オリンピック記録集なども不可欠だった。この一〇年ほどの間に稀覯書と呼べる資料の電子化が著しく進展し、その多くがパブリックドメイン（public domain）となった。以前であれば、所蔵が判明している海外研究機関へ出向き、資料閲覧を申請し貴重書室で調査した上で複写箇所を指定して依頼し、後日の送付を待つしか術はなかったが、かなりの資料がインターネットを介して瞬時に入手できる時代となった。この恩恵は計り知れない。とは言っても、求めている資料が掲載されている文献が確定できない、あるいはたどり着く術を思いつかないことも往々にして起こる。そういう時、日文研の資料課資料利用係の職員諸氏のご助言ご教示は大変ありがたかった。とりわけ、探しあぐねている資料を呪文を唱えるかの如くにいとも簡単に示してくださる高垣真子司書の手腕は、昭和四十年代のアニメのタイトル「魔法のマコちゃん」を想起させた。お礼の気持ちを記させていただく。『「勝者の裁き」に向きあって――東京裁判を読みなおす』(ちくま新書、二〇〇四年)を上梓の折「あとがき」にこう書いた……「歴史を書くとは、いわば史料を通して死者と語り合うことである」。今回その思いをますます強くする。曽祖父あるいはそれ以上の世代が書き残したものに虚心にそして真摯に向き合い、発する声を聴き取ることに努めた。時にはこちらから問いを投げかけ、その答えを探った。日英米の先人たちの残した文章、写真、記録集等をいずれもテクストとして読み込み、十九世紀後半から二十世紀初めにかけての時代を、陸上競技を大きな縦糸として再構成しようと腐心した。泉下の先人たち、とりわけ藤井實、三島彌彦、明石和衛という「神代の時代」の大先輩が、不肖の後輩によるこの試みを諒として下さることを冀う。なお三島家からは貴重な写真の掲載をお許しいただいた。記して厚くお礼申し上げる。

かつて中公叢書として『「文明の裁き」をこえて――対日戦犯裁判読解の試み』(二〇〇一年)を刊行の折、編集担当は編集局書籍第一部(当時)の吉田大作さんだった。師の平川祐弘教授が開いてくださった出版記念会の折、文明の視点からストックホルム大会を念頭に書いてみたいことがある、とお伝えしたのを吉田さんは覚えておられ、二〇一二年のロンドン大会前に『中央公論』八月号に一文(「ストックホルムの旭日――「世界の一等国」を目指した明治のアスリート」)を掲載する機会を得た。本書の原型はここにある。そして『「文明の裁き」をこえて』から二〇年を経て再び吉田さんの編集のもと、本書を世に問えることを大変うれしく思う。二〇年前は原稿をフロッピーディスクに入れて渡していましたね、などと当時を懐かしみつつ今回も心地よく編集作業に臨めた。かなりの突貫工事をお願いすることとなったが、職人を思わせるプロの編集者の巧みな対応をしてくださったのは大変心強かった。記してお礼申し上げたい。

なお本書は、右記『中央公論』誌掲載の一文と次の二点にそれぞれ大幅に手を加えて再録した以外、すべて書き下ろしである。

・「文明、身体、そしてオリンピック――大森兵蔵『オリンピック式　陸上運動競技法』の周辺」（牛村編著『文明と身体』臨川書店、二〇一八年）。

・「明治日本が見たストックホルムオリンピック――嘉納治五郎の大会報告を読みなおす」（瀧井一博編著『「明治」という遺産――近代日本をめぐる比較文明史』ミネルヴァ書房、二〇二〇年）。

令和三年初夏

牛村　圭

主要参考文献

（雑誌や紀要等掲載の記事・論考は除く）

資料集・総論

大日本体育協会編『大日本体育協会史』上、大日本体育協会、一九三六年

日本体育協会編『スポーツ八十年史』日本体育協会、一九五八年

日本陸上競技連盟七十年史編集委員会編『日本陸上競技連盟七十年史』日本陸上競技連盟、一九九五年

日本オリンピック委員会監修『近代オリンピック一〇〇年の歩み』ベースボール・マガジン社、一九九四年

東京大学陸上運動倶楽部編『東京大学陸上運動部一二〇年史』東京大学陸上運動倶楽部、二〇〇七年

木下秀明編著『体育・スポーツ書解題』不昧堂出版、一九八一年

山本邦夫『陸上競技史　明治編』道和書院、一九六九年

　『近代陸上競技史』上、道和書院、一九七四年

　『近代陸上競技史』中、道和書院、一九七四年

　『日本陸上競技史』道和書院、一九七九年

Pierre de Coubertin, Timoleon J. Philemon, N.G. Politis and Charalambos Anninos, *The Olympic Games B.C. 776. A.D. 1896. Second Part: the Olympic Games in 1896*, 1897.

The Swedish Olympic Committee, *The Fifth Olympiad: The Official Report of the Olympic Games of Stockholm,* 1912.
David Goldblatt, *The Games: A Global History of the Olympics*: New York, Norton, 2016.
Robert L. Quercetani, *Athletics: A History of Modern Track and Field Athletics (1860-1990)*: Milano, International Amateur Athletic Federation, 1990.
James E. Sullivan, *The Olympic Games Stockholm 1912*: New York, American Sports Publishing Company, 1912.
Leif Yttergren et al., *The 1912 Stockholm Olympics: Essays on the Competitions, the People, the City*: Jefferson, McFarland Publishing, 2012.

関連単行図書（和書は著者名の五十音順、英書はアルファベット順）

明石和衛、金栗四三『ランニング』菊屋出版部、一九一六年
有元健、山本敦久編著『日本代表論――スポーツのグローバル化とナショナルな身体』せりか書房、二〇二〇年
大森兵蔵『オリンピック式 陸上運動競技法』運動世界社、一九一二年
織田幹雄『陸上競技百年』時事通信社、一九六六年
『21世紀への遺言』ベースボールマガジン社、一九七五年
開国百年記念文化事業会編『趣味娯楽〈新装版明治文化史 第十巻〉』原書房、一九八〇年
川島浩平『人種とスポーツ――黒人は本当に「速く」「強い」のか』中公新書、二〇一二年
嘉納治五郎『国民体育・国際オリンピック大会〈嘉納治五郎体系第八巻〉』本の友社、一九八八年
木下秀明『スポーツの近代日本史』杏林書店、一九七〇年
『日本体育史研究序説――明治における「体育」の概念形成に関する史的研究』不昧堂出版、一九

七一年
『顧みん体育史との六十年』学術社、二〇一三年
木村毅『日本スポーツ文化史』ベースボール・マガジン社、一九七八年
国立歴史民俗学博物館編『東アジアを駆け抜けた身体――スポーツの近代』国立歴史民俗学博物館、二〇二一年
小路田他編『〈ニッポン〉のオリンピック――日本はオリンピズムとどう向き合ってきたのか』青弓社、二〇一八年
清水重勇『フランス近代体育史研究序説』不昧堂出版、一九八六年
尚友倶楽部史料調査室、内藤一成編『三島和歌子覚書』芙蓉書房出版、二〇一二年
尚友倶楽部史料調査室、内藤一成、長谷川怜編『日本初のオリンピック代表選手 三島弥彦――伝記と史料』芙蓉書房出版、二〇一九年
白幡洋三郎他『運動会と日本近代』青弓社、一九九九年
真行寺朗生、吉原藤助『近代日本体育史』日本体育学会、一九二八年
鈴木良徳『オリンピック外史――第一次大戦をはさんだ二つの大会』ベースボール・マガジン社、一九八〇年
寒川恒夫編『近代日本を創った身体』大修館書店、二〇一七年
高嶋航『国家とスポーツ――岡部平太と満洲の夢』KADOKAWA、二〇二〇年
高嶋航、金誠編集『帝国日本と越境するアスリート』塙書房、二〇二〇年
高橋孝蔵『倫敦から来た近代スポーツの伝道師――お雇い外国人F・W・ストレンジの活躍』小学館101新書、二〇一二年
武田千代三郎『理論実験 競技運動』博文館、一九〇四年

『心身鍛錬 少年競技運動』博文館、一九〇四年
竹之下休蔵『体育五十年〈二十世紀日本文明史10〉』時事通信社、一九五〇年
辰野隆、辰野保『スポオツ随筆』大畑書店、一九三二年
豊福一喜、長谷川孝道『走れ二五万キロ——マラソンの父金栗四三伝』講談社、一九六一年
野口源三郎『オリムピック競技の実際』大日本体育協会出版部、一九一六年
『オリムピック陸上競技法』目黒書店、一九二三年
『「オリンピア」への旅』改造社、一九二四年
水谷豊『白夜のオリンピック——幻の大森兵蔵をもとめて』平凡社、一九八六年
望田幸男、村岡健次監修『近代ヨーロッパの探求⑧ スポーツ』ミネルヴァ書房、二〇〇二年
横田順彌『〔天狗倶楽部〕怪傑伝——元気と正義の男たち』朝日ソノラマ、一九九三年
『快絶壮遊〔天狗倶楽部〕——明治バンカラ交友録』早川書房、二〇一九年
Ellery H. Clark, *Reminiscences of an Athlete: Twenty Years on Track and Field*: Boston, Houghton Mifflin Company, 1911.
………… *Track Athletics up to Date*: New York, Duffield and Company, 1920.
Harold Graham, *Athletics of To-day*: London, Ward, Lock & Co., Ltd., 1901.
John Graham & Ellery H. Clark, *Practical Track and Field Athletics*: New York, Fox, Duffield & Company 1904.
Allen Guttmann, Sports: *The First Five Millennium*: Boston, University of Massachusetts Press, 2004.
Allen Guttmann and Lee Thmpson, F. W. Strange, *Outdoor Games*: Tokio, Z. P. Maruya & Co., 1883 *Japanese Sports: A History*: Honolulu, University of Hawi'i Press, 2001.
Archibold Hahn, *How to Sprint: The Theory of Sprint Racing*: New York, American Sports Publishing Company, 1929.

Albert Lee, *Track Athletics in Detail*: New York, Harper & Brothers, 1896.
Michael C. Murphy, *College Athletics*: New York, American Sports Publishing Company, 1894.
.... *Athletic Training*: New York, Charles Scribner's Sons, 1914.
Edward S. Sears, *Running through the Ages* (2nd edition): Jefferson, McFarland, 2015.
Montague Shearman, *Athletics*: London, Longmans, Green, and Co., 1892.
Ronald A. Smith, *Sports and Freedom: the Rise of Big-time College Athletics*: Oxford, Oxford University Press, 1990.
F. W. Strange, *Outdoor Games*: Tokio, Z. P. Maruya & Co., 1883.
James E. Sullivan, *Athletes'Guide*: New York, American Sports Publishing Company, 1902.
.... *An Athletic Primer*: New York, American Sports Publishing Company, 1910.
.... *How to Become an Athlete for Beginners*: New York, American Sports Publishing Company, 1914.
Colin Taztz, *Obstacle Race: Aborigines in Sport*: Randwick, UNSW Press,1995.
Walter Thom, *Pedestrianism; or an Account of the Performances of Celebrated Pedestrians during the Last and Present Century*: Aberdeen, D. Chalmers and Co., 1813.
Paul Withington ed., *The Book of Athletics*: Boston, Lothrop, Lee & Shepard, 1914.

	世界の陸上界	陸上競技関連刊行書
		1813 ソーン *Pedestrianism*
		1868 ウィルキンソン *Modern Athletics*
	1880 マーフィー、クラウチングスタートを着想 1887 マーフィー、イェール大で指導開始 1888 シェリル、クラウチングスタートを初披露	
	1890 オーウェン、100ヤード走9秒8 1894 国際オリンピック委員会（IOC）設立 オックスフォード・イェール対校戦 1895 ニューヨークアスレティッククラブ・ロンドンアスレティッククラブ対抗戦 ケンブリッジ・イェール対校戦 1896 第1回オリンピック（アテネ）	1892 シーマン *Athletics* 1894 マーフィー *College Athletics* 1896 リー *Track Athletics in Detail*
	1900 第2回オリンピック（パリ） 1904 第3回オリンピック（セントルイス） 1906 中間オリンピック（アテネ） 1908 第4回オリンピック（ロンドン）	1901 グラハム *Athletics of To-day* 1904 グラハム&クラーク *Practical Track and Field Athletics* 武田千代三郎『理論実験 運動競技』
	1912 第5回オリンピック（ストックホルム） 国際陸上競技連盟創立 1916 第6回オリンピック（ベルリン）（中止）	1910 サリバン *An Athletic Primer* 一選手（明石）「ランニングの研究」 1912 大森『オリンピック式 陸上運動競技法』 1914 マーフィー *Athletic Training* 1916 明石・金栗『ランニング』 1918 野口『オリムピック 競技の実際』
	1920 第7回オリンピック（アントワープ） 1924 第8回オリンピック（パリ） 1928 第9回オリンピック（アムステルダム）	1929 ハーン *How to Sprint: the Theory of Sprint Racing*

関連年表 ①

	国内	海外	日本の陸上界
1850年以前			
1860年代	1868 明治維新	1861-65 南北戦争	1860 嘉納治五郎誕生
1870年代	1871-73 岩倉使節団米欧回覧 1875 福澤『文明論之概略』 1877 帝国大学創立	1870-71 普仏戦争	1875 ストレンジ来日
1880年代	1889 大日本帝国憲法発布		1880 藤井實誕生 1883 第1回帝国大学運動会 1886 帝国大学運動会（組織）設立 三島彌彦誕生 1888 明石和衛誕生 1889 ストレンジ急逝
1890年代	1894 領事裁判権撤廃 1894-95 日清戦争		1891 金栗四三誕生
1900年代	1902 日英同盟 鷗外「洋学の盛衰を論ず」 1904-05 日露戦争 1908 漱石『三四郎』連載		1900 旧制一高不忍池13哩大競走 1902 藤井實、100m走10秒24 1905 織田幹雄誕生 1906 藤井實、棒高跳３m90 1909 阪神間20哩マラソン大会
1910年代	1911 関税自主権回復 漱石「現代日本の開化」 1912 明治帝崩御	1911 辛亥革命 1914-18 第一次世界大戦 1917 ロシア革命 1919 パリ講和会議	1911 大日本体育協会創設 1913 第１回陸上選手権
1920年代		1921 ワシントン会議 1929 世界恐慌へ	1924 織田幹雄、６位入賞（三段跳） 1925 大日本陸上競技連盟創立 1928 織田幹雄、優勝（三段跳）

関連年表 ②

	日本代表チームの動向	ストックホルム大会競技
1911（明治44）年	11.18–19 オリンピック派遣選手選考会	
1912（明治45／大正元）年	2.16 派遣選手発表 5.16 三島彌彦、金栗四三、大森兵蔵夫妻新橋駅を出発 5.17 敦賀出港 5.19 ウラジオストック着、シベリヤ鉄道で西へ 6.2 ストックホルム到着 6.7 嘉納治五郎日本発 6.28 ストックホルム到着 9.16 金栗四三帰国	7.6 開会式 三島彌彦 7.6 100m走 予選（５着） 7.10 200m走 予選（４着） 7.12 400m走 予選（２着） 400m走 準決勝（棄権） 金栗四三 7.14 マラソン競走 途中棄権
1913（大正２）年	2.7 三島彌彦帰国 3.6 嘉納治五郎帰国	

牛村 圭

国際日本文化研究センター教授、総合研究大学院大学教授（併任）。博士（学術）。1959年金沢市生まれ。東京大学文学部（仏語仏文学）卒業。同大学大学院（比較文学比較文化）、シカゴ大学大学院（歴史学）各博士課程修了。カナダ・アルバータ大学客員助教授、明星大学助教授などを経て、2007年より現職。著書に『「文明の裁き」をこえて』（中公叢書）、『「勝者の裁き」に向きあって』（ちくま新書）、『東京裁判を正しく読む』（日暮吉延との共著、文春新書）、『文明と身体』（編著、臨川書店）などがある。2001年『「文明の裁き」をこえて』により第10回山本七平賞受賞、2008年第2回重光葵賞受賞。

ストックホルムの旭日《きょくじつ》
——文明《ぶんめい》としてのオリンピックと明治日本《めいじにほん》

〈中公選書 119〉

著者 牛《うし》村《むら》 圭《けい》

2021年7月10日 初版発行

発行者 松田陽三

発行所 中央公論新社
〒100-8152 東京都千代田区大手町1-7-1
電話 03-5299-1730（販売）
03-5299-1740（編集）
URL http://www.chuko.co.jp/

DTP 市川真樹子

印刷・製本 大日本印刷

Published by CHUOKORON-SHINSHA, INC.
Printed in Japan ISBN978-4-12-110119-8 C1375
定価はカバーに表示してあります。